折射集
prisma

照亮存在之遮蔽

Deux Régimes de Fous :
Textes et Entretiens 1975-1995

Gilles Deleuze
édition préparée par **David Lapoujade**

当代激进思想家译丛

● 丛书主编 张一兵

两种疯狂体制:
文本与访谈(1975—1995)

[法]吉尔·德勒兹 著 [法]大卫·拉普雅德 编 蓝江 译

南京大学出版社

激进思想天空中不屈的天堂鸟
——写在"当代激进思想家译丛"出版之际

张一兵

传说中的天堂鸟有很多版本。辞书上能查到的天堂鸟是鸟也是一种花。据统计,全世界共有40余种天堂鸟花,在巴布亚新几内亚就有30多种。天堂鸟花是一种生有尖尖的利剑的美丽的花。但我更喜欢的传说,还是作为极乐鸟的天堂鸟,天堂鸟在阿拉伯古代传说中是不死之鸟,相传每隔五六百年就会自焚成灰,由灰中获得重生。在自己的内心里,我们在南京大学出版社新近推出的"当代激进思想家译丛"所引介的一批西方激进思想家,正是这种在布尔乔亚世界大获全胜的复杂情势下,仍然坚守在反抗话语生生灭灭不断重生中的学术天堂鸟。

2007年,在我的邀请下,齐泽克第一次成功访问中国。应该说,这也是当代后马克思思潮中的重量级学者第一次在这块东方土地上登场。在南京大学访问的那些天里,除去他的四场学术报告,更多的时间就成了我们相互了解和沟通的过程。一天他突然很正经地对我说:"张教授,在欧洲的最重要的左翼学者中,你还应该关注阿甘本、巴迪欧和朗西埃,他们都是我很好的朋友。"说实话,那也是我第一次听到这些陌生的名字。虽然在2000年,我已经提出"后马克思思潮"这一概念，但还是局限于对国内来说已经比较热的鲍德里亚、德勒兹和后期德里达，当时，齐泽克也就是我最新指认的拉康式的后马克思批判理论的代表。正是由于齐泽克的推荐，促成了2007年南京大学出版社开始购买阿甘本、朗西埃和巴迪欧等人学术论著的版权，这也开辟了我们这一全新的"当代激进思想家译丛"。之所以没有使用"后马克思思潮"这一概念，而是转启"激进思想家"的学术指称，因之我后来开始关注的一些重要批判理论家并非与马克思的学说有过直接或间接的关联，甚至干脆就是否定马克思的，前者如法国的维里利奥、斯蒂格勒，后者如德国的斯洛特戴克等人。激进话语，可涵盖的内容和外延都更有弹性一些。这一新的研究领域已经开始成为国内西方左翼学术思潮研究新的构式前沿。为此，还真应该谢谢齐泽克。

那么，什么是今天的激进思潮呢？用阿甘本自己的指认，激进话语的本质是要做一个"同时代的人"。有趣的是，这个"同时代的人"与我们国内一些人刻意标举的"马克思是我们的同时代的人"的构境意向却正好相反。"同时代就是不合时宜"（巴特语）。不合时宜，即绝不与当下的现实存在同流合污，这种同时代也就是与时代决裂。这表达了一切**激进话语**的本质。为此，阿甘本还专门援引尼采[①]在1874年出版的《不合时宜的沉思》一书。在这部作品中，尼采自指自己"这沉思本身就是不合时宜的"，他在此书"第二沉思"的开头解释说，"因为它试图将这个时代引以为傲的东西，即这个时代的历史文化，理解为一种疾病、一种无能和一种缺陷，因为我相信，我们都被历史的热病消耗殆尽，我们至少应该意识

---

① 尼采（Friedrich Wilhelm Nietzsche，1844—1900）：德国著名哲学家。代表作为《悲剧的诞生》（1872）、《查拉图斯特拉如是说》（1885）、《论道德的谱系》（1886）、《偶像的黄昏》（1889）等。

到这一点。"①将一个时代当下引以为傲的东西视为一种病和缺陷,这需要何等有力的非凡透视感啊!依我之见,这可能也是当代所有激进思想的构序基因。顺着尼采的构境意向,阿甘本主张,一个真正激进的思想家必然会将自己置入一种与当下时代的"断裂和脱节之中"。正是通过这种与常识意识形态的断裂和时代错位,他们才会比其他人更能够感知乡愁和把握他们自己时代的本质。②我基本上同意阿甘本的观点。

阿甘本是我所指认的欧洲后马克思思潮中重要的一员大将。在我看来,阿甘本应该算得上近年来欧洲左翼知识群体中哲学功底比较深厚、观念独特的原创性思想家之一。与巴迪欧基于数学、齐泽克受到拉康哲学的影响不同,阿甘本曾直接受业于海德格尔,因此铸就了良好的哲学存在论构境功底,加之他后来对本雅明、尼采和福柯等思想大家的深入研读,所以他的激进思想往往是以极为深刻的原创性哲学方法论构序思考为基础的。并且,与朗西埃等人1968年之后简单粗暴的"去马克思化"(杰姆逊语)不同,阿甘本并没有简单地否定马克思,反倒力图将马克思的批判精神与当下的时代精神结合起来,以生成对当代资本主义社会存在更为深刻的批判性透视。他关于"9·11"事件之后的美国"紧急状态"(国土安全法)和收容所现象的一些有分量的政治断言,是令西方资本主义国家政要为之恐慌的天机泄露。这也是我最喜欢他的地方。

朗西埃曾经是阿尔都塞的得意门生。1965年,当身为

---

① Friedrich Nietzsche, "On the Uses and Abuses of History to Life", in *Untimely Meditations*, trans. R. J. Hollingdale, Cambridge: Cambridge University Press, 1997, p. 60.

② [意]阿甘本:《裸体》,黄晓武译,河南大学出版社2015年版,第7页。

法国巴黎高师哲学教授的阿尔都塞领着整个西方马克思主义科学思潮向着法国科学认识论和语言结构主义迈进的时候,那个著名的《资本论》研究小组中,朗西埃就是其中的重要成员。这一点,也与巴迪欧入世时的学徒身份相近。他们和巴里巴尔、马舍雷等人一样,都是阿尔都塞的名著《读〈资本论〉》(Lire le Capital, 1965)一书的共同撰写者。应该说,朗西埃和巴迪欧二人是阿尔都塞后来最有"出息"的学生之一。然而,他们的显赫成功倒并非承袭了老师的道统衣钵,反倒是因他们在1968年"五月风暴"中的反戈一击式的叛逆。其中,朗西埃是在现实革命运动中通过接触劳动者,以完全相反的感性现实回归远离了阿尔都塞。

法国的斯蒂格勒、维里利奥和德国的斯洛特戴克三人都算不上是后马克思思潮的人物,他们天生与马克思主义不亲,甚至在一定的意义上还会抱有敌意(比如斯洛特戴克作为当今德国思想界的右翼知识分子,就是反对马克思主义的)。可是,在他们留下的学术论著中,我们不难看到阿甘本所说的那种绝不与自己的时代同流合污的姿态,对于布尔乔亚世界来说,都是"不合时宜的"激进话语。斯蒂格勒继承了自己老师德里达的血统,在技术哲学的实证维度上增加了极强的批判性透视;维里利奥对光速远程在场性的思考几乎就是对现代科学意识形态的宣战;而斯洛特戴克的最近的球体学和对资本内爆的论述,也直接成为当代资产阶级全球化的批判者。

应当说,在当下这个物欲横流、尊严倒地,良知与责任在冷酷的功利谋算中碾落成泥的历史时际,我们向国内学界推介的这些激进思想家是一群真正值得我们尊敬的、严肃而有公共良知的知识分子。在当前这个物质已经极度富足丰裕的资本主义现实里,身处资本主义体制之中的他们依然坚执地秉持知识分子的高尚使命,努力透视眼前繁华世界中理直气壮的形式平等背后所深藏的无处控诉的不公和血泪,依然理想化地高举着抗拒全球化资本统治逻辑的大旗,发出阵阵出自肺腑、激奋人心的激情呐喊。无法否认,相对于对手的庞大势力而言,他们显得实在弱小,然而正如传说中美丽的天堂鸟一般,时时处处,他们总是那么不屈不挠。人类社会发展的历史已经明证,内心的理想是这个世界上最无法征服也是力量最大的东西,这种不屈不挠的思考和抗争,常常就是燎原之前照亮人心的点点星火。因此,有他们和我们共在,就有人类更美好的解放希望在!

简介

这是自《〈荒岛〉及其他文本》之后的第二本文集，本卷重新编辑了德勒兹写于1975年到1995年的文本。其中大部分文章具有两种节奏，一种是新闻（如意大利和德国的恐怖主义，巴勒斯坦问题，和平主义等等），另一种是他的著作的出版（《千高原》《电影1：运动-影像》《电影2：时间-影像》《什么是哲学？》等）。文集包含了德勒兹的会议发言、序言、论文、访谈等，一些文章是在法国出版的，还有一些是在国外出版的。

和第一卷一样，我们不想从意义和导向上对这些文本加入一些偏见，所以我们按照严格的时间顺序来编排这些文本。问题并不在于重构出一本德勒兹"的"书，或者重构出一本德勒兹根本没有计划写的书。这本文集旨在让人们读到平常读不到的一些文本，这些文本散落在杂志、报纸、文集、海外出版物等当中。按照德勒兹提出的要求，不要出版他的遗著，也不要什么遗言。然而，本文中收录的文本对于盎格鲁-撒克逊、意大利或日本读者来说已经耳熟能详，但对于法国读者来说仍然鲜为人知。除了第五篇文章（《〈意义的逻辑〉意大利文版作者笺注》）和第二十篇（《致奈格里的法官的公开信》）之外，我们都使用的法文原本，德勒兹留下了这些文本的打印复印件或手写稿①。这的确就是现在给出的版本。不过，我们也注意到了美国、日本、英国和意大利版出版的日期。

总而言之，我们采用了与第一卷一样的编辑原则。我们在这里提醒一下大家。有哪些文本不收录在本文集中：

1. 德勒兹自己不同意发表的文本；

2. 所有的课程讲座（无论是通过声音誊写或听众记录的材料，还是由德勒兹自己总结的材料）；

3. 已经包含在德勒兹其他著作中的文章（许多文章已经收录在《对话集》和《批判与诊断》中了）。以及那些无法判断是否是对原始版本的重新编辑的修订版；

4. 文本摘录（信件选段、语录、感谢辞等）；

5. 集体作品（请愿书、问卷调查、公报等）；

6. 通信〔除了德勒兹已经允许出版的信件，如第五十五篇（《致让-克雷·马丁的信-序言》）和第四十七篇（《与迪翁尼·马斯科罗通信集》），芬妮·德勒兹（Fanny Deleuze, 德勒兹夫人）同意出版这篇〕。

与第一卷不同的是，我们并不总是按照出版日期顺序来编排，因为有时候署的日期与出版日期有较大的差距。例如，有一篇文章宣布了他要写作《什么是哲学？》的计划，但这篇文章的发表却是在书出版之后。还有，为了避免混淆，我们尽可能按照写作顺序来编排，这得益于德勒兹的大部分原稿或打印稿都带有写作日期。如果有人想看出版日期的顺序，我们可以参看本书末尾的总文献目录。

我们每一次都根据文献用途进行校对，在原始版本中来修订文本。由于德勒兹撰写了他的访谈，所以我们保留了他

---

① 第三十九篇文章（《福柯和监狱》)我们是根据访谈的磁带录音来誊写的。

写作的痕迹特征（标点、大写等）。

为了不淡化原始的注释，我们仅限于在每一篇文章的开头给出说明，强调该文本写作或合作的情形。由于不那么准确，我们有时会为一些没有标题的文章给出标题，来说明它。我们还有一些德勒兹提供的参考文献，有时候不太准确。编辑会用注释来标明。

本书的末尾有1975—1998年期间全部文献的目录，还有名称索引。

首先，我们要感谢芬妮·德勒兹给予我们的帮助，以及在编辑整本文集时她给予我们的信心。如果没有她，我们就无法看到这本文集出版的那一天。我们还要感谢艾米丽·德勒兹和朱利安·德勒兹的支持与鼓励。

此外，我们还要感谢让-保罗·曼伽纳罗（Jean-Paul Manganaro）、吉奥乔·帕塞洛尼（Giorgio Passerone）、让-皮耶尔·邦贝格（Jean-Pierre Bamberger）和埃利亚斯·桑巴尔（Elias Sanbar）提供的宝贵帮助和友好支持。丹尼尔·德菲尔（Daniel Defert）、安东尼奥·奈格里和克莱尔·巴尔内（Claire Parnet）给出了建议和启示。同时我们也对保罗·拉比瑙（Paul Rabinow）、雷蒙德·贝罗尔（Raymond Bellour）、弗朗索瓦·奥布拉尔（François Aubral）、宇野邦一、藤田润以及米歇尔·福柯中心负责人菲利普·阿蒂耶（Philippe Artières）等人的帮助表示感谢。

最后，本文集很大程度上要归功于提摩太·S. 墨菲（Timothy S. Murphy）所做的不可或缺的文献整理工作。我们要感谢他的巨大帮助。

大卫·拉普雅德

目 录

一、两种疯狂体制 ············· 001
二、分裂症和社会 ············· 007
三、普鲁斯特圆桌会议 ············· 019
四、论巴黎八大精神分析系 ············· 046
五、《意义的逻辑》意大利文版作者笺注 ············· 048
六、语言学的未来 ············· 052
七、阿兰·罗格的《厌女症》 ············· 057
八、精神分析四论 ············· 065
九、言说的解释 ············· 074
十、社会的兴起 ············· 100
十一、欲望与快乐 ············· 108
十二、犹太富人 ············· 119
十三、论新哲学家,以及一个更一般的问题 ············· 123
十四、欧洲错误的道路 ············· 132
十五、药品二问 ············· 135
十六、让本身无法听到的力量被听见 ············· 139
十七、搅局者 ············· 144
十八、痛楚和身体 ············· 147
十九、哲学何以对数学家或音乐家有用 ············· 149
二十、致奈格里的法官的公开信 ············· 152

二十一、这本书就是清白的文字证据 …… 157
二十二、八年以后：1980 年访谈 …… 159
二十三、点燃了写作的绘画 …… 164
二十四、《曼弗雷德》：一个特别的重生 …… 170
二十五、《野蛮的异端》序言 …… 172
二十六、巴勒斯坦的印第安人 …… 176
二十七、致宇野邦一，论语言 …… 183
二十八、《尼采与哲学》美国版序言 …… 185
二十九、《电影1》首次登场 …… 191
三十、作为电影观众的哲学家的肖像 …… 194
三十一、今天的和平主义 …… 202
三十二、1968 年的五月风暴不曾发生 …… 212
三十三、致宇野邦一：我们如何以二的方式进行工作？ … 216
三十四、阿拉法特的重要性 …… 219
三十五、米歇尔·福柯的主要概念 …… 224
三十六、内在性区域 …… 242
三十七、他曾是人群中的明星 …… 246
三十八、《运动-影像》美国版序言 …… 250
三十九、福柯和监狱 …… 253
四十、大脑即屏幕 …… 262
四十一、无需计算的占据：布列兹、普鲁斯特和时间 … 272
四十二、《差异与重复》美国版序言 …… 280
四十三、《对话集》美国版序言 …… 284
四十四、《千高原》意大利文版序言 …… 288
四十五、什么是创造行为？ …… 292
四十六、当声音被带入文本 …… 303
四十七、与迪翁尼·马斯科罗通信集 …… 305
四十八、石头 …… 311

四十九、《回到柏格森》美国版后记 ………………… 314
五十、什么是装置? ………………………………… 318
五十一、关于主体问题的回复 ……………………… 328
五十二、《时间-影像》美国版序言 ………………… 331
五十三、里韦特的三个圈 …………………………… 335
五十四、暴力升级 …………………………………… 340
五十五、致让-克雷·马丁的信-序言 ……………… 342
五十六、《经验主义与主体性》美国版序言 ………… 345
五十七、序言:新风格主义 ………………………… 347
五十八、序言:时间的速度 ………………………… 352
五十九、海湾战争:一场卑鄙的战争 ……………… 355
六十、我们发明了迭奏曲 …………………………… 357
六十一、纪念菲利克斯 ……………………………… 361
六十二、内在性:一个生命 ………………………… 363
总文献目录(1975—1998年) ……………………… 369
索引 …………………………………………………… 385

一、两种疯狂体制[1]

(1) 今天,我们不再问权力的本质是什么,而是和福柯一样,问权力如何实现,权力在何处成形,为什么权力无处不在。

我们先举一个例子:傀儡木偶师。他有某种权力,来操纵木偶,而且他也向孩子们施加了某种力量。对于这个主题,克莱斯特(Kleist)写过一篇绝妙的文章[2]。我们可以说,那里有三条线。傀儡师并不是按照人物将要呈现的动作来操纵木偶。他是用一根垂线来操纵他的木偶的,或者说他替换了木偶的重心,更准确地说,他让木偶变得轻巧。这完全是一根**抽象**的线,而非有形的线,不会像有形之线那样具有象征意义。这条线是动的,因为它是由许多如同**奇点**(singularités)一般的停顿点组成的,不过这些停顿点没有破坏线。在竖直的抽象的线(因此,这些线也更为真实)与木偶

---

[1] 本文收录于阿尔曼多·弗蒂格里奥尼(Armando Verdiglione)主编的《精神分析与符号学》(Psychanalyse et sémiotique, Paris, 10/18, 1975, p. 165 - 170)。1974年5月米兰的一次学术会议上,在弗蒂格里奥尼的主持下,德勒兹宣读了此文。德勒兹十分成功地发挥了加塔利的主题,加塔利的论文题目是《能指符号学和非能指符号学》("Sémiologies signifiantes et sémiologies asignifiantes")。德勒兹直接参与的讨论部分,后来没有保存下来。

[2] 文章标题是《论木偶剧》("Sur le théâtre de marionnettes"),收录于克莱斯特的《轶闻和短篇作品》(Anecdotes et petits écrits, Paris: Payot, 1981, p. 101 - 109)。

的具体运动之间不存在二元关系或对应关系。

其次，还有一些完全不同的运动：可感的和表征性的曲线，环绕自己一圈的手臂，歪斜的脑袋。这条线不再是由奇点组成的，而是由一些灵活的环节（segment）组成的——一个姿势，然后是另一个姿势。最后，还有第三种线，这是一些相当坚硬的环节，它对应于木偶剧呈现出来的故事要素。结构主义告诉我们的二元关系或对应关系或许是在分成各个环节的线之中形成的。傀儡师自己的权力更多出现在两种线的转换点上，一边是抽象的无形之线，另一边是环节性的两条线。

再来以银行家、资本主义的银行权力为例，这几乎是同一回事。众所周知，有两种形式的货币，但有时候这两种货币很难准确界定。有一种货币充当金融结构，甚至充当金融性的创造和毁灭：无法兑现的货币的量，一种带有奇点的抽象的或运动的线。其次，还有另一种完全不同的线，具体的由可感曲线组成的线：作为支付手段的货币，能够分配在各个环节，用来发工资、创造利润、获取利息等等。这种作为支付手段的货币反过来会产生第三种环节化的线：在一个既定时代，所有的产品、所有的设备、所有的消费都是作为一个整体生产出来的［参看贝尔纳·施米特（Bernard Schmitt）和苏桑尼·布吕诺夫（Suzanne de Brunhoff）[1]的著作］。银行权力发生在抽象之线（金融结构）与具体之线（支付生产出来的商品的手段）之间的转换点上。而这个转换点发生在央行、金准和美元的流通地位等方面。

另一个例子，克劳塞维茨在谈"绝对战争"时提到了流

---

[1] Bernard Schmitt, *Monnaie, salaires et profits*, Paris：PUF, 1966. Suzanne de Brunhoff, *L'Offre de monnaie（critique d'un concept）*, Paris：Maspero, 1971 et *La Monnaie chez Marx*, Paris：Ed. Sociales, 1973.

动,在纯粹国家中不会发生"绝对战争",绝对战争已经贯穿了整个历史,是无法解决的、独特的、变动的和抽象的①。或许战争流事实上存在于独一无二的游牧创造之中,是一种不依赖于国家的战争机器。事实上,十分明显,大国以及庞大的君主机制似乎都无法将自己的权力建立在战争机器之上,而是建立在官僚制和治安基础上。战争机器总是来自外部,来自游牧根源:一种巨大的抽象的变化之线。但是,正因为如此,可以十分容易理解,国家为了它们自己必须占有这个机器。它们需要集中武力,支配战争,让战争为它们的政治服务。战争不再是绝对战争(抽象之线),而是变成了某种不再有趣的东西:有限战、整体战等等(第二条线,这一次是可以分环节的)。这些战争采用这样还是那样的形式,取决于政治上的需要,以及支配战争的国家的本质,国家赋予战争目的,设定战争的界限(第三种分节的线)。再说一遍,所有的战争的权力在于这些线的转换。

还可以给出更多的例子。三条线既不同步,速度也不一致,它们各自的领域不同,而且也没有相同的**解域化运动**。分裂分析的一个主要目标,在我们两人这里,都是寻找一条跨越线,这就是欲望本身的线:逃逸的无形的抽象之线,也就是解域化;环节化之线,无论是灵活,还是坚硬,我们要么卷入其中,要么逃逸而去,在抽象之线的地平之下运动,从一条线到另一条线的转换如何发生。

(2)加塔利正在谋划一个符号学体制的表格,我想给一个例子,我们很容易称之为病理学或历史学的例子。符号的两种体制的一个重要例子,就出现在19世纪后半叶的精神

---

① 《战争论》(*De la guerre*, Paris: Editions de Minuit, 1955),第八卷,第二章。

一、两种疯狂体制

治疗中,但这个例子也超越了精神治疗领域,涉及所有的符号学。我们可以想象第一个符号学体制,它是通过相当复杂的方式来发挥作用的,但这种方式非常容易理解:一个符号接着其他符号,这些其他符号又接着另一些其他符号,以至无穷(辐射状,甚至一个外延的环状)。某人出门上街,他注意到他的门房正在盯着他看,他闪了过去,一个小孩朝他吐舌头,等等。最后,说所有符号都是被双重衔接的,以及说符号总是无穷无尽地指向其他符号,还有说一个假设的诸多符号本身的集合指向一个更大的能指,这些说法都是一回事。这就是**偏执狂**(*paranoïaque*)的符号体制,我们也可以称之为专制的或帝国的符号体制。

那么,还有一种完全不同的符号体制。这一次,一个符号或一组符号,或一小串符号,开始沿着某条线流动。我们不会在无穷无尽的外延中找到一个巨大的环形构造,它毋宁是一种线性网络。与其说符号一个接一个地相连,不如说符号依从的是一个主体:以具体化的方式出现的癫狂,这更多是行为的癫狂,而不是观念的癫狂,在另一条线开始之前,一定要让这条线走到头(诉讼狂,德国人称之为"争辩狂")。通过这种方式,像克雷宏波(Clérambault)这样的精神病学家区分了两种癫狂:偏执狂和激情狂[①]。

或许这就是精神治疗危机的主要原因之一,它在这个体制啮合了完全不同的各种符号。偏执狂病人,我们可以将他锁起来,他表现出所有疯癫的符号,但另一方面他并没有完全疯,只是他的推理不可理喻。激情狂的病人并没有表现出疯癫的符号,除非在某些难以辨识的地方,他是疯的,他的疯

[①] In *Œuvres psychiatriques*, Paris: rééd. PUF, 1942, (rééd. Paris: Frénésie, 1987), vol.2.

癫自身展现为一种鲁莽的表现（如谋杀）。在这里再说一遍，福柯十分深刻地界定了两种疯狂的差异和互补性。我提到两种情况，是为了给出符号的多元性观念，也就是说，各种符号的簇既不具有相同的体制，也不具有相同的功能。

（3）问题并不在于符号体制是否获得了一个临床或历史的名称。这也不是一回事，但符号体制穿越了大相径庭的"分层"。我刚刚才谈过偏执体制和激情体制的临床用语。现在我们谈谈社会形态。我不想说皇帝就是偏执狂，也不是相反。在一个帝国形态中，无论古希腊还是古代，都有一个大能指，君主的能指，在它之下有一个无穷无尽的符号网络，它们彼此相连。不过，你还需要各种各样的专门的人的范畴，他们的任务就是让这些符号得以流传，去说出这些符号的意思，解释它们，因而将它们凝固成能指：牧师、官僚、信使等等。这就是意义与解释的配对。那么，总还有其他一些东西：仍然还有一些主体，他们接受了这些信息，他们聆听了这些东西并加以遵循，执行了繁重的分配任务。无论如何，我们都可以说它触及其极限，所指产生了更多的意义，让循环可以增长。

所有的社会形态总是看起来运转良好。它没有理由不运转良好，因为它不起作用。然而，总存在着它要逃离的一面，消解自身的一面。我们从来不会知道消息是否会到来。人们越靠近这个体系的周边，就会有更多主体发现他们自己陷入某种诱惑当中：要么自己服从于一个能指，遵守官僚体制的秩序，听从最高牧师的解释——要么进入另一条路，走向超越的疯狂的路径，走向解域化的切线——这是一条逃逸线，走向游牧之路，表达了加塔利所谓的非能指的粒子。再来举一下古罗马帝国这个陈旧的例子：日耳曼人面对两种诱惑，让自己沉浸在帝国之中，将自己整合为帝国的一部分，

一、两种疯狂体制

但与此同时匈奴人的压力也形成了一条逃逸的游牧之线,新的变化,边缘性的和无法同化的战争机器。

让我们来看看完全不同的符号体制,即资本主义。资本主义也十分有序地运转着,它也没有不好好运转的理由。此外,它也属于我们所指的激情狂。与帝国主义形态的偏执狂不同,或大或小的符号簇,都是依照不同的线来展开的,而各种事物都会在这些线条上出现:货币资本的运动、将主体当作资本和劳动的代理人、不平等的产品分配、给那些代理人的支付手段。有人告诉那些主体:他越听话,他就能支配越多,因为他听从的就是他自己。在同样的资本法则的名义下,人们不断地从支配主体转化为服从主体。毫无疑问,这个符号体系与帝国体系完全不同:它的优势在于,它填补了沟壑,让边缘主体走向中心,并在轨道上让游牧变得固化。例如,在哲学史上,我们非常熟悉的革命,即话语从帝国阶段(在帝国阶段,符号永恒地指向一个符号)走向作为激情狂的主体性阶段,它总是将主体抛回到主体那里。即便在那里,它工作得越多,它的漏洞也就越大。货币资本的主体化的线条从来不会不再产生威胁到它们的平面的连接线、斜线、横切线、边缘主体、解域化之线。内部的游牧、一种新型的解域化的流动形式、非能指的粒子开始与既定情境、与整个构架相妥协。水门事件,在全球范围内膨胀。

二、分裂症和社会[1]

（一）分裂症的两极

1. 器官-机器

这个主题，如机器，并不意味着分裂症生活就像整体上的机器一样。他的生命被机器所穿透。机器中的分裂症生活，与机器并行，或者就是他之中的机器。分裂症的器官都不是临时性的机器，这些临时性的机器只能作为机器的各个部分，将任意元素连接起来，并与外部元素相关联（树、星星、灯泡、马达）。器官已经与一个权力资源相连，一旦将它插入到更大的流之中，那么器官就会组成更巨大、更复杂的机器。这跟机械论的观念没有什么关系。这种机器组织完全是离散的。分裂症揭露了某种无意识，对于这种无意识来说，真相就是，它是一座工厂。布鲁诺·贝特尔海姆（Bruno

---

[1] 本文收录于《环球百科全书》（*Encyclopedia Universalis*, vol. 14, Paris: Encyclopaedia Universalis, 1975, p. 692 - 694）。本书的版本增加了注释，也更为完善。

Bettelheim)向我们给出的小乔伊(Joey)的想象,一个机械式的男孩,只有当他被接上马达、汽化器、方向盘、灯泡、电路时,他才能生活、吃饭、排泄、呼吸和睡眠,无论小乔伊的形象是否真实,抑或人为杜撰或虚构,"在他能够吃饭前,他不得不连接上这些虚构的电子链接,因为这就是让他的消化组织开动的电流。这个仪式表演得非常熟练,以至于我们不止一次地检查了那里并没有电线或插座"。[①] 到公园的一次旅行或散步都会形成分裂症的回路,他不停地流动,沿着机器线路逃逸。甚至分裂症的言说,似乎也不是这些符号的结合,而是机器装置的产品。连上——我——断掉!小乔伊喊道。这里就是路易斯·沃尔夫松(Louis Wolfson)解释的他发明的语言机器:一只耳朵里的指针,另一只耳朵里有耳机,手里一本外文书,他的喉咙里嗡嗡作响。他发明了这些,是为了摆脱他的母语,让其逃逸,让其流动和泄露,可以将每一个句子都翻译成与它类似的声音和词语的合成,但与此同时,这些词语和声音也借自外语。

分裂症机器的特殊性源于它们让各种完全离散、彼此相异的要素得以运转。分裂症机器是聚合体。不过,它们能工作。它们的工作就是让某物或某人逃逸,创造一个流动,或泄露。我们甚至不能说,分裂症机器是由之前的机器的各个部分和要素组成的。在根本上,分裂症是利用那些不再在任何情况下起作用的剩余要素的功能机制,正是因为**没有关系**,它们彼此结成了关系——仿佛各个不同的部分的具体区别和离散性,成为一个自在的理由,让它们组织起来,按照化学家所谓的非定域的关系(liaison non localisables),

---

[①] *La Forteresse vide*, Paris: Gallimard, 1969, coll. "Connaissance de l'incons-cient", p. 304.

让它们起作用。精神分析学家塞尔日·勒克莱尔(Serge Leclaire)说，只要无法看到纯奇点，就不可能达到无意识的终极要素，它们融合或纠缠在一起，"正是由于缺少关联"，它们才是离散的和无法化约的要素，只能通过非定域关系才能相联系，如"欲望之力"[1]。这意味着需要重新思考精神分析在各种观念的关联上(包括各种关系和结构)的假设。分裂症无意识就是一种剩余要素的无意识，这纯粹是无法化约和迥异的要素组成的机器。例如，贝克特的人物的序列：水晶—口袋—嘴巴；鞋子—烟斗柄—小烟袋—自行车铃铛盖—半截拐杖。准备行动的地狱机器。正如在菲尔兹(W. C. Fields)的电影中，主角准备一道菜，菜谱就是一个实践程序：两种机器之间的回路，确定了各种要素之间的非定域关系，这将会激活一种爆炸性的机器，一般化的流动，一种分裂症式的无意义。

2. 无器官身体

在对分裂症的必要的描述中，除了器官-机器之外，还有另一种带着流动、振动和崩坏的主题。这就是无器官身体的主题，一个被剥夺了器官的身体：眼睛闭上了，鼻孔堵住了，肛门也塞住了，胃部腐烂了，喉咙撕裂了，"没有嘴巴，没有舌头、没有牙齿、没有喉咙、没有食道、没有胃、没有肠子、没有肛门"[2]。身体像一个巨大的分子，或一个未分化的卵子。已经描述过这种紧张性僵直症(stupeur catatonique)。机器运转停了下来，分裂症被凝固成僵化的可以持续多日或多年

---

[1] Serge Leclaire, "La Réalité du désir" in *Sexualité humaine*, Paris: Aubier, 1970.

[2] Antonin Artaud, in 84, n° 5-6, 1948.

的姿势。僵直症状态和疯狂的爆发的特征不仅仅是它们会间断性地变化。相反,在任何时候,在两极之间都会爆发斗争:(1) 机器的恶化的运转,(2) 无器官身体的僵直症状态。所有这些斗争的阶段,都在某种类型的焦虑中得到转化,这种焦虑是分裂症特有的焦虑。总会有某些刺激或脉冲会进入到紧张性僵直症的内部,或者相反,紧张和僵直状态永远地盘桓在蜂群机器上,仿佛无器官身体会始终断掉机器的连接,器官-机器不断地在无器官身体上迸发。

不过,器官本身并不是无器官身体的真正敌人。有机体(organisme)才是敌人,换句话说,所有施加在器官之上的整体化、合并、协同、综合、压抑、分离的体制的组织才是敌人,这些组织在器官上施加了令人厌恶的作用,并将器官当成它们苛求的工具。另一方面,无器官身体吸引着器官,自为地占有器官,以不同于有机体施加在器官之上的体制的方式让器官起作用,这样,所有的器官都是一具身体——倘若器官自为地起作用,包含了所有其他器官的功能,就更是如此。器官是"奇迹般地"诞生于无器官的身体,它所遵循的机器体制,不能混同于有机机械论或者有机体组织的体制。例如,厌食症的嘴巴—肛门—肺,或者毒品导致的分裂症状态,威廉·伯勒斯(William Burroughs)描述了这种状态与无器官身体的关系:"人类有机体,如此丑陋不堪,如此无效低能。口与肛门,都不断地处在感染的风险中,与之相比,为什么我们不只用一个口来同时滋养和排泄呢?"[1]阿尔托(Artaud)自己为无器官身体与有机体,与上帝,与有机体和组织的主人进行了猛烈的斗争。施雷柏(Schreber)法官描述了要么无器官身体拒绝了各个器官的组织,要么恰恰相反,在非器官的

---

[1] William S. Burroughs, *Le Festin nu*, Paris: Gallimard, 1964, p. 146.

体制下占用器官,并以此来改变诱惑力和冲动。

3. 强度关系

我们可以说,分裂症的两极(无器官身体的僵直症状态,和器官-机器的非器官功能)绝不能彼此分离。它们一并生产出了某种形式,有时候冲动会占优势(偏执狂),有时候吸引力占优势(分裂症的奇迹形式或幻象形式)。如果我们将无器官身体看成一个固态的蛋,接下来,在组织下面它会认为,这个蛋无法在一个未分化的环境中呈现出自己:它被轴心和元素、两极和潜力、界槛和区域所贯穿,这些东西后来都一定会产生一些或另一些有机部分。不过,从这时开始,蛋的组织具有了强度,犹如可变的强度流贯穿了整个蛋。在这个意义上,无器官身体忽略和拒绝了有机体,换句话说,组织延伸了器官,反过来构成了一个强度的母体,它占据了强度器官。似乎没有分裂器官的身体上的吸引力和冲动的比例,产生了不同的强度状态,而分裂症经历了这样的强度状态。分裂症运行可以是静止不动的,但即便在运动中,它也发生在无器官身体之上——这就是强度运动。无器官身体是零值强度,但是它被包容在强度数量的生产之中。从零值开始,这些强度实际上都是用这个或那个值来填充空间的东西,这样,器官-机器就像是无器官身体的直接权力。无器官身体就是纯粹的强度材料,或者不动的马达,其器官-机器构成了运转的部分和适度的权力。而分裂症的谵妄强化了这一点:在感官错乱之下,甚至在思想谵妄之下,有一种更深刻的强度感,例如,生成或过渡。越过了一个梯度,一个来来回回被跨越的界槛,迁移开始了:我感觉我变成了一个女人,我感觉我变成了一个神,我变成了一个千里眼,我变成了纯物质……分裂症的谵妄只能在这个"我感觉"的层次来理解,在任何时候,"我感觉"都记录了无器官身体与机器-器官之间的强度关系。

这就是为什么最一般意义上的药理学,在对分裂症的实践研究和理论研究上会如此重要。对分裂症的新陈代谢的研究,开启了一个广阔的研究领域,在其中,分子生物学扮演着一个十分关键的角色。化学是强度的和实验性的,它似乎至少在两个方面可以超越传统的有机体/精神的二元性:(1)由酶斯卡灵(mescaline)、紫堇碱(bulbocapnine)和迷幻药等导致的实验性的分裂症状态;(2)治疗上需要镇静分裂症的焦虑,消除僵直症的表现,来启动分裂症机器,让它们再次运转("强安定剂",甚至迷幻药的使用)。

(二)作为过程的分裂症

1. 精神分析和"分裂症"家族

问题有两个方面:分裂症不确定的外延和构成整体上的分裂症的症候的本质。症候的本质让它们很难系统化或整合为一个融贯的和稳固的可定域实体。它们在缝隙处分崩离析了。分裂症就是在任何地方都紊乱不堪,不停地避开自身的综合症。埃米尔·克雷丕林(Emil Kraepelin)用主要的两极来概括他的早发性痴呆的概念:(1)青春期分裂症是后青春期的精神症状,展现出崩溃的现象;(2)作为呆滞形式的僵直症具有肌肉活动上的问题。1911年,尤金·布鲁勒(Eugen Bleuler)创造了分裂症一词,他强调的是关联功能的碎片化或功能性紊乱。最重要的紊乱就是它们之中缺乏任何关联。但这种碎片化的联系也是人的解体的一个负面产物,与实在的分裂,内在生命具有了某种有限性或自治性,让内在生命成为严格的自我封闭的东西(布鲁勒的"自我中心主义"一步步地强调的是:"我几乎是在说,原初的紊乱一开始是应用在内在本能的生命之上")。似乎从其呈现的状态来说,精神治疗试图建立分裂症的在动因和症候上广泛统一的意图,几乎没有什么成就,反而在整体上的紊乱人格中发现了它,所有的症候在用自己的方式来表达。更有前途的是尤金·曼可夫斯基(Eugène Minkowski),尤其是路德维希·宾斯万格(Ludwig Binswanger)做出的努力,他们在"在世存在"的心理形式上寻找它的统一,寻找它的空间化和时间化("跳跃""旋涡""皱缩""淤塞")。我们也不要忽略吉塞拉·潘可夫(Gisela Pankow),他将分裂症锁定在身体形象中,使用了时间和空间的实践方法来重新祛除人格紊乱的分裂现象,并让精神分析可以治疗它("修复身体形象上被破坏的区域,成功地接近家族结构"[1])。

然而,真正的困难在于将分裂症看成具有某些经济特征的东西,像这样,不是将它还原为在一个人身上产生的间隙性或破坏性的特征。这些否定性的特征包括了在一个预设的结构中分裂症导致的亏空和紊乱。不可能说,精神分析为我们提供了一种逃离这种本质上十分消极的角度,因为精神分析与分裂症有着暧昧不清的关系。一方面,精神分析意识到它诊断的材料来自精神疾病(对于苏黎世时期的弗洛伊德来说就是这样,对于梅兰妮·克莱因和雅克·拉康来说也是

---

[1] Gisela Pankow, *L'Homme et sa psychose*, Paris: Aubier-Montaigne, 1969, coll. " La chair et l'esprit", Ⅳ, A., p. 240.

如此)。另一方面,因为精神分析的方法是根据神经现象来调整的,如若要发现一条通向精神疾病的门径,会经历十分严重的困难。弗洛伊德在神经症和精神病之间做出了十分明确的区分:在神经症那里,现实原则受到保护,换来的是"情结"的压抑;而在精神疾病那里,情结在意识中显现,换来的是逃离外部世界的力比多导致的对现实的摧毁。拉康的研究提出了神经压抑(包括"所指")和精神排斥(这是象征秩序中处在"能指"层面上的操作,这是结构上的一个洞,一个空位置,它导致了在象征界之中的被排斥的东西重新在真实界中作为幻觉出现)之间的区别。现在,分裂症是这样的人,即他不可能认识或处置他自己的欲望。如果精神分析师问道:允许精神分析机制来"接管"他的分裂症所遗失的东西是什么?那么否定性的角度就得到了巩固。

分裂症中所遗失的东西有可能正好是俄狄浦斯那里的某种东西吗?从最早的阶段开始,它是否是弑父娶母情结(二者都可以解释俄狄浦斯结构上存在着裂隙)的变形?依照拉康的说法,摩德·曼诺尼(Maud Mannoni)提出了"对父亲能指的原初排斥",这样"俄狄浦斯的角色就到位了,但如果将各种结果并列起来,就存在某种类似于空位置的东西。这个空位置仍然十分神秘,开启了欲望所引发的焦虑"①。然而,并不十分确定一个毋庸争辩的家族结构是否就是分裂症的好的衡量单位,即便这个结构延伸到三代人,包含了祖父母。研究"裂殖"(schizogènes)家族,或家族中的裂殖机制,是传统精神治疗、精神病学、精神分析甚至反精神治疗的共同特征。他们工作中令人失望的是,他们都引用的机制

---

① Maud Mannoni, *Le Psychiatre, son fou et la psychanalyse*, Paris: Seuil, 1970, p. 104.

〔例如，格里高利·巴特松（Gregory Bateson）的双盲或同时遗漏了两种彼此对立的信息秩序："做这个，但不要做这个……"〕事实上是所有家庭日常生活中的一个平平淡淡的部分，没有让我们弄明白分裂症的生产方式。即便我们用一个父亲作为隐喻，或者以父亲之名成为与语言共存的能指，让家族参照系具有了特有的象征权力，我们仍然无法逃脱狭隘的家族话语，其中，分裂症是通过预设排斥某个能指来否定性地界定的。

2. 突破走向"更多的实在"

奇怪的是，分裂症何以不断地回到并非它们自己的问题上，这一点十分明显：父亲、母亲、法律、能指等等。分裂症并非如此，也没有理由得出结论说分裂症缺少某种它并不涉及的东西。贝克特和阿尔托已经说得十分明白了：我们应该使用艺术家或作家拥有的观念，他们对分裂症的洞见比精神治疗师和分析师要深刻得多。一旦我们用否定或匮乏的术语来界定分裂症（如紊乱、失去真实、自我中心主义、排斥），以及当我们用家族结构（这种匮乏就出现在家族结构中）来塑造分裂症时，我们也会犯同样的错误。事实上，谵妄现象绝不会再生产出以匮乏为中心的家族传说，即便从虚构角度来说也是如此。相反，谵妄是历史的溢出，是普世历史的随波逐流。种族、文明、文化、大陆、王国、强权、战争、阶级和革命都混杂在一起。在这个意义上，并不需要深入研究谵妄。在谵妄中，你们发现了黑人、犹太人、蒙古人、雅利安人。谵妄是由政治和经济组成的。没有理由相信谵妄表达的东西仅仅是其展现出来的内容。谵妄表达的是一种方式，通过这种方式，欲望得以流动到整个社会历史领域之中，通过这种方式，无意识欲望囊括了它无法化约的对象。即便在家族问题上谵妄式的交流时，贯穿于家族的洞、切口、流溢，并将其视为裂殖，这些问题在本质上是超家族的，导致了整个社会领域都被卷入到无意识决定当中。马塞尔·雅阁（Marcel Jaeger）说得不错："无论精神治疗的大师在想些什么，精神病人所说的东西都不仅仅是清楚地表达了他们个体的精神紊乱。在其所有方面，疯癫的话语与另一种话语相关联，即历史话语、政治话语、社会话语、宗教话语，说得是每一个东西。"①谵妄并不是围绕父亲之名，而是围绕着历史之名构筑起来的：专名。仿佛分裂症在无器官身体上（我感觉到我在生成……）穿越的强度的区域、界槛、梯度，是由种族、大陆、阶级、人格等专名来决定。这并不是将分裂症等同于人。相反分裂症借助专名，辨别了无器官身体上的那些层面和区域。

　　那么，需要用肯定的词语来描述分裂症。"紊乱""自我中心主义""失去真实"，对于那些想要压制分裂症的人来说，是很方便的词语。"紊乱"是一个很贫乏的词汇，指的是那些组成了特殊的分裂症机器的元素的状态——我们可以从肯定的角度来确定分裂症机器——在这个方面，我们很快意识到缺乏关联所担当的机械性角色。"自我中心主义"也是一个贫乏的词汇，它指的是无器官的身体以及它之上所有的流溢，这与脱离现实的内在生命没有关系。"失去真实"，我们如何评价那些在一个无法支撑的点上接近真实的人["这种感受，与心灵相关联，打破了物质的声音"，阿尔托在他的《神经仪器》(Le Pèse-Nerfs)中写道②]？与其从给人带来巨大摧

---

① Marcel Jeager, "L'Underground de la folie" in *Partisan*, février 1972.
② Antonin Artaud, *Le Pèse-Nerfs* in *Œuvres complètes*, I, Paris: Gallimard, 1956, rééd. 1970, p. 112.

残的浩劫来界定分裂症，或者从结构上出现的洞和裂缝来解释分裂症，我们不如将分裂症理解为一个**过程**。当克雷丕林试图提出他的早发性痴呆概念时，他并不是从动因或症状来界定的，而是将其看成一个过程，一个发展和中断的过程。不幸的是，他将中断状态视为整体的明显崩溃，为了让病人的自然生命得以安宁，他主张将病人关起来。今天卡尔·雅思贝尔斯和罗纳德·D. 莱恩（Ronald D. Laing）从完全不同的角度来理解过程的观念：**断裂、迸发、突破**，它摧毁了人格的连续体，让它走上"更为真实"的旅程，有强度的和恐怖的旅程，它遵循的是同时吞噬了自然和历史、有机体和精神的逃逸线。这就是为什么分裂症的器官-机器，无器官的身体，以及身体互动的强度流，导致了机器与飘荡不定的历史之间的关联。

现在我们看到偏执狂与分裂症之间的差异（即便分裂症的形式往往会被贴上偏执狂的标签）：偏执狂"我-不想-留下-你-一个人"和分裂症"让-我-一个人"；偏执狂组合了符号，分裂症则是机器装置；偏执狂有巨大的整体，分裂症只有细微的多元性；偏执狂有着巨大的反应综合的领域，分裂症只有积极的逃逸线。如果分裂症似乎就像今天社会的病症一样，那么我们不应该寻求将我们的生活方式一般化，而是要寻找社会的、政治的、经济的本质的机器。我们的社会不再在符码和领土基础上起作用。恰恰相反，它们在广泛的解码和解域化的基础上发挥作用。与恢复符码、重新创造领土而疯狂的偏执狂不同，分裂症不停地走向自我解码和自我解域化运动（这就是分裂症的突破、旅程或旅途，它们的过程）。分裂症就像我们社会的界限一样，不过是一种被回避的界限，总是被放弃。莱恩理解了分裂症的真正问题所在：我们如何**突破**（breakthrough）一个不会**崩溃**（breakdown）

的东西[1]？我们如何可以阻止无器官的身体在紧张性僵直症中彻底停摆？谵妄的敏感状态如何克服其伴生性焦虑，不会让位于一种慢性的耗竭状态（我们通常可以在医院里看见这种状态，最终会陷入完全崩溃的状态）？在这个方面，医院里常用的条件，以及在家庭里的条件，都不太令人满意。似乎正是医院化、家庭化恰恰产生了自我中心主义和失去真实的症状。生命化学的力量如何以这种方式与分裂分析相结合，让分裂症不会变成其对立面，也就是说，将分裂症的患者禁闭起来？用何种组织、什么样的团体来做这个事？

---

[1] Ronald D. Laing, *La Politique de l'expérience*, Paris: Stock, 1969, p. 93. 文中的 breakthrough 和 breakdown，在德勒兹的原文中使用的就是英文。——译注

三、普鲁斯特圆桌会议[①]

罗兰·巴特：我先来说几句。我只需要指出，对我来说，任何关于普鲁斯特的讨论会都有种关于普鲁斯特的悖论：普鲁斯特只能是一个无穷讨论的主题，之所以是无穷的，是因为他与其他任何作者不同，他是一个有无穷无尽的话要说的作者。他不是一个永恒的作者，我认为，他是一个连续不断的作者，就像日历一样可以连续不断地延续下去。我并不相信这是由于普鲁斯特太过丰满，这或许是一个公开定性的看法，他的写作毋宁是来自对他话语的某种解构。这不仅仅是我们说过的离题话语，这也是一种被洞穿和被解构的话语。就像一个可以被无穷探索的星系一样，因为粒子来回运行，变换位置。这意味着普鲁斯特是我为数不多的重读过的作者。我读他的书，就像一个被一系列灯光照亮的梦幻般的场景，这些灯光通过一种可变电阻来加以控制，这些可变电阻在不同的电流之下，让布景逐渐地无穷无尽地跨越不同的感觉层次，跨越不同的理解层次。这个材料是用之不竭的，这不是因为它总是新的，也不是说什么大事，而是因为当他返

[①] 本次圆桌会议由塞尔日·杜博洛夫斯基发起。参加的人还有：罗兰·巴特、吉拉尔·热奈特、让·里卡杜、让-皮耶尔·理查德。本文收录于《马塞尔·普鲁斯特手册》(*Cahiers Marcel Proust*)新系列的第 7 期（Paris：Gallimard，1975，p.87 - 116）。在得到参与者的同意的情况下，文本曾经过雅克·贝萨尼（Jacques Bersani）的评注和编辑。

回来的时候总是被取代了。《追忆似水年华》(还有与之相伴的其他作品)只有清晰的追忆的观念,但没有追忆本身。因此,对于批评欲望来说,普鲁斯特是最好的材料。这就是批评真正的欲望对象,因为一切都耗费在追忆的幻象之中,耗费在普鲁斯特那里追忆某物的观念之中,因此为那样的追忆寻找一个终点的观念有点痴人说梦。如果普鲁斯特留给我们去做的事情就是**重新写作他**,这恰恰是与穷尽普鲁斯特针锋相对的目的,在这个意义上,普鲁斯特是独一无二的。

吉尔·德勒兹:在我看来,我只想提一个普鲁斯特的问题,我是最近才遇到这个问题的。我有印象,在这本书里,出现了非常重要、非常令人困扰的疯癫现象。当然,这并不意味着普鲁斯特是疯子,在《追忆似水年华》中,有着非常鲜活的、非常广泛的疯癫现象。从两个主要人物开始。正如普鲁斯特通常那样,疯癫的出现被处理得非常地道。显然,从一开始,夏尔吕(Charlus)就是疯的。只要遇到夏尔吕,你就会说"嗨,他是疯子",叙述者也告诉你们是这样的。对于阿尔贝蒂娜(Albertine)而言,则是相反的情况,她最后疯了。这是一种直接的信念,是一种怀疑、一种可能性。或许她疯了,或许她早就已经疯了。这就是为什么安德烈(Andrée)最后会那样说。那么谁疯了?夏尔吕?当然他疯了。阿尔贝蒂娜?或许吧。但是否还有什么人也精神错乱了?某种人隐藏在什么地方,什么人控制着夏尔吕是疯子,而阿尔贝蒂娜或许也有成为疯子的确定性?难道那里没有一个元凶?他就是非常怪异的叙事者。相当怪异。他如何出现?他没有器官,他不能看,他不理解一切,他没有看到任何东西,他也不知道任何东西。当某些东西向他呈现出来的时候,他看了,但没有看见它;当某人让他感受到某种东西的时候,他们说:看看这多么美丽呀!他看了一下,于是当某人说"来这里看看"时——在他脑中回荡着某种东西,他想着其他东西,某种让他感兴趣的东西,某种不在感知层面,也不在知识层面上的东西。他没有器官,没有感官,没有感知:他没有任何东西。他像一个赤裸的身体,一个巨大的未分化的身体。他是不能看、不能感受、不能理解任何东西的人。他能有什么样的活动?我想处在那种状态下的人只能对符号、对信号做出反应。换句话说,叙述者是一只蜘蛛。蜘蛛不能担当任何事情。它不理解任何东西,你们可以将一只苍蝇放在它面前,它也不会挪动半步。不过,一旦它的蛛网边缘发出最轻微的振动,它就会挪动它那笨重的身躯。它没有感知,没有感官。除了对信号做出反应外,它一动不动。就像那个叙事者一样。他织就了一张网——他的工作——并对触动他的网的振动做出反应。蜘蛛式疯癫,叙事者疯癫,不理解任何东西,也不想理解任何东西,除了在背景环境中反馈回来的微弱的信号之外,它对任何东西都不感兴趣。夏尔吕的疯癫和阿尔贝蒂娜的疯癫都是来自叙事者的疯癫。他投射出他遍及网的四个角的蒙昧而盲目的出场,而他不断地织就、拆解、再织就着这个网。这甚至是比卡夫卡更伟大的变形记,因为叙事者在故事开始之前就已经经历了一场变形。

当你们不能看到任何东西时,你们在看什么?对我来说,在《追忆似水年华》中最明显不过的就是同一件事情,而且相当不同。如果我们用生物学家描述苍蝇视觉的方式来描述叙事者的视觉,它就是带着星星点点的亮光的星云。例如:夏尔吕星云。叙事者看到了什么?当然,这个叙事者不是普鲁斯特。他看到了两只眼睛,两个闪烁的光,不对称的眼睛,他朦朦胧胧地听到了声音。在这个叫作夏尔吕的圆团星云中有两个奇点。在阿尔贝蒂娜那里,这并不是个体的星云,而是集体的星云,这个区别并不那么重要。这就是带有奇点的"年轻女孩"的星云,其中一个奇点就是阿尔贝蒂娜。在普鲁斯特那里,它通常以同样的方式发生。第一个奇点,整体看起来就像是带有若干小点的云。第二个时刻就不那么可靠了。它依赖于星云所囊括的奇点,这是已经成型的系列。例如,夏尔吕的言说,三段长篇言说都是按照同一种类型建立起来的,三段话的节奏非常类似,在每一段话中,夏尔吕都以今天称之为拒绝的方式开始:"不,我对你没兴趣",他告诉叙事者。第二个时刻则恰恰相反:你与我之间有太多的无法消除的差异,和我相比,你简直不名一文。第三个时刻是疯癫:夏尔吕的言说,直到那时,才得到彻底控制,但开始偏离轨道。在三段言说中都发生了一个神奇的现象。同样,你也可以说明,从年轻女孩的星云中出现了一个阿尔贝蒂娜,实际上是多个阿尔贝蒂娜的系列。这些序列的标志是施虐-受虐狂的爆发,这些都是令人不快的序列,带有浓厚的亵渎和羁押色彩,靠近些看,它们是非常庞大、非常残酷的序列。它不会在那里停下来。还有一个因素,在这些序列的最后,它就像终极的第三阶段一样,一切都消解了,一切都烟消云散了,一切都化为烟尘——它在诸多小盒子里自我重组了(se reforme)。这不再是阿尔贝蒂娜。那里有一百多个阿尔贝蒂娜的小盒子,铺设开来,彼此间无法继续交流,在一个非常奇异的平面上排列着,这是一个横切的平面。我认为,在这个最终的要素中,疯癫的问题真的出现了。它看起来像是植物性的清白,像植物一般彼此相安无事地并存着。在这个方面最典型的文本,即展现了这个蜘蛛一样的叙事者的三种组织的看法的文本,就是当他第一次亲吻阿尔贝蒂娜时的文本。我们很容易区别其中的三个时刻(尽管你们会发现还有其他一些要素)。首先,带有明亮而运动的点的面庞的时刻。随后叙事者靠近了:"在我的唇与她的脸颊近在咫尺的距离里，我看到了十个阿尔贝蒂娜。"最后，一旦他的唇触及她的脸颊，那个最终的时刻来临了，他无非是一具与碎裂消散的阿尔贝蒂娜纠缠在一起的盲目的身体："……刹那间，我的双眼看不见了，还有我的鼻子被压坏了，感受不到任何气味，对于所欲求的玫瑰的芬芳不再想知道更多，从这些令人作呕的符号中，我认识到我最后正在亲吻阿尔贝蒂娜的脸颊。"

这就是我现在对《追忆似水年华》感兴趣的东西。在一部著作中，疯癫的出现和内在性，并不是一件教袍，也不是一个教会，而是在我们眼前织就的蛛网。

吉拉尔·热奈特（Gérard Genette）：我想说的东西，一方面是受此次讨论会的激发，另一方面也是回顾了我自己过去和现在对普鲁斯特著作的看法。似乎对我来说，普鲁斯特的作品，以及其宽阔的视野和复杂性，其不断演进的人物，还有从《欢乐与时日》(*Les Plaisirs et les Jours*)到《重现的时光》(*Le Temps Retrouvé*)单一文本中呈现出来的不同状态的未曾间断的连续过程，使得批评这部著作有点难度，但在我看来，这也是一个机会：给出一个从古典解释学（这是一种典范式的或隐喻式的解释学）向新解释学（结构式的，或你们喜欢的话，也可以称为转喻式的解释学）过渡的过程。我的意思是说，就普鲁斯特而言，一旦某些主题被汇集起来并得到判定，我们仅仅注意到这些主题的重复，并在这些重复的基础上来确定某些主题性对象是不够的，我们可以使用查尔斯·莫伦（Charles Mauron）使用过的非常著名的方法来建构这些主题性对象的理想框架，而这就是主题式批评的基础。对于其内容中不同要素之间的差异和相似性的影响效果，文本中的位置，也需要纳入考量。

当然，作品中的这些要素，已经吸引了诸多叙事或风格技艺的分析家们的注意。譬如，让·卢塞（Jean Rousset）告诉我们《追忆似水年华》中主要人物出现的零零星星的侧面，而贝萨尼则说道，在《追忆似水年华》中的风格具有他所谓的"离心力"(force centrifuge)和"水平超越性"(transcendance horizontale)，这种风格完全不同于《让·桑德伊》(Jean Santeuil)里面的风格。但是，属于形式分析的东西，仍然属于对普鲁斯特的主题式分析和解释，我相信这是更显著的主题式分析。我这里只引用我在其他地方用过的两三个例子。不要小看《贡布雷》(Combray)头几页的内容，酒和性的问题一起出现了，这支撑了后来二者间隐喻性的等同关系。相反，一旦将其应用到马塞尔和他的神秘的小堂妹之间的爱上时，我发现替代或延迟的效果非常重要。它发生在《贡布雷》中，但在很后面的时候才仅仅回溯性地提到一次，莱奥妮阿姨的沙发被卖给了蕾切尔的妓院。还有，像卢桑维勒城堡(donjon de Roussainville)的主题性对象：在贡布雷，他作为对主人公的孤独的情欲的升华的见证人和知己而出现，随后在《重现的时光》中，带有一种新的情欲的意指关系，它调和了第一种意义，在事件之后修改了它，在那时，我们知道，所保留的就是吉尔贝特(Gilbert)与村子里的孩子们嬉戏狂欢的场景。这里有一个变化的效果，一种同一性中的差异，它就像同一性本身一样重要。对这两个事件给出附加解释是不够的，抵制着这种附加解释的东西也必须得到解释——尤其因为我们全都知道，《追忆似水年华》不仅仅是为了消散和分解合并性的原初细胞(de cellules initiales syncrétiques)而创造的：它是一个不断扩展的宇宙空间，在那里，一开始紧密关联的元素不断地运动分离。例如，我们知道马塞尔和斯万、夏尔吕和诺普瓦(Norpois)最初是在一起的，我们知道，所谓的"《驳圣博夫》(Contre Sainte-Beuve)的序"将玛德琳蛋糕和圭芒德(Guermantes)的鹅卵石相提并论。在一份由菲利普·科尔博(Philippe Kolb)出版的原稿中,我们看到对维沃纳(Vivonne)的根源不再抱有幻想的救赎,最初是孩子时期接受的,《追忆似水年华》所有的主题架构都依赖于这些最初根源的后果之间令人惊奇的差距,依赖于对最终救赎的异乎寻常的等待。

所有这些都需要我们小心翼翼地注意到这些主题性能指的年代结构,因为也要注意背景的符号权力。罗兰·巴特多次坚持认为这个文本具有反象征的地位,而人们经常将之当作缩减意义的工具。似乎对我来说,通过使用这种类型的看法,能够想象一种相反的实践。换句话说,背景,它所决定的**文本的空间和场所的效果**,也产生意义。我相信雨果说过:"在**看门人**(concierge)那里,有**蜡烛**(cierge)。"我也会说:在**背景**(contexte)中有**文本**(texte),我们不可能在不考量后者的情况下消除前者,这就是文学中的问题所在。所以,最好是通过转向解释学或符号学,来重构背景的象征能力。符号学很少建立在恒定的范式之上,更多时候它建立在变化多端的句法和文本结构之上。所以,至少在索绪尔之后我们知道,这不是重复,而是差异、变调、改变,也就是杜博洛夫斯基昨天说过的**错音符**(fausse note):也就是说,即便是在最基本的形式上,它也是一种变化。我很乐意认为,批评家的地位,就像音乐家一样,就是**解释各种变化**。

塞尔日·杜博洛夫斯基(Serge Doubrovsky):我想我刚刚听到了三种不同的介入方式,乍看起来,正如德勒兹描述的那样,在同样一张蛛网上,它们毫无共同之处。这些碎片化、这种完全孤立隔离,最后这种交流、这种重组,不正好是普鲁斯特的风格吗?

罗兰·巴特:我相对热奈特说的是,如果在分析变化过程中,我们寻找一个主题,这个主题完全在一种解释学之下,那么我们可以以此径直走向中心对象。然而,我认为热奈特是对的,如果我们假定了一种描述,或者单纯写出一种变化、一种变化的变化,那么这就不再是一种解释学,不再是单纯的符号学了。至少,不是我所界定的"符号学",即福柯提出的"解释学"和"符号学"的对立意义上的"符号学"。

让-皮耶尔·理查德(Jean-Pierre Richard):我想对吉拉尔·热奈特之前所说的东西补充几句。当然,我同意他的概括,即将主题发展视为变调的系列和总和。我也认为去思考一种背景主题学(thématique contextuelle)是一个好主意。但我想强调一下已经给出和提供的定义上的一个细微差别。例如,似乎对我来说,至少在热奈特的分析中,卢桑维勒城堡,不能真的成为一个主题……

吉拉尔·热奈特:我称之为"主题性对象"。

让-皮耶尔·理查德:……我认为这更像是一个**情节单元**(motif),换句话说,这是普鲁斯特有意识地在文本中反复使用的对象,借此来创造出某种效果,某种重要的效果,我同意热奈特的说法,这些效果具有延搁或替代的意义。

我在卢桑维勒城堡中将其他东西看成主题性的:这可以帮我们去开启它,几乎是将其打碎,无论如何是展现出一种变动,某种类似于其不同的基本特征(性质或功能)的弥散式的解放,去消解它,事实上将它与其他对象连接起来,这些对象在普鲁斯特小说的展开过程中直接出现并十分活跃。在这些明确的特征中——我说的是界定了对象,但没有完成它,没有封闭它,相反从所有反面让它向外部敞开——在这些特有的特征中,有一种红色(即卢桑维勒的能指代表的红色);红色将城堡与所有红发女孩的力比多联系起来。与城堡的**高耸入云**(早先,你们会十分正确地将之指向阳具)相关联的是所有直立的物体,我们还可以说城堡的**下层**:所有发生在城堡里的情欲之事都发生在地下室。由于这种特征,城堡与《追忆似水年华》中的其他深层和隐秘场所一样,经历了一场底层变革,尤其是贡布雷教堂地窖,杜博洛夫斯基在其他时候谈过的香榭丽舍大街的小亭子,还有夏尔吕在战争期间漫游的巴黎地铁。这些主题的变调,在这里看起来真的有点弗洛伊德的味道,因为沿着这个顺序,在卢桑维勒的是婴儿期和自体性欲期的地下,在香榭丽舍大街有一个肛门期的地下,然后在巴黎地铁里有一个同性恋的地下。这就是我看到的主题的变调。在一个对象中我视为主题的东西,与其说是在文本中各种不同的非常接近或隔得十分遥远的地方、作为一个整体、以同样或变化的方式重复的东西和反复产生的能力,不如说是自发的分裂和以某种方式抽象地、绝对地分散到小说中所有其他东西的能力,借此,它建立了一个隐秘的凝聚的网络——换句话说,今天晚上我们大家都浸淫在这个隐喻当中——在阅读的预期和回忆的地方,这种能力能够把各种东西编入到一个巨大的蛛网之中。那么,主题可以视为这种无限的分配布局的各个主线——序列,的确如此,但一般是破碎的序列,不断重逢或穿透的序列。

　　这种穿透的观念让我们想问德勒兹一个问题,他让我想起,在他关于普鲁斯特的著作的结尾,谈到了普鲁斯特著作中的穿透的重要价值。或许,卢桑维勒城堡为我们提供了一个典型的例子:我记得一个曾经去贡布雷地窖发现了一具被谋杀女孩尸体的年轻男孩,而杜博洛夫斯基昨天提到过这个男孩。但他只是吉尔伯特参加的城堡里上演的情欲游戏的演员之一。在这里,一个主要人物的接替者肯定了这一点,即普鲁斯特式地下室中的两种模式之间、我们的空间-力比多序列之间的清晰的关系。对此,我给德勒兹的问题是,他何以准确地思考普鲁斯特的**穿透性**的观念。为什么他认为在普鲁斯特的空间中，相比于其他结构化关系（如对焦性、对称性和侧重性）而言，这种观念具有优先性？它又是如何与**疯癫**经验建立起特殊关联的？

德勒兹：我想我们可以称之为一个穿透面，这个面既不是水平的，也不是垂直的，当然我们认为这就是一个界面的问题。我并没有探讨这种界面是否在普鲁斯特的著作中出现。我关心的是这种界面可以用来做什么。如果普鲁斯特需要这个界面，为什么他需要它。似乎对我来说，最后他别无选择。这就是他非常喜欢的事情：物或人或团体彼此毫不相干。夏尔吕是一个盒子，年轻女孩是一个包含了诸多小盒子的盒子。至少在这个词的日常意义上，我并不认为这是一个隐喻。封闭的盒子或无法沟通的容器：在这里我相信，我们要理解普鲁斯特的两种属性，在这个意义上，往往会说人拥有某些特征和属性。好的，在整本《追忆似水年华》中，普鲁斯特都展现出这些特征、这些属性，通过普鲁斯特，这些属性又十分神奇地关联起来。这种关联并没有出现在各种关联物的层面上的所有界面之中：我们可以称之为异常关联。这种关联的一个典型的例子是胡蜂与兰花。一切事物都被区隔开来。但这并不意味着普鲁斯特疯了，而是说这是一个疯狂的视野，因为疯狂的视野更多是以植物为根基的，而不是以动物为根基的。对于普鲁斯特来说，人的性态成为花的问题，也正是由于所有人都是双性的。所有人都是雌雄同体的，但他不能自我受精，因为两性被分开了。所以爱或性的序列是一个非常丰富的序列。在人们的言说中，只有人的雄性部分和雌性部分。对于雄性部分来说，有两种甚至四种情形：它可以与女性的雄性部分或女性的雌性部分发生关系；也可以与另一个男性的雌性部分或另一个男性的雄性部分发生关系。这就是关联，但它总是非关联的物体之间的关联。这就是开放,但总是两个封闭盒子之间的开放。我们知道兰花展现出一只昆虫用触须落在它的花蕊上的形象,而昆虫让兰花得到受精,因为雄蕊可以让雌蕊受精:这指明了兰花成长和昆虫成长之间的穿透且汇生的类型,一位当代生物学家曾谈过平行生长,这就是我所谓的异常关联。

叙述者通常会从一个窗户走向另一个窗户,从风景的右边跑到左边,再从左边跑到右边,给出了这种关联的另一个例子。无物关联:这就是一种大爆炸的世界。统一并非所看到的统一。唯有在叙述者、在他从一个窗户到另一个窗户的蛛网上的蜘蛛式行为中,才可能看到这个统一。我认为所有的批评说的都是一回事:《追忆似水年华》,作为一部作品,完全是在叙述者的幽灵式游荡的界面上创作出来的。其他角色,所有其他角色,都只是一些盒子,或是平庸的盒子,或是绚丽多彩的盒子。

塞尔日·杜博洛夫斯基:我可以再问你一下这个问题吗——从这个角度来看,《重现的时光》是什么?

德勒兹:《重现的时光》并不是叙述者理解的时刻(moment),也不是他所认识的时刻(我用的词不对,但这样会更快一些),在那一刻,他认识到从一开始做了些什么。他不知道。在那一刻,他知道了他是一只蜘蛛,在那一刻,他知道了从一开始就出现的疯癫,在那一刻,他知道他的作品是一张网,在那一刻,他得到了彻底肯定。《重现的时光》是一个最典型的穿透面。在结尾的展开和胜利之中,我们可以说,蜘蛛已经理解了一切。他理解了他织就了一张网,他理解这张网是一项卓越的成就。

塞尔日·杜博洛夫斯基:你如何理解叙述者在整个故事中,分布在整个文本中的主要的心理学规律?你将这些东西视为他疯癫或人的行为分析的症候吗?

德勒兹：都不是。我认为它们都太过具体。正如热奈特所说，它们都是拓扑学的重要问题。心理学规律通常也是序列的规律。在普鲁斯特的著作里，序列从来不是终极词汇。在这些按照垂直轴或纵深发展的序列下面，还有某种更深刻的东西。我们看到的阿尔贝蒂娜的脸所贯穿的各个层面的序列产生了另一种东西，某种更重要的东西，这才是终极词汇。谎言法则和嫉妒法则所代表的序列亦是如此。这就是为什么说，一旦普鲁斯特操纵了这些规律，就会出现一个很有幽默感的层面，我们认为这个层面更为重要，它直接带来了解释问题，一个真正的问题。我想，解释一个文本通常会回到对文本的幽默感的评价。一个伟大的作者也是一个爱笑之人。在夏尔吕第一次出场时，他对一个像是叙述者的人诉说了某些东西："你别管是否是你的祖母，你直接上，你个小坏蛋。"你们或许认为夏尔吕在开一个很低俗的玩笑。或许夏尔吕事实上做了一个预测，因为叙述者爱他的祖母，或者他的母亲，整个序列都不是终极词汇，因为终极词汇是：你别管。这就是为什么说，我认为到目前为止所有已经出现的方法都发现它们会面临这样一个需求，即要考察的不仅是一个修辞，而且也是幽默。

观众提问：巴特先生，你提到《追忆似水年华》和马拉美的书有关系。你能更清楚地解释一下这种关系吗？或者说，这仅仅是一个说法？

罗兰·巴特：这是一种设计好的关系，若你喜欢的话，也可以说是一个隐喻。马拉美的作品是一个排列空间，将所读的文本和每次都在改变位置的观众排列在一起。我仅仅是说，普鲁斯特的书，阅读普鲁斯特这本书的空间，在整个叙事中，或许就是这本马拉美式的书，这本书仅仅存在于非歇斯底里的、纯粹排列的戏剧性里面，这种戏剧性建立在空间的排列基础上。这就是我想说的。

塞尔日·杜博洛夫斯基：我想利用这个简短的间歇来回应一下热奈特。我完全同意他之前所说的东西。《追忆似水年华》中的所有场景都是重生的，但随着书的发展，随着文本的推进，每一次都有质的区别。这就是为什么说，为了避免误解，我并不认为我自己的评论是我研究的最终表达，而是去建立路标的努力，那时，这种努力会帮我们确立一个差异的网络。正如德勒兹先前所说，我不会使用同样的词。我读普鲁斯特越多，我越肯定并不是他疯了，而是——请不要介意我的表达——一个"痴癫"（dingue）。为了停留在这个层面上，其句子完全符合逻辑；但你们仔细些看，这些句子又经不起推敲。如果我们用昨天精神分析的话来描述这种现象，这是因为精神分析就是疯子的理想语言，是一种被编码的疯癫。所以我使用了一个比较方便的系统，尽管只有我自己比较确定这一点。

让·里卡杜（Jean Ricardou）：在这里，各种各样的说法之间或多或少都有些关联。例如，我想说的东西与吉拉尔·热奈特所讨论的东西很好地结合在一起。所以我想问热奈特的问题是，他思考的这种分离或消散，是否在这里激发了他针对普鲁斯特的特殊的批判欲。至于我，我的印象是他的现象[我想称之为"奥西里斯式布局"（dispositif osiriaque）]是所有文本的特征。尤其让我联想到普鲁斯特的一个同时代人（不幸的是，这个人很少被提及）：鲁塞尔（Roussel）。他也采用了同样的方式来写作，在这个意义上，他的一些文本，如《非洲新印象》（*Nouvelles impressions d'Afrique*），就是不断地将圆括号放入到圆括号之中来创作的，借此来分离各个主题，让它们越来越分散。在鲁塞尔的其他文本中，这种创作更为明显。此外，我觉得有些焦虑的是，这种分散现象会让我们相信:或许,整体曾在一开始出现过,然后这个整体就消散了。换句话说,奥西里斯式布局设定了,在其分解之前,有一个最初的身体,即奥西里斯的身体。对我来说,需要用另一种观念来纠正这种布局,即"不可能的拼图"的观念。在这里,由于不断地设置新的圆括号,导致某一组碎片彼此分离。然而,与此同时,如果你们想要用这些分散的碎片拼出一个预想的碎裂整体,你们就会觉察到,由于不可能的拼图的效果,它们不可能完全契合,没有一种让它们兼容的几何学。最后我感兴趣的是加重了这种整体的情况:不仅(正如你们所见)加重了空间和分散,而且加重了不可能的重新组合。根本没有原初整体。

吉拉尔·热奈特:很明显,我们不可能十分草率地处理普鲁斯特和鲁塞尔的关系。不过,有一个因素十分重要,我们可以来谈一下。就我所知,鲁塞尔掌控着其布局的方式,而普鲁斯特自己对自己的布局特征也无法很好地把握。我们之所以说他无法把握,是因为他很快就死了,但这自然是一个玩笑。即便他还活着,我敢肯定他还是无法把握,因为这个布局是无限的。另一个问题是,这是普鲁斯特作品的特有现象,还是普遍现象?我认为这是一个伪问题,因为在我看来,我能感受到属于普鲁斯特的特有问题,从这个现象开始,我试图根据这个线索来重读所有其他文本。但从另一个角度来看,我们可以说这些差距、分离等现象是对所有文本的界定。

罗兰·巴特:我想我们仍然围绕着主题和变奏的形式转圈圈。在音乐上,这就是主题和变调的经院范式和教义范式,例如勃拉姆斯对哈代主题曲的变奏。开始是一个主题,后来成为十个、十二个或者十五个变奏。我们不要忘记,在音乐史上,一些伟大的作品,打着"主题和变奏"的旗号,实际上消解了它：贝多芬对迪亚贝利的主题的变奏，至少在鲍科莱契利耶夫（Boucourechliev）关于贝多芬的小书中，斯托克豪森（Stockhausen）所解释和描述的情形就是如此。你们会看到，我们所面对的是三十多种没有主题的变奏。一开始给出了一个主题，一个非常糊里糊涂的主题，这个主题显然在某种程度上是用来嘲笑的。我会说，贝多芬的变奏曲在这里起到的作用有点像普鲁斯特的著作。主题彻底弥散在变奏曲之中，不再是对某一主题的变化的处理。这意味着在某种程度上，隐喻（因为所有的变奏曲观念都是范式性的）被摧毁了。或者，无论如何，隐喻的起源被摧毁了。这是一个隐喻，但没有源头。我认为这就是需要说明的事情。

观众的另一个提问：我想问一个问题，这个问题可能有点挑衅。换句话说，我希望得到不同的回答，这些回答可以让我更好地了解你们所有人的普鲁斯特研究。这就是我的问题：叙述者是否有一个方法？

德勒兹：我想叙述者是有方法的，但他一开始不知道，在跟随了不同的旋律之后，在经历了不同的场合之后，开始了解了这个方法，在字面上，这个方法就是蜘蛛策略。

塞尔日·杜博洛夫斯基：叙述者的方法？好吧，有几个方法。叙述者既是宣称生活着的人，也是宣称写作的人。这带来了几个问题。这让我回到了隐喻的起源：原初关系，与母亲的关系，与身体的关系，与实际上是另一个人的"我"的关系，不断地使用不同的写作方法来重构这个"我"——但我们真的能做到这样吗？

吉拉尔·热奈特：当我们指向《追忆似水年华》的叙述者的时候，你们必须说清楚，你是从广义上，还是从狭义上来使用这个词，这个有歧义。你是说这个讲故事的人，还是主人公？对于主人公的方法，我只能重复德勒兹的说法：他习得了解密的方法。那就是主人公的方法,你可以说他是一点点地发展起来的。至于叙事者的方法,很明显不是这个问题所问的范围。

同一个提问者:如果说主人公的方法,换句话说,最广义上的叙事者的方法,是一点点地发展起来的,那么难道你不同意吉尔·德勒兹的说法吗?因为如果我没有理解错的话,德勒兹先生,你的看法是这个方法只能在结尾处才被揭示。还有一种直觉方法,一种仅仅在《重现的时光》中才能理解、看到和分析的方法。

吉拉尔·热奈特:我刚刚说过了我同意德勒兹的说法。

德勒兹:是的,我没看到你和我说的有什么不同。

同一个提问者:我看到了不同,一边是一点点发展起来的方法观,另一边是仅在结尾才揭示出来的方法观。

德勒兹:对不起,但我认为这是一回事。具体来说,说一个方法是被建构出来的,也就是强调首先到处都有内容的碎片,即方法的碎片。因为最后叙事者说道:"啊,那就是它!"难道这并不意味着刹那间所有东西都重新统一起来了吗?点点滴滴和碎片仍然是点点滴滴和碎片,盒子也仍然是盒子。但他最后所把握的恰恰是这些碎片,不再指向某个最高统一体的碎片,构成了一个作品。所以我不认为一点点的具体的碎片构造的方法与最终揭示的方法有什么不同。

同一个提问者:我想回到你最开始谈的时候使用的一个词。你在某个地方曾说道:叙事者究竟在做什么?他没有看到任何东西,他不理解任何东西。你接着说道:他不想理解任何东西。

德勒兹:他对这些没兴趣。这就是我曾说过的东西。

同一个提问者:好的,我想知道是否不愿去理解的意愿(la volonté de ne pas comprendre)并不是方法的一部分?这就是拒绝的观念:我拒绝事物,因为我对它们没有兴趣。在直觉上,我知道我对这些东西没有兴趣。结果,从一开始就有一种方法,这种方法依赖于某种直觉。最终所发现的东西也就是这种方法,这种正确的方法。

德勒兹:并不是说此方法是正确的方法,而是说这种方法可以很好地起作用。但这不是通用的方法。那么,你不可能说:这就是正确的方法。你应该说:这是完成这部作品所能采用的很好地起作用的方法。

同一个提问者:如果叙事者一开始就有一个方法,这个方法并没有假定一个不断探求的目标,难道这个事实不是很含糊吗?根本没有设定任何目标,目标只在最后才形成。

德勒兹:没有设定任何东西。也没有设定过方法。不仅方法的目标没有设定,方法本身也没有设定。

同一个提问者:如果没有设定的话,那么至少被唤醒了。

德勒兹:被唤醒?我给个简单例子:玛德琳蛋糕。从叙事者那里产生了一种效果,很明显,这种效果显现为一种方法上的效果。这的确就是实践方法上的一个碎片。我们知道,在几百页之后,有一个瞬间是不充分的,需要找到点别的东西,需要更多的探索。这样,我不太相信——似乎对我来说,你现在有点自相矛盾——一开始就设定好了方法。它没有被设定,它到处起着作用,错误在于认为它是作品的整体部分,即便它起着作用,它也是以另外的方式再次被使用。持续到最后,那里有……一种……,怎么说呢?……一种揭示性的介入。最后,叙事者给了他的方法一瞥:揭露限制着他的东西,揭露伤害着他的东西。这就是方法。无论如何,我们可以称之为方法。

另一个观众的提问:德勒兹先生,我想回到你的蜘蛛形象的问题,这个形象太美妙了,我想问你一个问题:那么你怎样面对这样一种在普鲁斯特那里十分普遍的信仰观？你曾说过，蜘蛛看不到任何东西，普鲁斯特经常说这样或那样的景观沐浴在一种信仰之下，换句话说，有一种先于景观存在的印象，例如山楂，在早弥撒上感觉到的山楂的印象。

德勒兹：再说一遍，这没什么不同。如果你愿意的话，不同在于，一方面是感知或理智的世界，另一方面是信号的世界。每一次都有信仰，这意味着信号已经被接受了，还有对这种信号的反应。在这个意义上，蜘蛛相信了，但它只相信它的网的震动。信号就是让网震动的东西。一旦苍蝇落在网上，蜘蛛绝对不相信存在一只苍蝇。它不相信苍蝇的存在。它也不信任苍蝇。然而，它相信网的震动，无论多么小的震动，它都相信那是苍蝇。即便落在上面的是别的东西。

同一个提问者：换句话说，只有当网捕捉到某种东西的时候，这种东西才存在……

德勒兹：如果它发出了一个触动网的信号，蜘蛛就会在这种状态下，并在那一刻运动。因为这就是它做出来的网，它所建的网，就像蜘蛛一样，除非有猎物被捕捉到，换句话说，除非某种东西让网震动，否则蜘蛛将持续候着不动。

同一个提问者：但他就是隐藏猎物的人，因为他让猎物成为猎物。

德勒兹：不是这样。他隐藏的是网。有一个外在物体，但这个物体不会直接充当对象，它只充当信号的发出者。

同一个提问者：被网捉住，他就处在隐匿过程中。

德勒兹：对的。

同一个提问者：它只在那一刻存在着。

德勒兹：对的。

另一个观众的提问：我想问德勒兹先生和杜博洛夫斯基先生一个问题。德勒兹先生，你几次使用了"疯癫"一词。你能界定这个词的用法吗？还有，杜博洛夫斯基先生，你说过叙事者不是疯的，而是"痴癫"。我觉得需要一个解释。

德勒兹：我使用的就是普鲁斯特自己所使用的"疯癫"一词。在《女囚》(*La Prisonnière*)中有些地方就讨论了这个主题：让人们焦虑的不是罪行，不是违规行为，而是某种更糟糕的东西，即疯癫。碰巧他也用了这些词语来形容夏尔吕和家族的母亲，她（碰巧她也很傻）发现或感觉到夏尔吕疯了，夏尔吕抚摸她的孩子的面颊，扯他们的耳朵，这不仅仅是同性恋，也是处在疯癫边缘的难以置信的东西。普鲁斯特告诉我们这就是焦虑。

至于界定疯癫是什么，以及疯癫由什么组成，我相信我们可以谈谈分裂症。这就是我想描述的封闭盒子的空间，带有不正常的交流，这就是最基本的分裂空间。

塞尔日·杜博洛夫斯基：我使用"痴癫"一词，仅仅是因为我相信这不纯粹是一个疯癫的问题。我不相信叙事者彻底疯了，即便我们加上德勒兹所引用的段落，据说梵提尔(Vinteuil)作为一个疯子而死去。叙事者与疯癫搏斗，此外，你们可以肯定，他并没有写作他这本书。我想指出的是，通过使用这个俚语，可以弄懂德勒兹的幽默。

我不想重复我昨天所说的关于神经症的话。仅仅从写作层面上来说，我所感兴趣的是每一次轻微改变中不断重复出现的同样的故事、同样的人物、同样的场景。热奈特先前谈到过的现象，贝萨尼已经在他讨论普鲁斯特的书中做出了非常精彩的分析。强迫性的事物的重复，这个巧合未免也太大了。一切事情都发生，仿佛故事变得越来越魔幻。我们看到的不再是叙事实在论，而是一种谵妄，呈现为叙事的谵妄。应该通过一系列例子来说明这一点。我们还是限定在普鲁斯特格言的范围之内，他的格言已经整理成集，当我们一条条来阅读其格言，就会产生非凡的效果：叙事者利用了他自己丰富无比的才华，甄别了那些在根本上异于常人的行为。

另一个观众的提问：罗兰·巴特先生，我想问一个问题，这涉及一篇我非常难以理解的文本，即你的《萨德、傅里叶、罗耀拉》(Sade, Fourier, Loyola)一书的序言，这个问题我很难讲得十分清楚。你谈到了"文之悦"，在那里你非常清楚地提到了普鲁斯特。你也谈到一种可以看成颠覆或重新定向的批判行为，这与古希腊人所谈的对变奏曲的解释有所不同。在某种意义上，对各种变化的解释，与那些会导致更糟糕的纵容的模仿作品的形式没有太大差别，这一点似乎相当不明确。

罗兰·巴特：我并不认为模仿作品会不明确。

同一个提问者：我想谈的是对变奏曲的解释，你似乎将之归因于批判行为，我想它涉及你所谈到的文之悦。我想知道它是如何定位的。

罗兰·巴特：文之悦与这本文集的对象没有直接关系，尽管普鲁斯特对我个人来说是一个巨大的愉悦的来源。我早前谈到过批判的欲望。文之悦就是我提出的一种诉求，但现在需要在更理论的层次来谈谈。一言以蔽之，我要说的是，随着文本理论的进展，现在或许是时间来追问一下文之悦的各种布局了。文本何以让人愉悦？文之悦的极点是什么？文之悦所在之处，是否对所有人都一样？当然不是。那么在方法论上，引导我们的东西在什么地方？例如，我们从一个看法开始，即以千禧年为例，它在叙事、轶闻、故事、童话中都会带来毋庸置疑的愉悦。如果我们现在生产一个不再是叙事的文本，究竟是什么样的文本分配布局控制了我们的愉悦？必然存在着愉悦的替代，替代了愉悦的极点，在那里，我们需要寻找文本理论的外延。对于这个问题，此时此刻我并没有更多要说的。例如我们需要在一个研究性的讨论班中，一起来思考某些东西。

至于第二个关于对变奏曲解释的问题，我想说批评并不完全像钢琴家一样来做出简单的解释，来实现某个既定作品的变奏曲。实际上，至少批评在时间上摧毁了普鲁斯特的文本，抵抗了迄今为止在普鲁斯特研究中非常流行的文本结构（"梗概"）。在这一点上，批评完全不像传统钢琴家们表演的变奏曲，这种变奏曲实际上还在曲谱当中，但他更像是后序列音乐中某个曲部的演奏者。在浪漫协奏曲的解释者和音乐家之间同样也存在着区别，编队（formation，交响乐不再使用这个词）的演奏者可以按照一部与旧式乐谱标记完全没有关系的既定曲谱演奏出十分当代的音乐。在那里，普鲁斯特的文本一点点地，通过批评所归属的赫拉克利特主义变成了充满空隙的纯音乐类型，我们演奏出变奏曲，而不是去表演它。这会让我们回到这样一个更具体的问题，在这个意义上，今天下午围绕这个问题发生了更多严肃认真的讨论，我们中一些人指出了普鲁斯特文本的问题，是"文本"一词的物质上的意义的问题。或许在这里，我们需要这些普鲁斯特的材料，不仅仅是这些句子的文学性，这些句子给我们提供的就是我所谓的图绘式构架的风格，他们表达的图像式爆发的风格。通过这种方式，我们看到的未来，并不是普鲁斯特式的批评的未来（批评的未来我是没有兴趣的：批评总是一种惯例，我们只能不断地去突破它，超越它），而是阅读的未来，因此也是愉悦的未来。

让-皮耶尔·理查德：我接着罗兰·巴特的评论来说，我想说，对我而言，似乎存在着一个基本争论，或者说所有参加讨论的人的交集：所有人都从不同的、碎片化的、不连贯的视角为我们描述了普鲁斯特的写作实践。然而，显然对我而言,在阅读普鲁斯特的文本的时候,其作品有一种普鲁斯特式的意识形态,它反对一切描述,这是一种非常清晰、非常持久甚至粗暴的意识形态,它反过来评价一切回音、相似性的行文、残余物、反响,评价各种方式的区分、对称、各种观点、各种"星",最终在《重现的时光》的著名段落中结束,一个人物将各种直到那时还彼此分离的线索都衔接在一起。所以,似乎在普鲁斯特的明晰的文本意识形态和你们对之做出的描述之间有点不太一致。所以,我简单问你们这样一个问题:如果存在着这种不一致,在其文本实践中,你们将这种普鲁斯特式的意识形态放在什么位置上?你们如何解释他所说的和他言说事物的方式之间的矛盾?

罗兰·巴特:从我个人来说,我明白你所说的意识形态。在结尾,这个意识形态才进一步凸现出来……

让-皮耶尔·理查德:不是一直凸显着吗?

罗兰·巴特:……这有点像拉康意义上的普鲁斯特式的想象,这种想象不在文本中,它占据了它的位置,就像在一个盒子中一样,我还要说,一个日本盒子,在盒子中有且只有另一个盒子,诸如此类。这样,文本对自身的误解终结于文本自身的刻画。这就是我何以要理解写作理论,而不是他的意识形态,这种理论就在普鲁斯特的文本当中。

让-皮耶尔·理查德:然而,这种理论也架构了文本。有时候,它也像是一种实践。德勒兹之前引用过玛德琳蛋糕的例子,与之非常类似,只有到后面才能理解主要人物的意思。在第一种经验中,普鲁斯特已经说了:对于那一天发生在我身上的事情的意义的理解,我只有放在非常后面来说。这样,事实上有一种理论假设,确定了其经验的价值只有在后面才能解释。在这里,似乎很难说只有在结尾处,通过一种事后诸葛亮的效应,这张网才被织就或拆解。

让·里卡杜：我并不完全同意这部著作中有普鲁斯特式意识形态的观点。我想说的是普鲁斯特作品的意识形态。这种意识形态，在作品的绝大部分内容里都是内在的，有两个功能，取决于它是否与文本发挥的作用相一致。首先，这种自我表征的一个效果就是我之前发言提到过的东西，我不想重复。但这并不是说——与我之前的评价有一点点差别——文本之中的任何意识形态都必然与文本发挥的作用相一致。它们可以是彼此对立的。有了这种颠倒的自我表征，虚构和叙事之间的关系不再是比拟性的，就像严格的自我表征一样，而是对立的。这不是隐喻，而是反题。在这种情况下，这就是一种欺瞒战略。作品的意识形态，会引发更多关于统一化和高度聚集的关注，因为理解这种消散的最好方式就是聚集在一起的欲望。这也可以是双重操作的指示。在我的发言中，我强调了一个类比的比较，但这种比较只能通过分离和区分才是可能的。德勒兹和热奈特都坚持认为这是一种辅助性的操作。在他们的坚持下，我们可以在《追忆似水年华》中发现一个矛盾的意识形态。这一次，并不是他者变得相同（斯万加入盖尔芒特的方式），而是相同的东西变成了他者：死亡、分离、排斥、转变（所有东西都倾向于变成其对立面）。通过一种文本的意识形态的冲突，存在着文本的矛盾性的功能的自我表征。

吉拉尔·热奈特：我来对让-皮耶尔·理查德刚刚说的东西谈几句。我相信在普鲁斯特那里，正像其他作家一样，理论严重滞后于实践。简单来说，我们可以说他是一个20世纪的作家，带着19世纪的审美和文学意识形态。但我们必须是20世纪的批评，我们必须这样来阅读他的作品，而不是像他自己解读自己一样。此外，他的文学理论要比《重现的时光》中伟大的结尾和封闭的综合更为精致。在他的阅读理论中,在他阅读他自己的书时,例如,他说道,他的读者也一定是他们自己的读本,有某种东西部分地颠覆了作品最终封闭的观念,因此,也颠覆了这个作品本身的观念(古典-浪漫主义观念)。那么还有第三种元素。普鲁斯特的文本不再是它曾经所是,也就是说,1939年的样子,那时《追忆似水年华》只能与两三种非常小众的作品并列。在我看来,普鲁斯特批判成为重要事件也就是近几年的事情,这个事件并不是我们可以写或已经写了关于普鲁斯特的论著,我敢大胆地说,而是因为他仍然在不断地书写自己。我们发现了大量的《追忆似水年华》的前文本和次文本,揭示了当我们孤立地来阅读《追忆似水年华》时,这个文本不仅仅是曾经所是的那样。我的意思是说,它不仅仅是像我们所知的那样,在结尾处才揭示的,在这个意义上,文本的循环防止了通过中止的方式来结束文本,而且它在一开头就揭示了。在这个意义上,这个文本没有结尾,也从未开始,因为普鲁斯特总是已经在操纵这部作品。在某种方式下,他仍然在操纵这部作品。我们尚未拥有所有的普鲁斯特的文本。一旦我们拥有整个文本,我们现在所谈的一切可能部分上是不正确的。幸运的是,对他而言,对我们而言,我们将永远无法拥有全部文本。

另一个观众的提问:我发现在大家所谈的东西中,有两个相当棘手的问题。一个是德勒兹的问题,一个是杜博洛夫斯基的问题。他们都谈到了疯癫。一方面,德勒兹说疯癫主题在普鲁斯特的作品中无处不在。另一方面,他用手指指着并说道:"看,夏尔吕疯了。阿尔贝蒂娜疯了。"我们或许也可以说某个人疯了:萨德疯了,洛特雷阿蒙疯了,马尔多罗疯了。为什么夏尔吕疯了?

德勒兹:听好,我不是说这话的人,那是普鲁斯特说的。普鲁斯特从一开始就说:夏尔吕疯了。普鲁斯特用安德雷的口吻说道：或许阿尔贝蒂娜疯了。这些在文本中。至于普鲁斯特疯了没有，你会承认我并没有提出那个问题。我和你一样，对这个问题不感兴趣。我仅仅是说这部作品是否出现了疯癫，疯癫的出现起到什么作用。

同一个提问者：好吧。但杜博洛夫斯基得继续回答所谈的疯狂的问题，这次是作者的疯癫，从开头到结尾都前后照应的小说中出现的疯癫。这是否与普鲁斯特作品的非心理学观点相一致？所发生的事情难道不是这些主题加速重复出现吗？难道这些前后照应，或你们所说的巧合，都是疯癫的证据吗？

塞尔日·杜博洛夫斯基：从我个人来说，我认为叙事者有一个策略——我的意思是说写作这本书的作者——他将同性恋归于他人，将疯癫归于夏尔吕或阿尔贝蒂娜。他为自己留下了"神经衰弱"，很容易看到，里面有精神疾病的各个侧面。

我的意思是，整个作品似乎都是一场游戏，通过游戏，作者试图建构一个空间，去讲述我们能阅读的故事，我们已经将其解读为一个故事。让-皮耶尔·理查德十分正确地强调了作品出现了结构性意识形态。普鲁斯特是一个19世纪的人。但我们阅读《追忆似水年华》越深入，我们就越能意识到我们处在一个精神空间中，一个心理空间中，如果你们喜欢，最好称之为一个无意识空间——我不知道——但无论如何，这是一个文本空间。这里展现出两个完全针锋相对的观点：一个故事是被讲述的，但在其被讲述的同时，也被摧毁。

同一个提问者：你的意思是说只要故事不再是"实在论"的，它就会变得疯狂？

塞尔日·杜博洛夫斯基：我想消除了文本的现实性带来的某种感觉，就会导致其他人提出关于疯癫的问题。不过，再说一遍,我不喜欢这个词。我仅仅是说,现实原则的丧失,对我来说,就是现代写作的一个主要发现。

另一个观众的提问:我想问两个问题,一个给罗兰·巴特先生,一个给德勒兹先生。

罗兰·巴特先生,当你说必须将某种经济(économie)引入迄今为止正在实践的文本理论中,你选择了愉悦作为新维度之锚。但是谁的愉悦?你说,读者的愉悦,批评家的愉悦。但能从诸如普鲁斯特这样超越了快乐原则的作家那里获得愉悦吗?还有,在更一般的意义上,最终难道不是将经济投入都放到作者而不是读者一边吗?没有批评家能成功做到这一点。

罗兰·巴特:或许全面考察一下愉悦问题,我用了一个相当幼稚、也与一开始有点不一样的方式来提出这个问题。或许有一天我会认可你的建议。你问了一个问题,而事实上你做出了我在几个月前才刚刚找到的一个回答,换句话说,"文之悦"的观念或许不能持续下去。我想,至少曾经想过,从一开始就采用这种单纯而幼稚的观念,即便我所走的道路会让我灰飞烟灭,让我消散在愉悦的主体之中,在我之中散播着愉悦。或许那里不再有任何愉悦,或许那里只有欲望、幻想的愉悦。

同一个提问者:当然,它被称为幻想,但还有别的东西:一种在死亡欲望中才能捕捉到的愉悦。这或许正是可以界定批评家视角的东西。

罗兰·巴特:无论如何,你让我从普鲁斯特那里获得的愉悦变成愧疚,而你却对此无动于衷。我认为我不想继续讨论这个问题。

同一个提问者:现在是给德勒兹先生的问题。你说普鲁斯特让自己公开面对作用于自己的暴力。但他最终发现施加给自己的暴力究竟是什么?

德勒兹:普鲁斯特经常将暴力的世界界定为信号和符号世界的一部分。所有的信号,无论何种信号,都是暴力的。

同一个提问者:但难道没有另一种对普鲁斯特的解读吗?我在思考布朗肖的一篇文章,他谈到用印记(inscription)来取代符号。蜘蛛毫无方法,毫无目的地织网。姑且认为是这样。但还有大量的文本会在其他地方留下印记。我想到一个名句,谈到两性会彼此分离地死去。在这里,也有某种东西不会仅仅参照符号的世界,而是参照一个更为隐秘也没有那么确定的序列,这个序列在其他的事物中与性相连。

德勒兹:或许对你来说符号世界是一个确定世界。但对普鲁斯特来说不是。我并不认为需要区分符号世界和性的世界,对普鲁斯特来说,性完全可以被符号世界所把握。

同一个提问者:是的,但是在第一个层次上把握。不过,它也在其他地方留下印记。

德勒兹:但我们谈论的是哪种印记类型呢?你提到的关于两性的句子就是一个论断。这就是先知的语言,而不是"逻各斯"。先知发出符号或信号。此外,他们需要一个符号来确保他们的言辞。这里没有修辞,没有逻辑。信号世界完全不是确定的世界,也不是非性化(a-sexué)的世界。相反,这是一个雌雄同体的世界,一个彼此间并不交流的雌雄同体;这就是暴力的世界。

四、论巴黎八大精神分析系[①]

最近巴黎八大精神分析系发生的事情表面看起来非常简单:该系经过教学行政重组之后,几名讲师被开除了。然而,在一篇给《世界报》的文章中,罗格-波尔·德鲁瓦(Roger-Pol Droit)问道:这次系里重组难道不是一次维希式的清洗吗?解雇、选择教师、对待异议者、直接提名替补人选的程序,也意味着——所有事情都一样——这是一个非民主的操作。被开除的教师自己或他们的联盟实际上都没有给出有力的抵抗,该事实肯定了这一假设。他们并没有积极地参与到对他们的控诉之中,不过似乎第二波清洗会产生这样的过程。

问题不在于学说,而在于权力的组织。精神分析系的负责人开除了他们,并在他们的官方告示中宣布他们接受了拉康医生的指导。他就是这些新条规背后的精神领袖。对他来说,申请人实际上必须接受他们的候选人地位。还有,他以精神分析的神秘数学原理的名义,号召回归秩序。这是第一次有人凭借个人声望,让他本人用非常专横的方式干预大学事务,去实现或已经实现了系的重组,包括开除一些老师,

---

① 本文由德勒兹与利奥塔合著,参见《现时代》(*Les Temps modernes*)1月号,p.862—863。

并提名任命教职员工。即便八大精神分析系对此欣赏接受，在这件事情上，也不会有什么改变，也不会改变这样的行径所掩盖的威胁。巴黎的弗洛伊德学派不仅是有一个领袖的组织，也是有一个恩主（clientèle）的高度中央集权的协会组织，我是从最广义的意义上来使用恩主一词。很难想象，大学院系会隶从于这样一种类型的组织。

精神分析所诉求的知识，与某种恐怖主义密不可分，这是一种知识上和情感上的恐怖主义，它摧毁了对它的抵抗，精神分析将这种抵抗斥责为不健康的东西。麻烦在于，这种处置方式已经出现在精神分析师当中，或出现在精神分析师和病人之间，他们将其目的称为治疗。但去关注它的更大的理由在于，同样的处置方式被用来破坏在专业教育环节中的其他类型的抵抗，而这种专业教育宣称他们无意于"治疗"和"训练"分析师。这不过是利用拉康医生的名望和在场对与之对立的无意识进行敲诈，在没有进行任何可能的讨论的情况下来实施决定（"要么接受，要么滚蛋"，如果你滚蛋了，"从精神分析理论，以及从大学的角度来看，这个系也就消失了……"谁决定让它消失？为了谁而消失？）所有的恐怖主义都会进行清洗，在这种情况下，比起洗脑，无意识的清洗不那么极权，也不那么令人恐惧。

五、《意义的逻辑》意大利文版作者笺注[①]

对于一名作者来说,来回想一本几年前写的书是有些难度的。要么装作聪明,要么假装漠不关心,或者更糟糕的是,成为作者自己的评论人。那本书已经注定成为过眼云烟,即便它还有点什么价值,也只有"相邻的"价值。所需要的是,有个极为聪慧的读者,回到那本书,赋予那本书某种价值,并让其延续下来。《意义的逻辑》是我仍然喜欢的书,因为对我来说,它不断地再现了一个转折点:这是我第一次寻找出一种形式,一种不囿于传统哲学的形式,无论这是多么尝试性的寻找。还有,这本书的许多段落都令人愉悦,尽管我是在疾病缠身的时候写完这本书的。我不需要修改什么内容。

对我来说,最好问问我自己为什么我这么需要刘易斯·卡罗尔(Lewis Carroll),他有三本巨著:《爱丽丝梦游仙境》《爱丽丝镜中奇遇记》《西尔薇与布鲁诺》。事实上,卡罗有着这样的天赋,按照空间维度,一个拓扑学的轴线让自己焕然一新。他是一个探索者,一个实验者。在《爱丽丝梦游仙境》中,事物发生在深度和高度上:地下空间、巢穴、隧道、爆炸、

[①] 本文最初的名称是"Nota dell'autore per l'edizione italiana",收录于《意义的逻辑》(Logica del senso, Milan: Feltrinelli, 1976)。由阿尔曼多·弗蒂格里奥尼翻译为法文。

坠落、怪兽、食物;即便这些东西都来自上面或者在上面游荡着,就像那只柴郡猫一样。在《爱丽丝镜中奇遇记》中,反而那里有一场神奇的针对诸多平面的征服(毫无疑问,这就是为《爱丽丝梦游仙境》结尾时的魔法卡片预备的角色):人们不再沉沦,而是滑动;这就是镜子的平滑的平面或者国际象棋的博弈的平面,甚至怪兽也变成扁平的。这样,文学第一次宣称它自己是一种平面艺术、平面的尺度。《西尔薇与布鲁诺》也是完全不同的东西(或许《爱丽丝镜中奇遇记》中的蛋头兄弟已经预示了这一点):两个平面并存,有两个衔接的故事——我们或许会说,这两个平面是以这样的方式滚动出现的,即读者从一个故事到另一个故事,当它们在一边消失,仅仅是为了在另一边出现,仿佛象棋游戏变成了球面游戏。爱森斯坦(Eisenstein)用这些词谈过日本的画卷,在日本画中,他看到了第一个与电影剪辑一样的东西:"卷轴的带子缠成了一个矩形!但带子不是自己缠绕的(因为带子缠着卷轴),但在表面上(在画作的平面上),图像的表征被缠起来了。"①

在《意义的逻辑》中,我想说的是,思想如何按照熟悉的轴线和方向来将自己组织起来:例如,柏拉图主义和高度塑造了传统的哲学形象,而前苏格拉底和深度(回到前苏格拉底,就像回到地下空间,回到史前洞穴一样),斯多葛学派和他们的新平面艺术……难道未来还有其他的方向吗?我们来来回回的运动,我们在所有这些方向之间踟蹰不前,我们建构了我们的拓扑学、天球图、地下巢穴、表层平面的尺度,以及其他一些东西。在这些方向上运动时,我们不能用同样的方式来说话,正如我们遭遇到的主题不是一个问题。事实

---

① Eisenstein, *La Non-indifférence Nature*, Paris: UGE, 10/18, 1978, p.98.

上，过程就是语言和风格的问题。

在我看来，当我不再喜欢哲学史时，我的《差异与重复》一书仍然激励着走向古典的高度，甚至走向古老的深度。我所谋划的强度理论是由深度、真或假来标识的，强度是作为从深度里面涌现出来的东西而出现的[这并不是说我对这本书的某些段落已经没有什么感觉了，尤其是那些涉及穷竭（fatigue）和冥思（contemplation）的段落]。在《意义的逻辑》中，我的创新在于从诸多平面上学到了许多东西。我沿用了同样的概念：如"多样性""独特性""强度""事件""无限""问题""矛盾"和"比例"——这些概念都可以按照这个维度来重新组织。因为概念发生了变化，所以方法也变化了，使用了一种连续的方法，这种方法属于平面。语言也变化了，我想要更刺激的语言，这种语言能不断地迸发出火花。

在《意义的逻辑》中，还有什么东西是不太正确的？很明显，它依然反映了我在精神分析方面自我满足的天真和愧疚：那时，我非常畏手畏脚，不想让精神分析太过张扬，把它当成一种平面的艺术，这种平面艺术把事件当作一种平面的实体（俄狄浦斯不是一个坏人，他动机是好的……）。

无论如何，我没有去触碰梅兰妮·克莱因（Melanie Klein）和弗洛伊德的精神分析的概念，并对他们保持尊敬。所以，现在又如何呢？十分幸运，我几乎不用我自己来说什么，因为在《意义的逻辑》之后，我所遭遇的一切都与我和菲利克斯·加塔利（Félix Guattari）的相遇有关，我与他一起写书，与他一起工作。我相信菲利克斯和我都想找出一个新的方向，因为我们感到喜欢这样做。《反俄狄浦斯》不再是高度或深度，也不是平面。在这本书中，在一个球面体上，在一幅卷轴画上，发生了许多事情，也做了许多事情，如无器官的身体。我们在一起就像哲学上的蛋头兄弟,或者像劳雷尔和哈代①(Laurel et Hardy)。一部哲学-电影。我也相信,方法上的改变会带来主题的改变,或者反之亦然,某种政治学将会取代精神分析的位置。这种方法也就是一种政治形式(微观政治)和分析(分裂分析),将会在不同类型的无器官的身体的基础上提出多样性的研究。加塔利说,是**根茎**,而不是系列。如果我们能取得突破,《反俄狄浦斯》将是一个不错的开始。有些读者或许会说:"这个笺注太白痴了,太无耻了。"我只能回答说:"你们不知道这个笺注是多么的温和,多么的谦逊。奥秘在于变得无影无踪,在于创造一个根茎而无需生根。"

---

① 由瘦小的英国演员斯坦·劳雷尔(Stan Laurel)与高大的美国演员奥利弗·哈代(Oliver Hardy)组成的喜剧双人组合,在1920年代至1940年代极为走红。他们演出的喜剧电影,在美国电影的早期古典好莱坞时期,占有重要地位。——译注

六、语言学的未来[①]

1. 亨利·葛巴(Henri Gobard)区分了四种语言:**乡音**(vernaculaire),土话、乡下语言、地域特色的方言;**通用语**(véhiculaire),用来交流、用于商业和流通的语言,典型的城市语言;**参照语**(référentiaire),民族和文化的语言,用来恢复或重建过去;**神话语言**(mythique),这种语言指向一个精神上的、宗教上的,或巫术式的祖国。其中的一些语言仅仅是一些行话、方言,甚至是黑话。这不重要,因为葛巴让自己的研究成为比较语言学家所做的事情。他所扮演的更像是一个辩士或一个战略家,他已经深入到某种情形当中。他自己所处的情形就是,各种语言在其中处于实际的冲突当中。他并不考察语言的结构,但会考察语言的功能。在同一种语言中,或者在语言的衍生物和残余物中,通过不同的语言,不同的功能彼此竞争。更不用说历史和特殊的环境迫使四种语言的布局经历了各种变化。也不用说,这四种语言的布局,会按照业已接受的尺度或观点,在某个特殊时刻、在相同的环境下发生改变。几种不同的语言会同时竞争同样的功能,争夺同样的位置,等等。

[①] 本文是德勒兹为亨利·葛巴的《语言学的异化》(*L'Aliénation linguistique*)一书所作的序言(Paris: Flammarion, 1976, p.9-14)。语言学家葛巴是巴黎八大(樊尚)英语与心理学系的教师。

2. 葛巴已经承认，所有他的成就都归功于那些致力于双语论现象的研究者。那么为什么他更喜欢 4 而不是 2（以及 4 绝不是那么一目了然）？因为二元论，或二分，会让我们陷入低级语言和高级语言之间、主要语言和次要语言之间、当权者的语言和人民的语言之间的对立。葛巴的四个因素并不是强化这些对立，但他提出了四种因素之间复杂的发生学。一种语言如何获得权力，无论其是获得民族的权力还是全球性的权力？通过何种方式，才能规避语言的权力？他提出了英语帝国主义的问题，或者毋宁说是今天美国式英语的帝国主义问题。从金融和经济圈子的角度来看，英语或许已经成为最大的中介语言，但仅从这个角度看是不够的。还需要从乡音、参照语、神话语言的功能来看。对于非洲后代的移民来说，美国的西部扮演着今天法国人所说"我们的高卢祖先"一样的角色。美国的流行音乐，或者美国在广告业上的影响，扮演着神话的角色。美国人的口号则具有乡音的功能。这并不是说征服者将他们的语言强加在被征服者身上（尽管的确是这种情况）。权力机制要比这更为精妙，更为复杂，它通过无法逆转的、精妙绝伦的功能发挥作用，而这些功能本身就是激进政治斗争甚至微观斗争的对象。

3. 很少有人进行"四语"分析的练习。看一下非裔美国人对美国英语的影响吧：他们用他们的方言和语言贯穿了英语，基于他们自己的用途，他们在英语之中塑造了一种乡音，他们重新创造了神话语言和参照语（参考迪亚尔那本精妙的书《黑人英语》[①]）。举一个不同例子，即卡夫卡给出的著名例子：捷克的犹太人，在奥匈帝国末期，将意第绪语作为一种乡音，但已经忘却了捷克语，即另一种他们所处的乡下的乡

[①] J. L. Dillard, *Black-English*, New York: Random House, 1972.

音。他们发现他们使用一种干巴巴的德语,将之作为通用语,与捷克人相区别,而他们梦想将希伯来语作为一种早先时候的锡安主义的神话语言。我们今天的法国又如何呢?或者其他国家又如何呢?移民或他们的孩子失去了母语,与一种强加的通用语保持一种艰难的政治关系?地方性语言复苏的可能性有多大:不仅复活他们的各种土话,而且也复活他们的新神话语言和新参照语的功能的可能性有多大?这些已经有着悠久的历史,同时扮演着法西斯式和革命性趋势的运动有多么晦暗不清?葛巴给出了一种微观斗争或微观政治的例子,篇幅与谈宏大品味(gusto)的篇幅差不多:在法国教英语的本质和功能(不同类型的老师,试图让英语变成单一语言,"可选择的法语",葛巴的反对建议是打算阻止作为全世界认可的通用语言的英语,来固化其功能,相反,必须通过"口音权利",通过特殊的参照系,通过多种口音的欲求来作用于英语)。当葛巴将巴黎八大教职工的内部斗争都联系起来时,这就是配得上尤内斯库(Ionesco)之名的戏剧。

4. 葛巴的四种语言或语言的四种功能或许会让我们想起语言学家做出的一个经典区分,这是语言学家在说明,一个讯息意味着一个发出者和接受者(内涵功能和情感功能)、交换信息(流通功能)、言辞表达的语境(参照功能)、选择最好的元素和组合(诗功能)、发出者和接受者都接受的编码(元语言功能)。葛巴从快乐的四种语言发生的角度来看待孩子的语言,可以区分出:情感性的土话功能("妈妈"),通用的信息功能["奶"(lolo)],诗性的参照功能["走呀走呀"(arreu)],以及神话性的创造功能(小孩子自己编码,一种魔法语言,如"amstramgram")。然而,葛巴的范畴与其他的语言学家(尤其是社会语言学家)使用的范畴的区别恰恰在于,其他的语言学家假设存在一种语言体系,即便他们没有这样说，其他的一些语言学家仍然会求助于一些普遍范畴，如主体、客体、讯息和编码、技能等，这指向了一种语言的风格，首先，指向了这些语言的权力形式（有一种特殊的语言学资本主义）。另一方面，葛巴的原创性在于，他考察了集体或社会的集合，当它们与"大地"的运动相结合的时候，就形成了各种不同的权力形式。这并不是流俗的说法，即语言拥有一定的地域或诸多领域，而是说语言的功能与解域化和再辖域化的运动紧密相连。这些物理的和精神的运动构成了一种新地理语言学。一言以蔽之，葛巴更看重道说的集体的集合，而不是道说的主体；更看重解域化的共同效果，而不是各种编码［举两个之前的例子：英语通用语解域化了非裔美国人，他们在黑人英语中再辖域化；还有犹太人与乡下捷克语的决裂，他们试图在德语基础上再辖域化，拥有语言学上的、文化上的和诗学上的技艺（参看布拉格语言学学派）；拓展一下，希伯来语是一种魔幻的、神秘的或精神上的再辖域化］。

5. 今天还有一些符号，语言学家们［例如丢克洛（Ducrot）］开始怀疑普通语言的非正式性，将特殊语言类比为一种编码。他们反而让语义学和句法文学从属于一种真正的语用学或政治，这种政治从一种特殊语言中得到了权力的集合，将其作为与权力进行斗争的语言学上的可能。他们挑战了这样一种观念，即认为特殊语言与语言的普遍性观念（包括"能力"）在结构上是一样的观念。葛巴通过各种方式破坏了新的根基，不过他发明了一种原初意义上的幽默和愤怒。语言就是一些莫名其妙的话，一种乔伊斯式的怪癖，它们并不锚定在结构之上。正是这些功能和运动，试图在其中创造出一点点有争议性的秩序。葛巴是对的，因为只要你想说点什么东西，你就像是自己土话的异乡人。直到现在为止，语言学家已经了解了诸多语言。他们可以比较各种语言，也可以

六、语言学的未来

将知识变成纯粹的研究。葛巴也知道很多种语言：他是一个极富创造力的英语教授，他知道他是一个法国人，并希望成为西西里人。和其他很多伟大的语言的医生-病人关系一样，葛巴心中一直有一个问题：如何成为结巴？不是词语、言说或者特殊语言上的结巴，而是如何成为普通语言的结巴？［我们法国最伟大的诗人是格哈桑·卢卡（Gherasim Luca）——当然，他来自罗马尼亚。卢卡知道如何不在词语上，而是在语言本身中成为结巴，他创造出结巴。］葛巴有一种评价语言关系和大地的新方法。在葛巴那里，依然坚守的是古尔·德·葛蓓兰（Court de Gébelin）、法布尔·多利弗（Fabre d'Olivet）、卜丽塞（Brisset）、沃尔夫松：等待语言学家的是什么样的未来？

七、阿兰·罗格的《厌女症》[①]

"如果你知道我意味着什么：我很脏，我很俗，我很穷，我像一个乞丐。是的，尽管我是一个高师生，我依然像一个乞丐一样按着门铃，像乞丐一样喝得醉醺醺，像乞丐一样性交，更穷（more pauperum），是的，没必要翻译……"这是阿兰在说自己吗？这是作者阿兰·罗格在谈自己的小说吗？有四个穷女人被杀害，她们要么在被杀之前，要么在被杀的同时遭受了令人恶心的奸污。即便动机非常羸弱：厌女症者杀害女性仅仅是因为他讨厌她们。他身体里有个女性——声名狼藉的双性人——在这个双性人中年轻女性人格的咒语下，他反转了双性，他制造了谋杀，谋杀就是原初场景，即一种原始的雌雄同体的重新实施（"我想要知道，知道别人是怎么看待我的。这就是我的身体想要看到的，看到原初的怪异行为。我带着厌恶感变得疯狂，我常常想她就是我的妈妈……"）。

[①] 这篇文章的原名叫作《吉尔·德勒兹沉迷于〈厌女症〉》（"Gilles Deleuze fasciné par *Le Misogyne*"），收录于《文学半月报》（*La Quinzaine littéraire*）1976 年 3 月号，n°229，p.8—9。写作《厌女症》（*Le Misogyne*，Denoël，1976）的阿兰·罗格出生于 1936 年，罗格是一位小说家兼哲学家，他是德勒兹 1950 年代在奥尔良教书时的学生。他们保持着长期的友谊。这篇文章最初是用来作为罗格小说的序言的，但由于技术上的原因，书的编辑莫里斯·拿渡（Maurice Nadeau）决定将这篇文章发表在他的文学评论杂志上。

这种强迫的、蓄意制造出来的贫困,这种熟悉的精神分析的变奏,都是让某种鲜明的东西浮现出来的必要的前提条件。读者有一个早先的符号。小说十分审慎,全文用六音步体(hexamètres)写成,文本非常整洁,在文本之中突然会风起云涌("六月,我二十一岁""在我的两腿之间我感受到了做女人的快乐")。是否这意味着他恪守一种小说的古风以及主题的和谐,一种在诗文中的精神分析?是否这就是一种幽默感,笑者们的万能的权力?还是别的什么?似乎这种潜在的六音步体用一种新的元素唤醒了我们。对于这部小说,有一些十分丰富多彩且美轮美奂的东西。

在前一部小说,即《耶路撒冷,耶路撒冷》(*Jerusalem Jerusalem*)①中,一个拥有着古风名字的年轻女子,塞西莉亚(Cecilia),过着非常贫穷的生活,社交贫乏,且最后十分惨淡地自杀。她变成了受崇拜的人物,被群体神圣化为圣洁的对象:吟诵、忏悔、祈祷、福音传道等。这些篇章非常特别。似乎罗格的作品总有一些恒定的主题,即让宗教诞生在最日常最粗俗的生活中。《厌女症》和《耶路撒冷,耶路撒冷》裁剪的是同一套衣服:裁选可以用在任何东西之上,如用于一群人,或一个个体,抑或一个人,或代表一个事件的古老的名称。因为那里会有一次天选,一次成圣,你所需要的东西只是最普通的日常生活中的一道强烈的闪电,即便我们无法感知也无法意识到这道闪电。一个专名就当作一个专名,即作为这道强烈闪电的缔造者,这是一个充满敌意的机制,就像一个敌人,威胁要摧毁这道强大的闪电,将这道闪电还原为日常生活中最贫乏的东西。

在罗格的著作中,如同一个专名一样,作为整体的语言

---

① Gallimard, 1969.

似乎就是以这样的方式来起作用:风格老旧、不起眼,但带着闪电的力量,同时也受到与之敌对的日常生活词语的威胁,必须不断地摧毁这种威胁,来重新发现大写名称的光辉。这种专属于阿兰·罗格的风格,借助其炫丽和完美让人们如痴如醉。举一个关于猫人的偏执狂文本的《厌女症》中的例子:(1) 猫(专名)的群体造就了所选之人,(2) 汽车是碾压猫的敌对机制,(3) 所有被碾压的猫,会开启一种让车燃烧的程序。

这个"程序"(不完全是开玩笑,这个词应更好地写为过程)可以以相反的方式来运行,即以亵渎和庸俗化的方式来运行。例如,在《厌女症》的结尾,另一位有着古老名字的年轻女子,她的名字叫索朗热(Solange),也自杀了。叙事者寻找了另一位索朗热,一位有着同样名字的女性,叙事者用非常口语化的字段来区别于"真正的"索朗热,其目的就是与自由关联。与《耶路撒冷,耶路撒冷》不同,这一次,真正的索朗热一词可以创造出强大的闪电,让其坠落到另一个索朗热的日常生活话语的平淡和贫乏之中。专属的名字-语言,作为一个名字的道出而遭到亵渎。这种风格的死亡,就像自杀一样,就像杀猫一样。但这种反转并不是最重要的东西,唯有当它作为一个重要运动的反面或阴影时,它才十分重要,即成圣运动,神圣化运动,一个无神论的内在天选运动。

这个运动或过程的名称非常有名,即**显灵**(épiphanie)。在《厌女症》的开头,我们看到了一次相当成功的乔伊斯意义上的显灵,那时,叙事者通过代理人犯下他的第一次罪行,他到医院去探望他的好友保罗,保罗因一场车祸在医院里休养,而他在那场车祸里杀死了他的妻子:"随后,保罗像个弹簧一样,从床上坐起来。吓我一跳。他的笑容被掩盖在那些绷带下面——这太不真实了。这就像一棵孤独的胡桃树一样,是那么的遥远。"一道强烈的闪电。如果罗格十分热衷于重复与乔伊斯所创造出来的程序差不多完全一样的东西,我们如何可以谈阿兰·罗格的原创性? 在那些最著名的作家那里,不可能缺乏任何先驱或共同创造者,普鲁斯特亦是如此。

我觉得其原创性在于,罗格在一个全新的层面上给出了一次显灵。迄今为止,显灵只是在两极之间来回摇摆:(1) 激情,或客观意图的突然揭示;(2) 行动,精心创造的主观经历的形式。无论如何,显灵都是在一个人物身上的显灵,或者说一个人物让显灵出现。人物本身并不是显灵,至少不是显灵的主要部分。一旦某人发生了显灵,在那一刻,他就不再是一个人。经历了这个变化的人,并不是变成了一个超越的实体,成为一个神,而是变成了一个大写事件,即诸多彼此叠加的小事件的多元集合,即爱的秩序的事件。这就是显灵的外延,它与整个人物相一致,最终让这个人物不再只是人,结果是,人物-事件生成了非人物-事件——这就是阿兰·罗格小说最触动人的内心的力量。但我并不认为我给出了一个分析,这仅仅是一种印象,一个在困扰之中的指示而已。在这个意义上,这部小说就是爱之书。

年轻女子索朗热就是一个显灵的人物。叙事者阿兰是一位老师,学校的老师,索朗热是他班上的学生。阿兰想杀女人,但他不敢,他借助朋友保罗来制造了一场谋杀。索朗热有一个奇怪的约定,与老师的约定,她让整个班级、整个"珊瑚群"、整个集体都听从于她的老师。随后发生了一系列非常丑陋、龌龊、粗俗的事情。随后,她引发了其他一些罪行,后来也参与其中,甚至预示了这些罪行,直到她犯下最后一宗罪行。还有更丑陋更龌龊的事情。她不与阿兰上床,因为阿兰爱她,她也非常爱阿兰。(她说道:"我说我爱你,这样说很难做到公正,我并不是想爱一个孩子,或一个兄弟,或一位丈夫,而是同时拥有这三种爱,我尤其喜欢那位深深地埋在你心底的女子,在你所有的行为和你所有的罪行中,我都能感受到她的存在。")这样,阿兰里面有一位女子,他想杀掉这名女子,索朗热里面有一个男孩,她想让阿兰杀死他。两个人都是双性的。阿兰是厌女症患者,索朗热是假小子。他们俩都在探索原初的行为,即父母的结合,索朗热所痛恨的父亲,还有让阿兰遭受痛苦的母亲。

可以用这些线索来讲述这个故事。这就是这个故事最肮脏、最腥腉、最粗俗的一面,叙事者将这些东西作为日常词语的体系,即便是精神分析、结构主义,以及现代主体性和意义,显然都分享了这些日常词语(《耶路撒冷,耶路撒冷》亦是如此)。然而,你必须反复念叨一个名字——索朗热、索朗热,或者塞西莉亚、塞西莉亚——就会出现某种意想不到的东西:包含在名字里的强烈闪电,一个完全不同的故事,这个故事的另一个版本。

一名罗格似乎不太熟悉的没有太大名气的作者——这次邂逅对于小说来说是非常美妙的——也在他的几部作品中创造了一位年轻女性的显灵。他的名字叫特罗斯特(Trost),他将一位现代或未来的年轻女性描绘为"自由机器式"或机械的女性[1]。不能将她界定为纯洁的女子或双性人,而是带有多种层次自由的机械身体的女性:一种完全自由的机械状态,自动且能自由活动,可以随意变形和转型。特罗斯特希望着并祈祷着。或者说,他认为他看到了这种

---

[1] *Visible et invisible*. Arcanes, 1953, et *Librement mécanique*, Minotaure, 1955.

"机缘女性"(Femme Hasard)的出现,"这种女孩-女人(fille-femme),一个现成的和在外部世界发现的反应,一个真正而单纯的极度现代情结的产物,她反映了最光辉灿烂的爱欲机器"。

特罗斯特相信在他的可见可感的实在中,年轻的女孩-女人囊括了一条抽象的线,就像即将来临且有待于被发现的人类组织的蓝图一样,这个革命组织的战士知道如何同内部的敌人斗争:例如性差异的菲勒斯(phallus,意为阳具),或者被视为同一种事物的东西,双性被分裂了,被分配了,并被置于对立的两极,一边对立于另一边。年轻女性并没有勾画或预览出这个组织。她是非形象的,"只能在我们欲望的非形象层面"上与之相遇。她"完全是欲望的凡俗的强度",披着凡俗的裙子或者裤子。作为纯粹的欲望,她对立于所有传记性的或与欲望记忆相关的东西:没有过去,没有承认,没有被重新激活的记忆。她的奥秘并不是失去起源或对象的奥秘,而是起作用的功能的奥秘。

无意识与欲望,在她那玄妙莫测的特质中,她对立于精神分析的无意识,对立于所有人格学和我们所熟悉的自我中心的机制,"这种机制让我们欲求我们所失却的对象,家庭环境的愉悦引导我们走向神经衰弱,让我们粘附在记忆之上"。孩子气、健忘,她对立于孩提时期的记忆,由于孩提时期记忆的阻隔,改变了她的强度,让她可以跨越几个年龄跨度。乱伦、彻底的乱伦,她彻底对立于生物学上和衰落的俄狄浦斯的乱伦。自我毁灭,对立于她自恋时的死亡驱力,因为在她那里自我毁灭仍然是生命、一条逃逸线、一次旅行。简言之,她就是 n 种性别的年轻的女性机器:阿卡丹(Arkadin)小姐、乌尔里克·冯·克莱斯特(Ulrike von Kleist)……

碰巧,这也出现在罗格小说的另一个版本里,这个版本和第一个版本是并存的。索朗热·索朗热界定了一个年轻女性的闪电，她包含了"所有的性""前青春期的成人""假小子""体现了所有压迫的人物，从最无辜的到最龌龊的"；所有的性，包含了非人的性和植物的性。这跟性差异没有什么关系，也与双性没有关系，因为双性也是每一种性都包含了另一种性。相反，显灵、天选就是强烈的多样性的迸裂，这种多样性被性的分配所化约、所压制，一个人要么被分配成这种性，要么被分配成那种性。一切开始于年轻的女子："我记得我小时候，我拥有所有的性，你的性，还有更多其他的性。但我现在13岁了，一切都完了。我试图与青春期斗争，但是徒劳无益。它们全都消失了。我变得如此沉重……"年轻女人首先卷入了与机制的斗争之中，这不纯粹是生物学上的前青春期的机制，而是整个社会机制，注定要将女子还原为婚姻和生育的需求。

男孩的情况也好不到哪里去。女孩就是男孩的例子和模板。第一个受害者也带出了第二个受害者，就像掉进陷阱的动物沦为了诱饵。在女孩的作用下，男孩得来经历相反的对称的还原。结果，如果我们将这个线索推向极致，就只有一种性（sex），即女性，但也只有一种性态（sextualité），即男性性态，这种性态将女性作为对象。所谓的女性性态已经沦为了男性沙文主义的手段。这样，差别完全不是两性之间的差异，而是两种状态之间的差异；一方面是n种性的状态，另一方面是还原为两性其中一种或另一种的状态。带着闪电威力的索朗热对立于所有其他的索朗热，那些索朗热接受了，甚至希冀着被还原（参看《厌女症》的结尾）——正如年轻女人的显灵对立于男男女女们的庸俗——正如自由机器的功能与苦痛还原性机器——正如包含着多样性的强大的名称对立于二分的日常词语的体系……

你们自己来读读看这部小说：真的，这是一个庸俗的厌女症者的故事，他杀死女人，因为他内部有一个女人，但也是一位杀人、最终也杀死自己的女凶犯的显灵——但她的故事完全是另一个故事。必须要把索朗热看成一个活物和永恒之物，不断地从她自己那里重生，没有必要去自杀。必须把她看成血肉之中的大写的光芒。这部小说，与罗格之前的小说有着紧密关联，都被绑缚在生命和重生的链条上。

八、精神分析四论[①]

我想简单谈谈关于精神分析的四个命题。

第一个命题：**精神分析窒息了欲望的生产**。精神分析与政治危险分不开，精神分析专属于政治危险，而这种危险与古老的精神病医院没有关系。古老的精神病医院将你锁在一个封闭的空间里，并安装了栅栏。然而，精神分析在开放的空间里以隐蔽的方式运行。今天的精神分析师都有着一种非常简单的观点，就像马克思所说的封建社会时期的商人一样：精神分析师在开放社会的渠道里工作，不仅在他们的私人诊所里工作，也在学校、机构和其他社会部门里工作。这种工作方式创造了一种独特的情形，而今天对于精神分析事业来说，我们自己就处在这种情形中。事实上，精神分析经常谈论无意识，但在某种程度上，这只能贬低无意识，让其毁灭，让其消逝。无意识是作为反意识来思考的，是一种对意识的否定，就像寄生虫一样。这是敌人。"Wo es war, soll

---

[①] 本文为德勒兹和加塔利合著，收录于《精神分析与政治》（*Psychanalyse et politique*, Alençon: Bibliothèque des mots perdus, 1977, p.12-17）。这篇文章和下一篇文章一开始是合并在一起以打字稿小册子出版的，其部分是用来对1973年德勒兹交给米兰会议的盗版的回应（这里的文本是缩编版），收录于由阿尔曼多·弗蒂格里奥尼主编的《精神分析与政治：1973年5月米兰研究会议进展》（*Psicanalisi e politica: Atti del convegno di studi tenuto a Milano l'8 - 9 maggio 1973*, Milan: Feltrinelli, 1973, p.7 - 11）。可以与《〈荒岛〉及其他文本》（*L'Île déserte et autres textes*）的第36篇文章做比较，这里是法译文。

ich werden"，对这句话最好的翻译是"它在何处，我就在那里必须作为一个主体存在"，这也改变不了一切！精神分析所谓的无意识的生产或形成无非是失败、白痴般的冲突、愚蠢的妥协，或者下作的词语游戏。任何成就都被贴上升华、消除性特征或者思想的标签——当然不是欲望，敌人就寓居在无意识的心中。你们总是有太多的欲望，你们就是一个多种形式的误用。必须要告诉你们的是匮乏、文化、法律，换句话说，对欲望的还原或废除。

这与理论没什么关系。这涉及声名狼藉的精神分析的实践技艺，即解释的技艺：解释、最初的回归、退化。或许弗洛伊德所有作品中最熠熠生辉的篇章就是他关于口交的论述：在这种情况下，阴茎（pénis）代表着奶牛的乳房（pis de vache），而奶牛的乳房代表着母亲的乳房。换句话说，口交意味着你不可能找到挤奶的奶牛乳房，或者你想要你的妈妈，或者她没有足够的奶水。这说明了口交并不是一个"真正的欲望"，而是意味着其他东西，它掩盖着某种东西，即其他的欲望。精神分析经常信手拈来的格式正是如此：真正的欲望内容被设定为一部分婴儿期的冲动，俄狄浦斯就是欲望真正的表达（它架构了"整体"）。只要欲望**配置**（agence）了某种东西，与大外部和大写的生成有关，那么它们就会破坏这一配置（agencement），将其打碎，说明这个配置一方面与一部分婴儿期的机制有关，另一方面指向了整体的俄狄浦斯结构。口交在这个方面没有什么不同：口唇的冲动指向吸吮乳房＋一种结构性的俄狄浦斯事件。对于同性恋、兽交、虐恋、窥淫癖甚至手淫者都没有什么不同：难道你不为你像一个小孩子的行为而感到羞耻吗？对俄狄浦斯，你这样做难道不感到羞耻吗？在精神分析之前，他们通常将口交视为龌龊的老男人的爱好，现在口交被视为堕落的婴儿期的行为。这是一回事。他们都试图将真正的欲望同错误的欲望区别开来。他们总是试图打破欲望的机械配置。

但我想说的是这个：你们并没有无意识，也从来没有过无意识，它并不是"我"(Je)必须展现的某种"曾经所是"(c'était)。需要颠倒一下弗洛伊德的公式。你必须生产出无意识。生产无意识，或者为你的症候、你的自我、你的精神分析师感到快乐。我们所有人都在用胎盘的碎片来工作和创造，我们将胎盘带出子宫，我们带着它，将它作为一种实验环境——但我们并不是按照卵，按照祖先，按照仍然绑缚着我们的解释和压制来实验。试着生产出无意识，这并不容易。它不会随处发生，也不会在口误中说出来，不会在机智的评述中道出，甚至不会在梦中出现。无意识是必须创造和置放的实体，让其流淌，它是我们必须赢得的社会空间和政治空间。在极其恐怖的展示中，革命生产出无意识，革命是为数不多的生产无意识的方式。无意识与弗洛伊德所说的在言谈和行为中的口误没有关系。它也不是在意识中产生小的偏差的主体。它是生产的对象，它必须被生产出来（除非存在某些障碍）。换句话说，并没有欲望的主体，也没有欲望的对象。欲望的客观性本身仅仅是欲望的流动。总是没有充足的欲望。欲望就是一种非意指的符号体系，无意识从中流淌出来，并在社会历史领域中被生产出来。欲望的每一次出现，无论出现在什么地方（如一个家里或附近的一所学校里），都是对现有秩序的考验，并给整个社会领域带来巨大冲击。欲望是革命性的，因为它总是寻找更多的关联。精神分析拆解了和还原了这些关联和配置。这就是精神分析所干的事情。它憎恨欲望，也憎恨政治。生产无意识＝欲望的表现＝言说的形成＝强度的实体或物质。

第二个命题涉及精神分析阻碍言说的形成。言说如何形成？在生产无意识的过程中，欲望的机械装置与言说的集体装置是一个装置。在内容上，装置是由生成物和强度通过强大的循环，通过所有类型的多样性(组、群、类、种、人口)来组合成的。用他们的话来说，装置(1)不明确，但并非不确定(几个胃、一只眼、一个小孩等等)；(2)不定，但不是无限或无差别的，而是过程(走、性交、胡扯、杀害、爱……)；(3)是专用名称，并非人(可以是组织、动物、实体、奇点的名称，可以用大写字母来书写的东西)，例如，一个小汉斯生成-马(UN HANS DEVENIR-CHEVAL)。符号(言说)在任何地方都包含着多样性(欲望)，或者它引导着流动。集体机械装置是欲望的物质生产，就像它是言说的表达性动因一样。任何将欲望作为其内涵的东西，都可以表达为一个"大写的它"(IL)、事件的"它"，不定专用名词的不确定性。"它"构成了表达链条上的符号关联，而表达链条的丰富内容得到了最低限度的形式化。在这个意义上，加塔利说明了它并不代表一个主体，而是一个装置的图解，它并不是过度编码的言说，而是阻止言说沦落到符号学星丛的暴政之下。我们将这种符号学星丛视为意指关系。

然而，阻碍言说的形成，阻碍欲望的生产并不困难。只需要将"大写的它"一分为二：一方面，一个**表达性的主体**，他编码并超越了一切言说；另一方面，它也让**言说的主体**在人称代词的形式下，在所有的人称代词中，在所有代词的排列中重新出现。欲望之流现在被帝国主义式的意指体制所支配，它们被还原为精神再现的世界，在那里，强度失去了它的光芒，关联被打破了。一个被刻意制造出来的主体，一个绝对的我被创造出来，成为言说的动因，其相关的主语只能是人称代词之一(我、你、他等等)，这些人称代词通常是按照主流现实的等级制和分层结构来分配的。人称代词绝没有维持它与专用名词的关联，而是在资本主义交换功能之下，让其变得毫无价值。你知道为了让人们不能以他们自己的名称来说话，要做些什么吗？就是要他们说"我"。我们越是把表达的动因归为一个主体(Sujet)，它指向依赖于这个表达主体、将其作为起因的其他各个主体(sujets)，欲望装置就越遭到严重的破坏，言说的形成越需要更多的条件来消除——越是把表达性主体强加于言说的各个主体，那些主体越变得温顺而悲怆。我们并不是说，这个程序只属于精神分析。事实上，在根本上，它属于"民主的"国家机器（立法者和主体的等同）。在理论上，它涉及漫长的"我思"(Cogito)的历史。但"在治疗上"，精神分析已经描绘了如何让运行为之牟利。我们所指的并不是讨论的这些"主题"，而是这种程序，通过这种程序，病人首先被视为一个精神分析师眼中和精神分析解释下的表达性的主体（你，大写的病人，都是真正的被精神分析的对象!），但是，随后被视为以他自己的欲望和行为来言说的主体，他们的欲望和行为需要用这种方式来解释，直到某一刻，那时表达性主体可以强加到言说主体之上，言说主体放弃了一切，放弃了病人想要说的东西、所欲望的东西。可以看到这类事物的场所之一，就是医学教育研究所(IMP, Institute Médico-Pédagogique)。在这里，孩子分裂了：一方面，孩子的所有具体行为都是言说的主体；另一方面，接受精神治疗的孩子被升华到表达性主体的象征层面，只能将他们的具体行为更有效地还原为既定现成物，还原为期望孩子应该说的标准言说，这些标准言说是强加给孩子的。孩子经历了十分伟大的阉割，切除了那个"它"，用这个著名的被阉割的主体来继续这个分裂。

当我们对自己进行精神分析的时候，我们相信我们在说话，我们希望为这个信仰加上筹码。事实上，我们没有丝毫说话的机会。**所有的精神分析都试图不让人说话,让人丧失真正表达的条件**。这就是我想在这篇文章中说明的东西:无论如何,你都可以找到这样的例子,不让孩子们说话,他们对此也毫无办法。这就是狼人的例子,也是小汉斯的例子,还有克莱因的儿童病人的例子,这些儿童病人有可能比弗洛伊德的例子更糟糕。当谈到孩子的情形时,如何不让一个病人说话会十分有意思。这就是精神分析所干的事情:精神分析开始于已经预备好的集体言说,即最根本的俄狄浦斯式言说,宣称发现了个人主体说话时,这些言说的动因,他们将一切都归于精神分析。你们从一开始就上当受骗了。我们想干相反的事情,这就是分裂分析的任务:从人们的个人言说开始,发现他们真正的生产,这不是主体的生产,而总是欲望的机器装置,言说的集体装置,它颠覆了主体和其中的运行机制。如果我们在某个地方无法前进,它们就会打通另一个地方。它们采用的是各种不同序列的诸多元素的多样性、簇群、蜂群、团块的形式,萦绕着主体,扎根于主体(这与技术和社会学学说没有关系)。那里没有表达性的主体。那里只有言说生产的装置。你们知道,当加塔利和我对俄狄浦斯进行批判的时候,我们不得不谈很多愚蠢的东西,来回应那些愚蠢的反对意见,如"请记住,俄狄浦斯不是妈妈-爸爸,而是象征"或"这是个能指,是我们有限性的标记,是我们所谓的生活中的匮乏……"好的,除了这些表述更加糟糕之外,精神分析师从理论上说了些什么根本不重要。我们十分清楚地看到我们在实践中干了些什么,一种十分下作的使用俄狄浦斯的方式——没有其他的用法。在这个方面,能指的支持者是最恶劣的罪人:如果不回溯到"妈妈的嘴巴",你就不能说"罗纳河的嘴巴",或者如果不纠正"大尿"(gros pipi)的话,也就不能说"嬉皮士组织"(groupe hippy)。无论是否有结构,人格学都替代了所有的欲望装置。不难发现,儿童的欲望或性与俄狄浦斯之间的巨大差距——看看小汉斯吧。精神分析就是扼杀灵魂的凶手。你可以被分析十年,被分析一百年:持续时间越长,你就越没有机会讲话,这就是全部关键所在。

我的时间差不多了,让我加紧步伐。第三个命题要说明精神分析如何挤压言说,摧毁欲望——这就是其想要达到的完美效果。在其处理过程中,这是一个双重机制。一方面,存在着一个**解释机制**,其目的就是将病人所说的东西翻译为另一种语言:无论病人说了些什么,都已经意味着其他某种东西。在偏执狂体制中,在一个无限的符号网络中,所有的符号都指向其他符号,在螺旋式的延展中扩展着其地盘:被视为能指的符号指向一个所指,而所指反过来指向能指(癔症就是一种确保回馈或回声的途径,它让精神分析话语可以无限延伸下去)。另一方面,还存在一个**主体化机制**,这代表着完全不同的另一种机制。在这种情况下,我们不再在与某些所指的关系中,而是在与主体的关系中来把握能指。意指关系的点变成了主体化的点:精神分析师自己。从那里,而不是从彼此相互意指的符号出发,你拥有一个符号或诸多符号的模块,穿梭在自己的路径上,这样构成了一个表达性的主体,那么在言说主体的基础上,前者可能被碾平——在这里,妄想症意味着这样一个过程,即言说主体总是让位于表达性主体。

严格来说,这两个机制或体制并不是肩并肩地共存着。我们非常熟悉解释体制,这个专制体制的最典型的角色就是偏执狂的皇帝,还有伟大的解释者。我们知道主体化体制不仅在经济层面上,而且在政治层面上激活了作为整体的资本主义。精神分析的源头就十分聪明地贯穿于两种体制之中,或者说它十分敏锐地做到了"本能冲动的主体化"和"无法化约的主观经验的自律"。这两种机制,一个在另一个之中,阻塞了所有真正体验的可能性,正如它们阻碍了欲望的生产和言说的形成一样。解释和主体化这两种现代社会的疾病并不是精神分析所发明的,但是精神分析找到了维持和蔓延两种疾病的技术,而这种技术非常适合于这两种疾病。精神分析的全部要义,部分驱力、俄狄浦斯、阉割等等,都不过如此。

第四个也是最后一个命题——我尽快说清楚:精神分析所驾驭的力量是什么?正如罗伯特·卡斯特尔(Robert Castel)在他最近的新书《心理分析》①中十分令人信服地说道:精神分析关乎权力关系。也就是说,精神分析的权力的来源就是移情(transfert),正如许多精神分析师所做的那样。好吧,这是一个笑话。好比说银行的权力来源就是金钱(我们知道移情和金钱的关系,两者彼此包含)。精神分析基于契约式的自由资产阶级的形式,即便精神分析师的**沉默**都代表着由契约规定的解释的最大值。这种沉默就是契约的顶点。然而,在精神分析师和病人的外在契约之中,还存在另一种沉默地运转着的不同类型的契约:这种契约**改变**了病人的力比多的流,将力比多变成了梦、幻想、词语等等。可以变化但不可分割的力比多的流被换成了可交换且可分割的流,这两种流的交集就是精神分析权力所在之处。像所有权力一样,关键在于让欲望的生产和言说的形成变得疲软无力,换句话说,为力比多消毒。

我想用一点评论来得出结论:我要解释一下为什么加塔利和我并不太喜欢从马克思-弗洛伊德的视角来承担这个理论任务。有两个理由。首先,这样的理论任务要从回到起源

---

① Robert Castel, *Le Psychanalysme*, Paris: Maspero, 1973.

开始,也就是回到最初的文本:弗洛伊德的神圣文本和马克思的神圣文本。我想应该从完全不同的起点开始。并不需要重新考察这些已经或多或少被解释多遍的神圣文本,关键在于要好好看一下现在我们实际所处的情境。马克思主义和精神分析都以某种**记忆**的名义来说话,尽管二者判若云泥,但其中的差别无关紧要。在必然发展的名义下,它们的表达方式发挥了作用,这一次又是判若云泥,但这仍然不重要。另一方面,我们相信,需要以遗忘的积极力量的名义来说话了,对我们每一个人来说,就是以他们未曾发展出来的东西的名义来说话,这就是大卫·库博(David Cooper)十分敏锐地称作的我们每一个人的私下的第三世界①,这与实验体验是同一回事。将我们的理论任务同马克思主义-弗洛伊德主义的方法区别开来的第二个理由就是他们试图调和两个敌人:政治和力比多。赖希(Reich)坚持这个二元性并让它们结合起来。另一方面,我们的观点仅仅设定了一种布局(économie),真正的反-精神分析的分析的问题就是说明无意识欲望如何从性出发来充实作为整体的布局形式。

---

① D. Cooper, *Mort de la famille*. Paris: Seuil, coll. "Combats", 1972, p. 25.

九、言说的解释[1]

对儿童的精神分析，与其他类型的精神分析不同，要弄明白的是碾压和窒息**言说**的方式。如果不能将其还原到某种解释的预先给出和预先决定的框架之下，就不能产生言说。儿童也难逃此种命运：他们在成长中被"敲打"。精神分析是非常令人后怕的任务，它阻碍了言说或真正欲望的生产。我们以三个儿童为例，因为在这三个例子中问题都十分明显：著名的弗洛伊德的小汉斯的例子，克莱因的理查德（Richard）的例子，还有艾格尼斯（Agnès）的例子，她就是最流行的分区化的例子。让事情从糟糕变得更糟。

儿童**所说的东西**被放在了左边一栏里，在右边一栏中，我们放入的是精神分析师或精神治疗师所听到的，或获得的，或翻译的，或生产出来的东西。读者可以判断二者之间的差异程度。在意义和解释的名义下，这些差异表明了最大程度的压抑和背叛。

三个儿童案例的比较工作是由一个小组来进行的[德勒兹、加塔利、克莱尔·巴尔内（Claire Parnet）、安德烈·斯卡拉（André Scala）]，我们希望以后成立类似的小组，来质疑精神分析的说辞。

---

[1] 德勒兹与加塔利、克莱尔·巴尔内、安德烈·斯卡拉合作了这篇文章。本文收录于《精神分析与政治》（*Psychanalyse et politique*，Alençon: Bibliothèque des mots perdus, 1977, p.18-33）。这篇文章与上一篇文章是一起出版的，源于一次在巴黎八大召开的论坛。那时，克莱尔·巴尔内和安德烈·斯卡拉还是德勒兹的学生兼友人，在这里也完善了注释。

1. 小汉斯,5 岁——弗洛伊德

A.

小汉斯的第一次活动并不复杂:他想下楼见他的女友马丽德(Mariedl)并与她一起睡觉。通过这个解域化的活动,男孩-机器试图进入到一个新的装置之中。(对于汉斯来说,他的父母已经用他组成了一个机械装置,但这个装置并不是唯一的:"我想明天早上上楼吃早餐并洗个澡。")他的父母反应很冷淡:"再见,那么……"汉斯走了。"当然他们会把他带回来。"他的第一次试图在家里解域化的企图失败了。汉斯认为他们家的小女孩是不"合适的":他解码了一种具体的政治布局,在餐厅定位了一种更恰当的模式,"温文尔雅的女士"。他第二次试图解域化的企图是要征服并穿越街道。他又一次遇到了问题……他的父母给出了一个妥协:汉斯必须不断地到他们的床上去。没有人能更好地在妈妈的床上重新辖域

弗洛伊德不相信汉斯想一个小女孩。这个欲望**必然**隐含了某种东西。弗洛伊德完全不理解与之相伴随的解域化装置或运动。他只知道一件事情:家庭-领域,逻辑上的家庭人。其他东西都是家庭的**代表**。对马丽德的欲望必然是对妈妈的原初欲望的替代。对马丽德的欲望也必然是让马丽德成为家庭一部分的欲望。"在这个愿望之下——我希望马丽德与我一起睡——**当然存在着**另一个欲望:我希望马丽德成为家的一部分"!!

九、言说的解释

化。这就是人为杜撰出来的俄狄浦斯所做的事情。它强迫汉斯从中所期望的,就如同他在家的装置中从小马丽德那里所期望的一样,也如同他在街道装置中从其他年轻女孩那里所期望的一样:"妈妈,你为什么不把你的手指放在那里"——"因为那里很脏!"——"脏是什么意思?为什么?"汉斯每一次都陷入困境,无法突围。在这个简单的过程中,他不得不将妈妈作为欲望对象,并禁止那样做。他被注射进了俄狄浦斯的病毒。

B.

小汉斯从未显示出对某人要割掉他的小鸡鸡的恐惧。他用严峻的冷漠来回应阉割的威胁。他从不谈论器官,他只谈论功能和发挥功能的东西:尿尿的东西。儿童对性器官、性的功能和性之类的事物没有兴趣。他们感兴趣的是机械性操作,即欲望事物的状态。很明显,女孩和妈妈也有尿尿的东西,因为她们也尿尿:材料是一

精神分析回到了思想的神学模式。有时候相信的就是某一种性:男性,即阳具(弗洛伊德)。但在日常生活意义上,与这种观念相伴随的是一种**类比方法**:阴蒂被比作小鸡鸡,一个不会生长的肮脏的小鸡鸡。有时候他们相信有两种性,恢复了一种特殊的阴道中心的女性性征(克莱因)。

样的,只是位置和关联不同。材料的同一性也就是连续性或组成平面的统一性。这就是存在和欲望的**一元性**。位置和关系的各种变化和多样性就是机械装置,它用不同层次的力量或完美程度创造了这个平面。不止两种性,有 n 种性,还有许多种性,就像还有许多种装置。因为我们每一个人都加入几种不同的装置当中,我们每个人都有 n 种性。当孩子们发现他们被还原为一种性,被还原为男性或女性的时候,他们发现他们变得羸弱无力:他们失去了机械式感觉,只剩下工具的意指关系。那么,一个孩子真的感到了压抑。他们已经遭到了破坏,他们无数的性已经消失了!我们试图指出,首先是小女孩发生了这种遭遇。她们最先被还原为一种性,接下来是小男孩。这不是阉割的问题,不是小男孩害怕失去他具有的小鸡鸡,或者小女孩为不再拥有或尚未拥有小鸡鸡而感

这一次方法改变了,使用了科学上或**同源**意义上的类比方法,建立在菲勒斯-能指的基础上,而不是小鸡鸡-器官的基础上[1]。列维-斯特劳斯表达的结构主义信仰在这里得到优先应用,用结构和象征的同源性超越了想象性的类比。

不过,无论如何都没有任何改变:是否有人只知道一种或两种性,即便我们每一个人里面都存在着两种性(双性恋,男人对阴道的欲望等价于女人对小鸡鸡的嫉妒)[2]。我们是从日常的类比(器官和器官功能),还是从科学的同源性(能指和结构功能)来思考,这并不重要。这些差异只是理论上的差异,只存在于精神分析师的心里。无论如何,他们将欲望和阉割绑定在一起,无论阉割是否能解释为一种想象或象征(唯一的问题是,在两种方法中,哪

---

[1] Michèle Montrelay, *Recherches sur la féminité*, in *Critiques*.
[2] Bruno Bettelheim, *Les Blessures symboliques*, Paris: Gallimard, 1971.

九、言说的解释

到忧伤。问题与之完全不同：孩子们拥有的各种性被盗走了（汉斯幻想当一个水管工，而他的爸爸和弗洛伊德都误解了这一点。这是一个被还原为某种性的沉沦的幻想，一个被伤害的人的梦魇）。

一个才能最好地管制这个相当棘手的关联）。无论如何，他们都将性作为力比多的欲望，还原为性差异：无论是将性差异解释为器官差异还是解释为结构差异，无论是从小鸡鸡-器官来解释，还是从菲勒斯-能指来解释，这都是致命的错误。

这并不是孩子的想法和生活：

（1）不是器官的类比和结构同源性，而是物质上的独特性，建立了多样的关联和位置（装置）。不是器官功能或结构功能，而是机械运行。独特性是唯一的无神论思想，孩子的思想。

（2）独特性也是多样的n种装置的思想，物质材料组合成了n种装置，n种性，机车、马、太阳并不比男女的性少。性的追问机器通常会溢出两性差异问题，**将一切还原为两性差异**，是对性最大的误解。

（3）当孩子看到自己

被还原为两性,即男性和女性时,他已经失去了一切,男人和女人设定了存在者,而存在者的n种性被偷走了。每一种性与阉割都没有关系,但是首先它们都与万全的性(omnisexuel)相关,与被贼偷走的多重的性(n种性)相关。

(4)男孩和女孩并不对称,原因在于:最早是女孩被偷走了n种性,被偷走了她的机械身体,将她变成了工具-身体。女性革命运动在主张一种特殊的女性权利(拉康化的女性解放运动)的时候,她们完全是错误的。她们要求所有的性,她们的雌性并不比雄性更多,女孩首先被剥夺了雄性,最终她成了女孩。

弗洛伊德始终在误解婴儿的性。他解释性,所以他误解了性。他很明显地看到,孩子对两性差别根本不关心,他解释性,仿佛孩子坚持相信女孩身上有小鸡鸡,就是孩子对阉割焦虑的反应。这不对:在被还原为一个单一性别之前,孩子没有阉割焦虑。孩子拥有n种性而活着,n种性对应于所有可能的装置,这些装置的材料对男孩女孩都一样,对于动物、事物也一样……弗洛伊德很清楚,男孩女孩不对称,但他将之解释为俄狄浦斯-女孩和俄狄浦斯-男孩的变化,解释为女孩阉割和男孩阉割之间差异。这也不对,这与俄狄浦斯和家庭主题没有关系,除非将身体从机器变成一个工具。这也与某一种性的阉割没有关系,除非偷走了他所有其他的性。弗洛伊德将性与家庭联系起来,与阉割联系起来,与性差异联系起来:三大错误,三种比中世纪还恶劣的迷信,这是思想的神学模式①。你们甚至可以说弗洛伊德的解释相当贫乏,当他解释的时候,问题在于,他甚至根

---

① 我们可以在弗洛伊德的《性生活》(*La Vie sexuelle*, Paris:PUF, 1969)收录的文章中找到这三大错误。

本没有通过孩子在说些什么。弗洛伊德的宣言带着不少的犬儒主义:"我们使用病人提供给我们的这些指标,就是在我们的解释技术下,用我们的语言,将他的无意识情结在他们的意识中展现出来。"

C.

这样,小汉斯在他最深层次的欲望中失败了:试图通过解域化来寻求机械装置(街头闲逛,每一次都会联系上一个小女孩)。他的家庭让他再辖域化了。然而,他准备将他的家庭当作一个机械装置或机械运转。但是,爸爸、妈妈、"老师"都在不同程度上提醒他家庭不是他想的那个样子,并不是装置或运转。他们就是欲望的代言人,也是律法的代表:他们不是机械运行,而是结构性功能,即父亲功能和母亲功能。突然小汉斯很害怕上街。他之所以害怕,是因为一匹马会咬他。在街道封闭之后,禁止让

在这里,爸爸和老师都没有对他拳脚相加。不要顾忌。马再次代表了别的东西。这次别的东西非常有限:首先它是妈妈,然后是爸爸,最后是阳具。(不要担心,无论考察什么样的动物,弗洛伊德的回答都是一样的:马或长颈鹿,公鸡或大象,这些都是爸爸。)弗洛伊德很平和地解释说:马本身并不重要,它是一个纯偶然的……① 一个孩子看到马在皮鞭下摔倒,并站起来呼呼作气,但这在感受性上并不重要!弗洛伊德看不到在马的情形中的这

---

① *Cinq psychanalyses*, Paris:PUF, 1954, p.190.

九、言说的解释

他进入到他最深层的欲望中之后,他还能有什么差别?那匹马完全不是在想象上可以触及的马(类比),也不能设想为一种知识结构(同源性)。马是一个要素,是一种特殊的物质装置,即街道-马-坏兆头-负荷的装置。我们看到,一匹马是由在各种物质材料组成的装置基础上产生的各种感受(affects)来界定的。这些感受只代表它们本身:盲目、有一个马衔、傲娇、大量尿尿、能拉粑粑的臀部、撕咬、承担过重的负担、被鞭笞、跌倒、用腿乱蹬⋯⋯真正的问题在于,马是"感受性的",而不是什么代表:怎么在马身上体现了这些感受?这些感受又是如何从一方转变成另一方的?**马的生成**(Le devenir du cheval)和**小汉斯生成-马**(*le devenir-cheval du petit Hans*),一方生成另一方。小汉斯的问题决定了所有这些感受的关系。例如,能"撕咬",必然经历了"跌倒",于是变成了"用腿乱蹬"①。

种强烈的感受,以及机械般的装置,不认为马路上的马与其他东西,甚至与其他类型的马有什么与众不同的地方。他给出了自己的评价:接近它眼睛的东西就是爸爸的景观,围绕着它嘴巴的东西就是爸爸的胡子!②这很奇怪。一个小孩能做什么,去对抗这样多的坏想法?弗洛伊德看不到在马的情形下,机械装置中存在着强度的**循环**(circulation),反而通过表达上的静态类比来辨识这些模拟物:它不再是用它的巨大臀部制造粪便的马(力量的值),马本身就是一坨粪便,通过那扇门,它就来到了肛门外!弗洛伊德看不到在马那里,尿尿和咬人处在一个强度关系之中,突然,尿尿的马咬人了!在这里,小汉斯给出了一个开头、一种言说方式,他的爸爸真的没有理解一件事:"但尿尿不会咬人。"

---

① *Cinq psychanalyses*, Paris:PUF, 1954, p.126.
② *Cinq psychanalyses*, Paris:PUF, 1954, p.181.

对于马来说，什么是可能的？这绝不是什么俄狄浦斯的幻象，这就是一个反俄狄浦斯的程序，生成为马，逃离别人直接强加在他身上的东西。对小汉斯来说，人的所有道路都封闭了。只有一个生成的动物、一个生成的人，才能让他征服街道。但精神分析在那里关闭了这个最终的出路。

（孩子是合理的，他们知道尿尿不会咬人，就如同小指头不会讲话一样）。父亲羞答答地回答道："但或许它这样做了……"谁有病？小汉斯吗？或者是他爸爸和"老师"都有病？解释和意义破坏了这一切。太龌龊了。同情那个孩子。

弗洛伊德想用他那狡诈而坚定的决定做些什么？（弗洛伊德很自负，为了达到他的目的，为了便于操纵解释，没有告诉父亲所有事情。）他要做的是：

（1）他打破了小男孩的所有机械装置，为了将这些东西还原成家庭，随后，他认为家庭并不纯粹是装置，而是对小孩施加影响，让他成为一个逻辑的代言人；

（2）阻止所有孩子的解域化运动，然而，解域化运动是力比多和性态的本质，他关闭了一切出口、通道和生成，包含生成-动物、生成-非人的通道，在父母的床上再次对他辖

九、言说的解释

域化。①

（3）通过解释，让他担心，让他感到愧疚，让他沮丧，让他无法移动，让他心寒，给他塞入一些负面情绪……弗洛伊德所知道的东西就是拟人论（Anthropomorphisme）和领域，不过力比多通常会流向其他地方。弗洛伊德理解不了动物，以及动物的生成或生成-动物。他并不理解狼人的狼，就如同他无法理解鼠人的鼠或小汉斯的马一样。

D.

与此同时，小汉斯如何才能不害怕（与弗洛伊德给出的理由完全不同）？生成动物，即变成诸如此类的装置，是一个非常严肃的问题。即便更重要的是，在这里，欲望直接面对着对它的压制。在马的装置中，可以感受到的力量是被驯服

弗洛伊德是如何达到目的的？他将小汉斯的机械装置打碎成三块：马反过来增加了妈妈、爸爸和阳具的深度。或者更准确地说：

（1）焦虑首先与街道和妈妈联系在一起（"他在街上丢失了妈妈！"）；

---

① 弗洛伊德十分清楚地预感到他要与什么东西搏斗：他意识到马"代表着运动的愉悦"（p.192），"小汉斯的想象力在交换的符号下起作用"（p.152）。弗洛伊德画出了地图，重做了拓扑图，换句话说，他标识出了解域化运动和力比多的逃逸线（就像小汉斯的马-街道-仓库的地图一样，p.123—124；还有鼠人的地图 p.237）。但这些程式性的绘画直接被幻想-解释-再辖域化的体系所覆盖。

感受所填充的力量,他失去了不亚于权力与荣耀、不亚于主动能力的力量和迅猛的野性。这条道路并不完全是欲望-焦虑-恐惧的道路。但欲望首先遭遇了恐惧,只是后来在家庭或精神分析的干预下才变成了焦虑。以咬人为例:这是邪恶动物十分得意的行为,还是被鞭打的动物的自然反应?小汉斯是咬人,还是被咬?生成-动物是否会让小汉斯在大街上的秘密成为一条逃逸线,或者给出由于家庭的阻止而让他感到障碍和阻隔的真正理由?生成动物是一种超级解域化,让欲望走向极致:欲望变成了对自己压抑的欲望——这个问题绝对不同于弗洛伊德的问题,在弗洛伊德那里,欲望会压抑自己。

(2)焦虑发生变化、固定,并深入地变成了对一匹马咬人的恐惧,害怕马的恐惧症与父亲有关("马必须是他的父亲");

(3)马很大、咬人、尿尿。小汉斯的终极装置,他最后试图生成-动物的解域化被打破了,被转译为家庭领域之内的三角关系。从妈妈走向父亲的角度和父亲走向阳具的角度来看,为什么这一点格外重要?因为妈妈不能拥有自主的权力,这种权力散布在各个地方,我们会看到,即便母亲占主导地位,家庭权力还是以阳具为中心的。所以,对于父亲而言,必然会从最关键的阳具那里获得权力,对于家庭里的三角关系而言,这是为了实现一种结构性的或结构化的操作。在这种条件下,被阉割的欲望只能被社会化和升华。

对于弗洛伊德来说,关键在于认可这种压抑自己的欲望。为了达到这个目

九、言说的解释

的,就必须要说明欲望不能带有"强度"①。弗洛伊德心中仍然有着一个癔症的模式,正如19世纪的精神治疗的报告所指出的那样,在这个模式中,强度非常弱,所以,这些强度必须被打破,阻止它们自由循环和真正地变化。它们必须是固定不动的,每一种强度都是重要的或象征性的累赘(对妈妈的欲望、反抗父亲的欲望、手淫的满足)。在这里建立起了一个人为的体系,它们在一个圈圈内快速运转。他要说明的是,欲望并没有遭到压抑,而是通过将某种东西作为失却的对象来压抑自身,即本质上的阉割和匮乏(阳具与妈妈的关系,与爸爸的关系,与它自己的关系)。于是,精神分析的操作完成了:弗洛伊德可以犬儒式地要求耐心等待,让小汉斯讲话。小汉斯没有一丁点机会讲话,来讲出

---

① *Cinq psychanalyses*, Paris: PUF, 1954, p.107, 178, 182, 189.

他自己的"言说"。在这种分析之下,对孩子的反作用非常有吸引力:当他感觉到成人走得太远时,会有一个反讽①。相反,这些东西完全没有幽默感,如极端枯燥的分析、这些偏执狂式的解释,还有父母和老师的自我满足。但没有人靠反讽活着:小汉斯变得越来越少,他越来越隐藏自己,他赞同一切,他承认一切,不断妥协,是的,是的,我想要妈妈,我想成为爸爸,我想象有爸爸那样的大阳具……这样,他们留着他一个人,让他最终可以忘却、忘记一切,包括忘记精神分析时的那些烦恼时刻。

2. 理查德,10 岁——梅兰妮·克莱因

梅兰妮·克莱因的书是精神分析界的耻辱。②

---

① 参看其他诸多案例,小汉斯与他的父亲的对话:"小男孩可以这样思考……这不好,父亲回答说……如果他这样想了,对我们来说还不错,可以留给老师记录下来。"
② Melanie Klein, *Psychanalyse d'un enfant*, Paris: Tchou, 1973.

你们或许认为克莱因的主题,如部分对象、偏执状态和抑郁状态,会让精神分析可以回避(甚至只是很少一点点)俄狄浦斯和家庭的泥淖。事实上,情况更糟。一位斗士,一位极富幽默感的英国犹太人狠怼了这位奥地利的老太太,她的憎恶感毁了一个孩子。这场战斗发生在 93 次治疗的过程中。理查德一开始感觉到幽默感可以保护他。他对老太太报以礼貌的微笑。克莱因的解释(p.26)评论说:"一个人头脑中很难有这么多类型的病人"(p.30)。他请求看看这个老太太,他看到了克莱因愉快的外表,让他感觉这次治疗会很快结束(p.31)。他似乎很担心他的感冒(p.35),他说,当他跟老太太克莱因说任何事情的时候,他都期望听到她给他同样的解释(p.166)。然而,这是一个过于镇定和毫无幽默感的老太太。克莱因继续她的轰炸工作:他很害怕我的解释……这就是她的书的主旨:"克莱因太太解释说,克莱因太太解释说,克莱因太太解释说。"理查德会做出防护,他说道:谢谢您,太太。克莱因太太的目的有几个:(1)直接将理查德的感受翻译为幻想;(2)一段时间之后,让理查德从偏执-分裂状态变成抑郁状态,从机械状态(发挥功能)变成小工具状态("修复");(3)其最终目的,就是不让理查德形成言说,这样就破坏了一个孩子生产言说的集体装置。

这是一场战争!理查德一天读三份报纸,还听广播。他学会了"联军""敌军""暴君""说谎者""叛徒""中立国"等词汇。他是在政治上从当代历史的一些专用名词[丘吉尔、希特勒、里宾特洛普(Ribbentrop)、达尔朗(Darlan)],从国家和疆域,从社会体(Socius)的多极主义(地图、边界、界域、跨越界域),从战争机器(炸弹、飞机、轮船等等)中来学习这些词汇的。他建构了几种不同类型的机械装置,首先,在完全的陆地身体上建立起来的国家装置;其次,在完全的海洋身体上建立起来的轮船装置;再次,在整个世界身体上建立起来的所有交通工具的装置(飞机、公共汽车、火车、卡车、降落伞)。这些装置事实上都是力比多:这并不像克莱因太太所相信的那样,是因为这些东西代表着永恒的家庭,而是因为它们都是感受、生成、过程、跨越,这些都是辖域化的领域和解域化的线条。理查德的地图,"从背后"来看各种离奇的、混淆的、混杂的解域化的东西。理查德绘制了每一种装置与其他类型的关系:"巨大的海星"或者完整的大地身体,这是一个带有着不同颜色国家的"帝国",这些颜色就是感受。如果这些国家被分派成不同的家庭成员,这并不是因为像克莱因太太所说的,"帝国代表着家庭"(p.105),而是因为家庭本身就是一个装置,是一个沿着社会体的攻击线和逃逸线敞开和解域化的装置。在家庭里发生的一切依赖于在帝国中发生的一切。的确,理查德勃起了,他的阳具会按照政治变硬和变软。他的爱欲就是政治性的。不能把社会体还原为家庭,这种政治爱欲在地理和历史的巅峰处开启了家庭的名称,并按照政治多极主义的线条来重新分配这些名称。那些国家就是感受。这些就是理查德的动物生成的等价物(这就是他给自己指派了这么多东西的原因)。理查德的力比多沐浴着大地。他对着各个国家手淫。这就是行动中的性政治。

于是,对克莱因太太来说,帝国就是家庭。克莱因太太没有思考疑虑。与弗洛伊德不同,她并不伪善,她不会假装迟疑。从一开始她就说道:让我们看看,希特勒就是伤害妈妈的人,他是一个坏爸爸,有一个坏阳具。"从背后"看的地图是"父母加入性关系之中"。克莱因太太解释说:

"欧根亲王(Prinz Eugen)占据的英国港口,代表着他妈妈的生殖器官。"颜色代表着家庭成员,等等,等等,足足有四百多页!理查德快窒息了,读者们快吐了。在克莱因太太的办公室的精心布置的陷阱里,理查德在巨大的压力下,被打破和压碎了:这是比学校、家庭或媒体更糟糕的陷阱。没有人能更好地证明一个孩子没有权利参与政治。

众所周知,战争与孩子无关,与孩子的力比多无关,对他来说要考察的是他的"毁灭性的冲动"。事实不可否认:克莱因对各种状态和部分对象的概括并不会放松弗洛伊德的羁绊;相反,她们捍卫了精神分析特有的家庭主义、俄狄浦斯主义和阳具中心主义。克莱因太太发现了一个更为直接的方式,可以将感受转化为幻想,打断孩子,让他不会生成自己的言说。理由很简单:

（1）状态理论的目的在于让孩子从偏执-分裂状态走向抑郁状态，在抑郁状态下，家庭可以再一次假定它的统一地位，在结构上和人格学上将各种其他的装置综合起来。

（2）克莱因太太从学校借来了她的两极概念：好与坏，所有可能的变化都建立在这个二元论之上。她的办公室是一个家庭房，也是一间教室。克莱因太太在进行道德教化。在这里有着她的原初目的：她不能用沙发作为家庭床的等价物，来对孩子进行精神分析，她需要的是学校的等价物。这是精神分析的代价，只有付出这个代价，精神分析才是可能的（安娜，弗洛伊德的女儿，就从来无法理解这一点）①。于是，克莱因太太重新从学校的角度解释了家庭，她用学校灌注了家庭。但她也为家庭装备

---

① 参看克莱因论学校的段落，*Essais de psychanalyse*，Payot，1967。

了巧妙的武装,让她可以转移和恢复来自社会体的力比多的投入。

(3)你们或许会认为,碎片化的部分对象的概念,就是对多样性、碎片化、装置和社会多极主义的认可。事实上,完全相反。正如克莱因太太所理解的那样,只有当对象抽离于它们参与其中的机械装置时,它们才能部分地呈现出来,这些对象是离散的、散布的,它们分离于它们所归属的多样性,被还原为一个有机总体、一个有意义的结构、一个主观或人格化的统一体的"理想"部分,克莱因太太承认,所有这些都尚未出现,但后来它们会成为"状态",病人的年纪和治疗过程(还原为社会层级)……① "在分析的最后,尽管孩子经历了痛苦,但他不再绝望,因为他认为治疗是他的福利。"我的上帝呀,好大的代价!

---

① 梅兰妮·克莱因由于不了解无器官的身体,从而用无身体的器官替代了无器官的身体。

3. 艾格尼丝,9岁,分区化——霍克曼,《精神》,1972年12月号

分区化有几个焦点：医院、急救室、免费诊所、专门的教育程序、家庭呼叫。它的模式并不是家庭或学校,而是社会体,这样它是多极的。这并不妨碍它会迫使孩子回归家庭,理解为治疗的单元。因为她的癫痫病,艾格尼丝离开了公立学校,被带到一个专门的教育程序下,随后她被送到免费诊所,直到最后一个心理治疗团队来到她的家里。他们将所有东西都翻译为机体论（organisme）的语言：一切东西都被塞入机体论之中,所有东西都被还原为"与器官的斗争"。他们从器官和功能,而不是从起作用的东西开始谈话。不过心理治疗师们不得不承认器官是相当怪异和不定的。事实上,这是一个可变的材料,它的变化对应于不同的状态和关联："很难定位,很

艾格尼丝的发作与她的各个时段有关。她表示说她的发作是"机械性的"：一种机械性的缺陷,不太健康,一个被减损的功能运转,物质材料的翻译或改变（并不是缺少器官）。这就是她对心理治疗师所说的东西："请修理一下我,我的肚脐坏了。"(p.888)"他们从我里拿走了一切,他们在劫掠我,他们破坏了我的机器。"(p.903)她不要玩具娃娃,不要那个有

机身体,她要还回她的机器娃娃。她像"操纵提线木偶"一样操纵着心理治疗师们(p.901)。艾格尼丝,就像克莱斯特的提线木偶一样,就是没有提线,而现在可以看到她从各个方向放出提线:她拒绝了她的胸、她的阴道、她用来看的双眼、用来触摸的双手。这与两性之间的差异无关。这只是机械差异,潜在和完美状态的差异,以及不同功能运行和不再运行之间的差异(这就是所谓的性:苹果创造了婴儿,汽车创造了爱,她的姐姐创造了她的孩子)。倘若这真的是性差异,那么她就用如下言辞来请求她的姐姐帮忙了:**米歇尔,我的姐姐,在花季之前**,即在被蹂躏、被毁坏、被偷走之前(p.892)。

艾格尼丝将家庭当成一个机械装置(一组关联和多重交叉),这个装置成为其他装置的基础或出发点:这样,在这些装置上,艾格尼丝可以对自己进行解域化,反过来这可以修改她的家庭装置,于是,艾格尼丝希望"回到她的哥哥姐姐上的

难辨识,有时候它是一块骨头、一个引擎、一些排泄物,有时候它是一个婴儿、一只手、爸爸的心脏,或者妈妈的珠宝……"(p.905)然而,这并不会阻止他们判定问题最有可能与性差异、阉割和失去的对象相关(p.891,p.905)。

家庭本身被转译为器官项:融合、共生、依赖(不是关联)。艾格尼丝被抛入俄狄浦斯式家庭当中,这个家庭既是目的,也是出发点。与其说家庭扮演着装置的角色,不如说他们让艾格尼丝的装置扮演家庭

公立学校"。艾格尼丝所面对的这些元素和材料,通过某种方式在家庭里被分配,成为所有可能的配对、状态和关联的经验。不定冠词的出现,追踪了这些变化以及整个装置中的感受的流动:**一个**(un)肚子、**一张**(un)嘴巴、一个(un)引擎、一个(un)东西、一个(un)婴儿(p.890,p.908)。

的角色:"我们希望给孩子提供一个替代性的妈妈,通过妈妈,她可以建立起与象征界之间的关系,因为在我们看来(至少这是我们的假设),她与象征界的关系丢失了,她十分失望地试图通过对个人身份的否定来重构。"(p.894)这样,艾格尼丝不仅不得不进入到机体论的层次,也不得不进入到家庭价值和主观个人身份的层次。然而,由于她拒绝主观身份和家庭价值,也拒绝机体论,艾格尼丝的要素和材料只能从否定和部分对象来解释,至少它们是从一个融合体中提取出来的,而艾格尼丝试图将这些东西塞入融合体当中(p.900)。我们忽略的是如下事实:艾格尼丝的抗议并非源自诸如偏袒、严格或碎片化的俄狄浦斯之类的否定。这些东西具有一个肯定性的来源:从她那里偷走的机械身体,她就是源于这个功能运行的状态。

"艾格尼丝变得很暴力。即便在最轻微的挫折面前,她都会像炸弹一样爆炸。"还能有其他的吗?每一次都有人跟她说:并不是你在说话,是你身体的其他人在说话;但不要怕,你就是艾格尼丝,我们知道像你这样的年轻女孩的欲望,我们在这里解释给你听。艾格尼丝何尝不会尖叫:"我不是艾格尼丝!"她胡言乱语地说着,生产了大量言说,心理治疗师一点也不听。艾格尼丝将自己装成一个"提线木偶"用来报复。当艾格尼丝谈到心理治疗师的时候,她说道,"无论我怎样做,她都知道我在想什么",我们不能将这个理解为对心理治疗师的洞察力的恭维。艾格尼丝控诉她,认为她就像个警察,完全曲解了她。(除非心理治疗师了解一切,她怎么还能如此曲解呢?)艾格尼丝在所有地方(家庭、学校、社会)都陷入麻烦中。她们一般用来诱捕的最根本的要素就是心理治疗,它可以用来重新排列权力的各个病灶点。艾格尼丝有 n 种性,但她们只给予了艾格尼丝一种性，她们用强制力迫使她回到两性差异。艾格尼丝有 n 个母亲，即她用于转化的材料，但她们只留给她一个母亲。艾格尼丝有 n 个领域簇（parcelles de territoire），它们占据了每一寸土地。"她那枯燥乏味的抱怨"跟"各种矛盾性的需求之间的俄狄浦斯式撕裂"(p.908)没有关系。她喊道：窃贼！窃贼！

十、社会的兴起[1]

这里的问题与用来界定社会学中所遇到的一组现象的形容词无关:社会指的是一种特殊部门,在这个部门中,各种不同的问题都可以分门别类地归为必须的特殊情形、特殊的体制、一种用来甄别人("社会"的助手、"社会"的工人)的范畴。我们谈论社会的瘟疫,就像谈酗酒和嗑药一样;谈论社会程序,从重新规划人口到出生控制;谈论社会调节和失范(调节处于犯罪边缘的青少年,处置情感上的紊乱和障碍,包括各种不同类型的进展)。雅克·董泽洛(Jacques Donzelot)的书拥有很大的影响力,因为他考察了这个最近形成的、逐渐变得越来越重要的奇特部门,即社会性:它正在形成全新的景象。因为这个部门的轮廓非常模糊,我们首先必须从它在18—19世纪成形的方式来认识它,这种方式刻画出它的起源与其他古老部门之间的关联,即便社会性是对那些古老部门的反作用,以一种新的方式后来重新分配它们。在董泽洛的最精彩绝伦的段落中,有一些描述了"孩子们的审判"案例的文字:这就是最典型的社会性。乍一看来,孩子们的审判或许堪称一个缩微版的判决。就像在一个放大的玻璃下

---

[1] 本文是写给雅克·董泽洛的《家庭治安》(*La Police des familles*, Paris: Éditions de Minuit, 1977, p. 213 - 220)一书的后记。

的蚀刻画一样,董泽洛发现了另一种空间组织,另一种结局,另一种性质,甚至是在司法机构中被掩盖或被消化了的东西:陪审员、教师和证人一样尊贵,整组导师和专家非常近似于破碎的或"解放的"家族。

即便社会部门为司法部门提供了新的分支,但它仍然不会与司法部门融为一体。董泽洛说明了社会部门何以也不会与经济部门融合,这正是因为它创立了一种全新的社会经济学,因为它引入了一种新的将公与私融合起来的形象,并生产出它自己的配置,一种原创性的让国家的干预和退出、负责和放任发生交互关系的方式。问题并不完全在于是否真的存在着社会的神秘化,或者说它表达了何种意识形态。董泽洛问道,社会如何成形来反作用于其他社会部门,形成公共部门与私人部门之间,司法、行政和习俗部门之间,富有和贫困之间,城市与乡村之间,医疗、学校和家庭之间的新关系?于是,社会试图将之前相互独立的不同部门交织起来,重新让它们起作用,在一个新的领域中来展现出它们的力量。那么,更具有影响力的是,董泽洛让读者自己得出了关于社会的诱惑和诡计的结论。

由于社会是一个复合的领域,尤其是它建立了全新的公与私之间的关系,董泽洛的方法在于描绘出纯粹而简短的线条,这条线条要么是连续的,要么是拟像的,其中每一个行为都构成了新领域的一个轮廓或一个侧面、一个特性。在所有这些短线的相交关系中,我们就能发现社会。我们仍然需要分辨出某种环境,即这些线段通过发明它、改变它来对这种环境起作用:这个环境就是家庭。家庭并不是不能充当发展的引擎,而是说,它只能与其他的矢量相结合才能起作用,正如其他的矢量会形成配对关系和交错关系来对家庭发挥作用。所以,董泽洛的书谈的根本不是家庭危机:这个危机只

十、社会的兴起
101

是这些小线段兴起产生的消极后果，或者毋宁说，社会的兴起和家庭的危机都是同一个基本动因的双重政治后果。那么"家族的管制"首先解释了这种对应关系，并摆脱了过度整体化的社会学分析和过于仓促的道德分析的双重危险。

于是，我们必须说明，在这些动因的交互作用下，各种装置或布展通过这种或那种方式形成了某种功能，滑入到更巨大或更古老的各种机制之间的空间当中，这些机制反过来接受了变化的结果。在这里，董泽洛的方法几乎变成了一种蚀刻画的方法，在一个既定框架下草绘出新场景的背景（就像司法框架下的孩子的法庭的场景一样，或在董泽洛那些最引人入胜的段落中，"慈善的访问"滑入到"慈爱"体制的框架之下）。最后，我们必须确定变动的各个线条的结果，确定在各种理论、联盟、敌意、抵抗的领域的新功能的结果，首先是改变了一个词语意义和一个言说意思的集体性生成的结果。简言之，董泽洛的方法是谱系学的方法，是功能和策略的方法。这是另一种表达他承袭了福柯和卡斯特尔的方式。但是董泽洛确定这些线条的方式，他描绘"社会"的整体的战略地图的方式，让他的著作带有了极为深刻的原创性。

董泽洛在他的书的开头，证明了家庭变动的一个线条或一条小线段可能来自一次迂回、一次反复。一切都肇始于一根**低音**（basse）线：一条对护理和家庭生活批判和攻击的线索。在这个层面上，已经出现了交互关系，因为对家庭生活的批判并不是按照贫与富的方式来进行的。对于穷人来说，他们谴责让他们抛妻弃子、远离乡土，并承受着沉重的国家的负担的无声政治经济学。对于富人而言，他们也谴责那种无声的经济学或私人的保健学，让他们只信任由仆人对待在家里的房间里的孩子进行的教育。所以，那里已经有了一种公与私的混杂，并与贫与富的区分、城市-乡村的区分一同起作用,回溯到第一根线条。

但是很快出现了第二根线条。不仅家庭倾向于远离家庭框架,而且婚姻价值也倾向区别于纯粹的家庭价值,并具有一定的自主性。当然,联姻仍然是按照家庭等级制度来安排的。但这不是为了保存家庭秩序,而是准备一种新的婚姻生活,为的就是让这种秩序具有新的行为准则。准备将婚姻作为目的,而不是通过婚姻来保留家庭。对后人的关心大于祖先的荣耀。一切仿佛如此,即女人和小孩,被旧家族的失败所吞噬,需要在婚姻中找到新的规则,尤其是"社会"的规则。大姐姐-小妈妈的问题诞生了。社会关注婚姻,关注其新鲜感,关注其实践和责任,而不是关注家庭,不关注其传承和权益。但在这里,对穷人和富人来说,变动再一次以不同方式达成一致:一个穷人妇女的婚姻责任是限制其丈夫和孩子(如阻止丈夫去夜店等等),而富人妇女则有着更广阔的控制功能,在慈爱行动中扮演着"传教士"的角色。

第三根线条延伸至此,即婚姻家庭想要部分地摆脱一家之长的父亲或母亲的权威。离婚、已婚妇女堕胎的增多、父亲一方有可能极度贫困是这根线条上的最显著的特点。但在更深刻的层次上,主观性和客观性得到互相妥协:在家庭里负责任的"家长"的主体性能够管理家庭,而家庭相互依赖和相互补足的客观性让家庭可以得到管理。一方面,需要找到新的主体驱力。这就是为什么董泽洛说明**呼叫援助**(l'appel à l'épargne)的地位,它已经变成了新援助安排的核心问题(在这里存在着过去的慈爱与新的慈善事业之间的区别,援助应当视为一种新的投资)。另一方面,旧的依赖网络被直接干预所取代,工业体系本身逐渐修补家庭带来的瑕疵(例如,关于童工的立法,这个体系认为应该从他们的家庭那里保护儿童,这就是慈善的第二个方面)。在前者那里,国家通过呼叫援助和私人投资，不再让自己陷于那些极为麻烦的责任。然而，在后者那里，让国家进行直接干预，让工业领域变成了一个"有道德的文明"。结果，家庭变成了新自由主义所谓的营救场所的对象，而且也变成了社会对象，或者说被社会主义者批判为剥削代言人的对象（保护妇女和儿童）。对于新自由主义国家来说，这既是一个卸除负担的机遇，也是成为干预主义国家的目标和责任。这并不是一个意识形态的论断，而是策略的两级处于同一条线上。公共部门和私人部门的混杂在一种积极的价值上，形成了社会。

那么，还有第四根线条，产生了医学领域与国家的联姻。在各种不同特征的作用下（义务制学校教育、兵役制度、解除过度关注后代的婚姻价值、人口控制等的发展），"卫生"（l'hygiène）变成了一个公共部门，同时它也是来自私人部门的精神病学。仍然存在着某种程度的混杂，医学带有私人的新自由主义性质（**契约**），而干预主义国家必须通过公共和法律行动来进行干预（**托管**）①。但是这些要素的比例发生了变化。其中的对立和张力持续存在（例如，司法权力和精神病人的"行为人资格"之间的张力）。此外，医学和国家的联姻采用了不同的方式，它们不仅仅是按照法律效力上的公共政策来联合（优生学、马尔萨斯主义、计划等等），而且也依赖于国家的本质，即认定国家能实施这些政策。董泽洛对于保罗·罗斑（Paul Robin）和无政府主义组织的探索已经用了非常精彩的段落来描述，罗斑和无政府主义组织代表那个时期的"左翼"潮流，在工厂里行动，支持罢工和新马尔萨斯主义

---

① 对于旨在控制生命的"生命-政治"和生命权力的形成，可以参看福柯的《求知之愿》（*La Volonté de savoir*, Paris: Gallimard, p. 183），对于这个方面的契约-托管的关系，可以参看卡斯特尔的《精神病的管制》（*L'Ordre psychiatrique*, Paris: Éditions de Minuit)。

的宣传，而那时无政府主义支持强国家的观念。正如在之前的情形中，极权主义观点、改革的观点以及抵抗和革命的观点在同一条线上针锋相对，这条线凌驾在"社会"新问题之上，而医学和国家联合起来，通过各种方式，甚至是相矛盾的方式变成了一种卫生防疫主义，重新创造或重新塑造了家庭。通过阅读董泽洛，对于抚养的学校教育、对于家庭规划的起点，我们感受到了一些相当棘手的东西。有趣的是，政治分工并不必然是我们想象的那种方式。为了解决一个更一般的问题：对陈述的政治分析——一个陈述何以指向一项政策，何以彻底地改变陈述的意义，从一个政策彻底地变成另一个政策。

还有另一根线条：精神分析的线条。董泽洛在一个原初假设基础上认为它十分重要。今天仍然有一些人试图确立真正的精神分析的历史，与那种描述弗洛伊德及其学生和他的意见分歧者的私密轶闻决裂，或与那种试图更清晰地界定组织问题的意识形态问题决裂。直到今天，一般意义上的精神分析史，甚至精神分析协会层面上的精神分析史，都带有这些私密轶闻的标记，因为我们陷入业已存在的图示当中：精神分析是在私人关系（契约）中产生的，形成了私人机构，只是最近精神分析才成为一个公共部门（IMP[①]、药房、功能分区、教学）。相反，董泽洛认为精神分析很快就在公共与私人环境的混杂中建立了自身，而这就是精神分析成功的最基本的原因之一。精神分析很晚才来到法国。但它掌控了像家庭规划之类的半公共部门，并涉及诸如"如何避免生育一个不想要的孩子？"这样的问题。看看其他国家，我们想要肯定这个假设。无论如何，它与一种肤浅的二元论决裂了，即

[①] IMP：医学教育研究所（Institut médico-pédagogique）。

十、社会的兴起

"弗洛伊德，新自由主义——第三帝国中，马克思主义的异议者"的二元论，其目的就是刻画出精神分析的政治领域和社会领域，在那里，发生了断裂和针锋相对。

在董泽洛的假设中，精神分析究竟从什么地方获得权力来创造出一个混杂的部门，即社会部门，并直接追溯到一条新线？精神分析师不像是其他线条上生产出来的社工人员。有几样东西可以将他们与其他社工人员区别开：他们不会上你们家，他们不会矫正你们所说的话，他们不会施加任何限制。但我们必须回到之前的情形：在司法管制和精神病管制（缺少精神病治疗的网络系统，一种太过宽泛的堕落观念，等等）之间仍然存在着诸多张力，国家的需求和精神病的标准之间也存在着对立①。简言之，缺少两种体系之间的等价关系和转化规则。那么，仿佛看起来精神分析知道没有这种等价关系，并通过创造出新事物状态所必需的理论概念和实践概念，提出了一种替代的新的**浮动**（flottaison）体系。和经济一样，如果一种货币不再由固定的尺度决定，而是由一个变化的、混杂的市场价格来决定，这种货币就是所谓的浮动货币。显然，这并不排斥任何新的管制机制[它就像"浮动曲线"（serpent）②一样，指示出货币浮动的最大值和最小值]。这就是董泽洛比较弗洛伊德和凯恩斯的意义所在：这不仅仅是一个隐喻。尤其是货币在精神分析中的特殊地位，不再需要在旧的市场标准下或者用静态的象征形式来解释。它成为真正的精神分析的"浮动曲线"。但是当精神治疗不能做到的时候，精神分析何以能保证这种特殊的浮动变化呢？按

---

① 例如，在谵妄的病例中，民法或刑法的代表都谴责精神治疗认为那些"实际上"没有疯的人（如施雷柏法官的案例）也疯掉了，也没有及时探知那些看起来没有疯掉但实际上疯掉的人（偏执狂或色情狂）。

② 这里的 serpent 的法文原意是蛇或蛇形，但在金融学上，serpent 常用来指货币浮动变化的曲线，所以这里翻译为"浮动曲线"。——译注

照董泽洛的说法,通过与精神分析经常使用的父亲形象和精神权威相关联的替代、凝缩、象征化等作用,其最初的地位就是浮动的公共规范和私人原则、专家评价和自白、测试和记忆。一切仿佛是公共-私人、国家-家庭、法律-医学关系已经在一个固定的体系(即法律)下持续了很长时间,这个法律确定了各种关系和等价关系,甚至带着更宽泛的弹性和变化。但在浮动体制下出现的"这个"社会,其规范取代了法律,而管制和矫正机制取代了固定标准①。弗洛伊德和凯恩斯。无论精神分析如何谈法律,它都属于另一种体制。但在社会中,它并没有最终的言辞:社会是在受管制的浮动体制下形成的,精神分析只是众多机制中的一种,甚至不是最强的一种。它已经贯穿了所有其他的机制,即便当它消失或与其他东西结合在一起时也是如此。

从"低音"线到浮动线,以及其间的各种其他的线(婚姻、慈善、卫生、工业),董泽洛绘制了社会从兴起到扩张的地图。他向我们说明了现代混杂物的诞生:欲望和权力、新的控制需求以及新的抵抗和解放能力,都是在这些线条上组织起来并彼此针锋相对的。"为自己拥有一个空间"就是一种欲望,但也是一种控制。相反,管制机制始终被溢出管制的东西包围着,并从其内部爆发出来。董泽洛让读者自己得出临时的结论,这并不是他冷眼旁观的标志,而是他谈到过的在这个领域中即将完成的著作的方向。

---

① 规范和法律的区别,可以参看福柯的《求知之愿》(*La Volonté de savoir*, Paris: Gallimard, p. 189)。

十、社会的兴起

十一、欲望与快乐[1]

《规训与惩罚》(*Surveiller et punir*)[2]的一个主要问题就是处理权力的配置。从三个方面来说,这个问题对我十分重要:

(1) 自身和与"左翼"的关系:对权力的概括是非常深刻的政治创新,它对立于所有的国家理论。

(2) 对于福柯而言,这个问题可以让他超越《知识考古学》[3](*L'Archéologie du savoir*)中还在使用的话语构成和非话语构成的二元性,解释了这两种类型的构成如何一个部分一个部分地分配或衔接(不是将一个部分还原为另一个,或者将二者等同起来,等等)。这并不是抹杀区别的问题,而是为二者之间的关系找到一个理由。

(3) 还有一个特殊的结果:权力配置既不依赖于压抑,也不依赖于意识形态。打破了那些大家都或多或少接受的各种选项之后,《规训与惩罚》提出了一个规范化和规训的

---

[1] 本文发表于《文学杂志》(*Magazine littéraire*)1994年10月号,n°325。这篇文章原来是德勒兹1977年写给福柯的一封信,那时,福柯刚刚出版了他的《性史(第一卷):求知之愿》(Paris:Gallimard,1976)。这是从 A 到 H 的注释部分,德勒兹请弗朗索瓦·爱华德(François Ewald)帮忙交给福柯。按照这些注释中附带的爱华德的说法,德勒兹希望进一步扩展他与福柯的友谊,那时,在出版了《求知之愿》之后,福柯正在经历一场危机。《文学杂志》略微对本文进行了修改。

[2] Michel Foucault, *Surveiller et punir*, Paris:Gallimard, 1975.

[3] Michel Foucault, *L'Archéologie du savoir*, Paris:Gallimard, 1969.

概念。

我相信,关于权力配置的问题正在向两个方向发展,这两个方向虽然不完全矛盾,但也有着明显的区别。无论如何,权力配置不能还原为国家机器。在前一个方向上,它们合成了一种弥散的、异质的多元性或微观布局。在另一个方向上,它们指向了一个图示、一种抽象机器、内在与整个社会领域的机器(例如,全景敞视主义,界定了不被看到的观看的一般功能,可以应用到任意多样性上)。似乎对这些方向的微观分析同样重要,因为第二个方向说明了福柯并不满足于单纯"散播"的方向。

相对于《规训与惩罚》,《求知之愿》(*La Volonté de savoir*)①更进一步。观点还是一样的:既不是压抑,也不是意识形态。然而,简要点说,权力配置不再满足于做一个规范执行者,它们倾向于充当构成要素(性的构成)。它们不再满足于形成知识的实体,它们构成了真理(权力的真理)。它们不再指向那些在任何情况下都是否定的范畴(疯癫、作为监禁对象的犯罪分子),反而指向了所谓的肯定性的范畴(性)。在《文学半月报》(*Quinzaine littéraire*)上的一篇访谈②中,肯定了最后一点。在这方面,我真的相信,在《求知之愿》的分析中的确有新的进展。危险在于:福柯是否回到了某种类似于一种构成性主体的东西上,为什么他感觉到需要复活真理,即便他让真理变成了一个全新概念?这并不是我自己的问题,但是我认为只要福柯不给出另外的解释的话,必然会提出这样的错误的问题。

---

① Michel Foucault, *La Volonté de savoir*, Paris: Gallimard, 1976.
② 访谈名称为《通向身体内部的权力关系》("Les rapports de pouvoir passent à l'intérieur des corps"),访谈者为鲁塞特·费纳思(Lucette Finas),发表于《文学半月报》1977年1月的上半月版,此文也收录于《言与文》(*Dits et écrits*)第三卷,p.230。

十一、欲望与快乐

对我来说,第一个问题就是福柯在《规训与惩罚》中确立的微观分析的本质。微观和宏观的差别显然不是尺度上的差别,不是微观布局涉及的是更小的组织(如家庭并不比其他形态缺少扩展的能力)。这也不是一个外在的二元论的问题,因为微观布局内在于国家机器,国家机器的各个部门也贯穿了微观布局——两个层面的完全的内在性。那么,其差异是否就是尺度问题?《求知之愿》的某一页明显拒绝了这种解释。然而,这一页内容似乎将宏观与战略模式关联起来,将微观与战术模式关联起来。这让我十分困扰,因为对我来说,福柯的微观布局似乎有一个整体的战略层面(尤其是我们考察一下不可能将它们分开的图示)。另一个方向就是权力关系的方向,如同对微观的确定(尤其参看《文学半月报》上的访谈)。但我相信,福柯并没有提出这一点:他原创的权力关系概念必须和所有其他概念一样,被视为一种新概念。

无论如何,在微观和宏观之间存在着本质上的异质性和差异,尽管这不能排除二者的内在性。所以,我的问题如下:是否这些本质上的差异让我们可以继续谈论权力配置?国家的观念并不能应用在微观分析层面上,因为正如福柯所说,这个问题并不是国家的缩小版。但是权力的观念是否还有其他更多的应用?难道它不是一个整全概念的缩小版吗?

我找到了第一种方式,让我在当下与福柯产生了差别。如果我与菲利克斯·加塔利谈欲望装置(agencement),这是因为我并不确定可以从权力角度来描述微观布局。对我来说,欲望装置表明了欲望绝不是自然的或自发的规定。例如,封建主义就是一个装置,它开启了与动物(马)、与土地、与解域化(骑士历险、十字军)、与女性(庄严的爱和骑士风范)等关联的新关系。还有一些完全疯狂的装置,但它们总是会在历史上被定位。我想说,对我自己来说,欲望在这个异质性的装置中,在这种"共生关系"(symbiose)中循环运行:欲望就是带有确定装置的欲望,一种共生作用的欲望。当然,欲望装置包含了权力装置(例如,封建权力),但它们需要在不同的装置元素中确定下来。沿着一根轴线,我们可以分辨不同的存在状态,在欲望装置下阐释(这里我同意福柯对两种类型的构成或两种类型的多样性的区分)。沿着另一根轴线,我们可以区分出解域化和再辖域化,以及辖域化的运动会导致一种装置(例如,所有的解域化运动都会走向教会、骑士风范、农民)。权力配置会让任意的再辖域化发生,即便最抽象的再辖域化的发生都会浮现出来。所以,权力配置成为装置的一个构成要素,不过,这些装置也包含了解域化的点。简言之,权力配置并不会组合或构成什么东西,相反,欲望装置会按照其中的一个层面来散布权力构成。这让我可以回答一个我必须回答但福柯无须回答的问题:何以会欲望权力?对我来说,第一个差别在于权力是欲望的感受(认为欲望绝不是自然的现实)。所有这些都非常类似。我并没有谈过解域化和再辖域化两种运动之间更为复杂的关系。然而,在这个意义上,首先对我来说,欲望就是微观分析的对象。

在一个我认为十分基础的方面,我十分赞同福柯:既不是意识形态,也不是压抑。例如,陈述或言说,都与意识形态无关。欲望装置与压抑无关。不过,十分明显,在权力配置上,我并不像福柯那样信心十足,我逐渐迷失在它们赋予我的晦暗不明状态的空洞之中。在《规训与惩罚》中,福柯说权力关系实现了规范化和规训。我想说的是它们编码和再辖域化了(我认为在这里,我与福柯的区别不纯粹是术语上的差别)。然而,既然我强调了欲望优先于权力,或者对我来说，权力配置是第二性的特征，那么它们的运行仍然具有压抑性效果，因为它们摧毁的不是作为自然给予物的欲望，而是摧毁了欲望装置的末梢。让我们看看《求知之愿》中最壮观的问题：性装置将性态（sexualité）还原为性（还原为性差异，精神分析在这个还原过程中扮演了重要角色）。恰恰在宏观和微观的边界上，我在这里看到了一个压抑效果。性态，作为一种历史上可以变化的欲望装置（可以通过解域化、流、结合来确定欲望装置），将要被还原为一个分子结构，即性，即便在某种程度上，这种还原不是压抑性的，但这个（非意识形态的）效果本身就是压抑的，因为不仅在潜能上，也在其微观现实层面上，这个装置都支离破碎了。所以，它们只能继续作为幻象存在，幻象会改变它们，扭曲它们，让它们完全变形，或者变成一件可耻的事情……一个小问题引起了我的极大关注：为什么是某些陷入麻烦的人，而不是另外一些人，会更加感到耻辱，或许是更依赖于耻辱？（例如，有遗尿症或厌食症的人并不太受羞耻影响。）所以，我需要一种压抑概念，不是那种压制自发性的压抑，而是一种拥有多个层面的集体装置，而权力配置只是其中的一个层面。

另一个基本要点：我认为这个既不是压抑，也不是意识形态的问题具有一个相关项，事实上它依赖于这个相关项。社会领域不是由其矛盾决定的。矛盾的观念是整体上的不充分的观念，它已经在权力配置中暗含了一种各种矛盾的强大的共性（例如，两个阶级：资产阶级和无产阶级）。事实上，似乎对我来说，福柯在权力理论上的另一个伟大创新就是不自相矛盾的社会，或者很难发生矛盾的社会。不过，他的回答是：它将自身作为战略，它组成了各种战略。我发现这一点太绝妙了。我看到了这个巨大差异（战略和矛盾的差异），需要重读克劳塞维茨在这个主题上的著作。不过我并不满足于这个观念。

我会说,对我而言,一个社会、一个社会领域并不会自相矛盾,但是它会从各个侧面渗漏。首先它逃离了所有的方向。这条逃逸线就是首先出现的线(即便这里的首先不是时间顺序上的首先)。逃逸线并不外在于社会领域,或者说来自它,相反,逃逸线构成了自己的根茎或制图学(cartographie)。逃逸线与解域化运动是同一回事。它们并不意味着回到自然。在欲望装置中,它们就是解域化的瞄准点。在封建主义中,首先形成的就是它所提出的这些逃逸线,就像在10—12世纪时那样,就像资本主义社会的形成那样。逃逸线并不一定是革命的,相反,逃逸线是权力配置试图封印和阻截的东西。在11世纪,所有解域化的线都出现了:最后的侵略;有组织的掠夺和洗劫;教会的解域化;农民移民;骑士的转型;城镇和城市的转型,它们逐渐抛弃了领土模式;货币转型,货币被投入到新的流通中;妇女地位的改变,她们那些端庄优雅的爱情被解域化了,甚至包括骑士的爱;等等。战略附属于各种逃逸线,从属于它们的结合,从属于它们的方向,从属于它们的收敛和分歧。再说一遍,我发现了欲望的首要性,因为欲望恰恰在于各种逃逸线、各种流的汇聚和分流之中。欲望与逃逸线不可分离。所以,似乎对我而言,福柯遇到了一个与我完全不一样的问题。因为如果权力配置在某种程度上是构成要素,那么只有抵抗现象才有可能遭遇权力配置,这个问题涉及这些现象的地位。事实上,它们既不是意识形态,也不是压抑。然后,在《求知之愿》的两页重要的文字里,福柯说道:难道这不会让我说这些现象是虚构的……但他究竟赋予了它们什么样的地位?在这里,有许多不同的方向。(1)在《求知之愿》中,抵抗现象犹如权力配置的倒影(image inversée),它们有着同样的特征、同样的传播、同样的异质性……它们会面对面，但这个方向似乎既会走向死局，也会从其中一边找到出路。（2）这就是《政治周刊》(*Politique Hebdo*)的一篇访谈①指出的方向：如果权力配置是真理的构成要素，如果存在着权力的真理，那么就必然存在着作为反对权力的反战略的真理的权力。于是，对于福柯来说，知识分子的问题，以及他重新引入的真理范畴，尽管他让其依赖于权力而完全重新塑造了这个概念，但他找到了对准权力的武器了吗？我并没有看到如何去做。我等待着福柯给出他在微观分析层面上对真理的重新概括。（3）第三个方向，也就是快乐（plaisir）的方向，身体及其快乐的方向。再说一遍，我还在等待。快乐何以会激发反权力，他如何思考快乐概念？

我认为有三个概念，福柯是用全新的方式来概括的，不过他并没有完整地提出来：权力关系、真理和快乐。

我还有一些福柯没有提出来的问题，因为他已经通过他自己的研究解决了这些问题。相反，为了鼓励我自己，我告诉我自己，从他的问题和感觉中，还有另外一些我并不共有的其他问题。逃逸线、带有集体的历史规定的解域化运动，在福柯的著作中都没有对应的项。我自己并不怀疑抵抗运动具有的地位，因为逃逸线就是第一规定，因为欲望聚集了社会领域，权力配置既是这些装置的产品，也是将它们加以摧毁、加以封印的东西。对于那些声称处于社会边缘上的人物，我和福柯一样感到害怕：我越来越不能容忍浪漫化的疯狂、犯罪、变态或嗑药。但是逃逸线，即欲望装置，在我看来，并不是由边缘人物创造出来的。相反，它们是横贯社会的客

---

① 访谈题目为《知识分子的政治功能》("La Fonction politique de l'intellectuel")，《政治周刊》1976年11月29日和12月5日连载，收录于《言与文》第三卷，p.109。

观的线条，在社会中，边缘人物被定位在这里或那里，组成了一个圈圈、一个漩涡、一个重新编码。所以如果首先给定的社会就是逃逸于它的社会、一切都被解域化的社会，那么我就不需要提出抵抗现象的地位问题。于是，对于福柯和我来说，知识问题和政治问题的地位并不是一回事（我想更深入地解释一下我如何看到我们之间的差别）。

我们最后一次彼此相见，福柯十分友好而亲热地向我说道：我不可能忍受欲望一词，即便你使用的欲望一词如此与众不同；我自己会不禁思考或体会这样一个事实，即欲望＝匮乏，或者说欲望就是压抑。福柯接着说道：那么我所谓的"快乐"或许就是你所说的"欲望"，但无论如何，我需要另一个词，而不是欲望。

再说一遍，很明显，这不是词语区别的问题。我几乎不能忍受快乐一词。但为什么是这样？对我来说，欲望包含了非匮乏，它也不是一种自然的给定。欲望在整体上就是这种正在运作的异质性装置的一部分。它是一个过程，对立于结果或发生。它是一个感受（affect），对立于情感。它是一种此性（haecceité），即一天、一季、一生的个体独特性。与主体性相对立，它是事件，而不是一个人或一件事。首先，它意味着内在性领域的构成，或者无器官的身体，而它只由强度、门槛、程度、流的区域来界定。这个身体既是生物学的身体，也是集体的和政治的身体。在这个身体基础上，组成了装置和分离，这个无器官的身体承担着解域化或逃逸线的衍变。它不断变化着（封建主义的无器官的身体与资本主义的无器官的身体不同）。如果我称之为无器官的身体，这是因为它对立于所有的组织的分层，无论是有机体的组织还是权力的组织。也正是身体组织的群会击碎内在性的平台或区域，会将欲望施加在另一种类型的平台之上，每一次都会将无器官的身体分成各个层次。

如果我说的话令人疑惑,这是因为在我和福柯之间还出现了许多问题:

(1) 我不可能对快乐给出肯定性的评价,因为快乐似乎打破了欲望的内在过程。对我来说,快乐似乎处在分层和组织化一边,这样,欲望被展现为从内部从属于规则,从外部被快乐所管制。我告诉我自己,如果福柯强调萨德,我就与之不一致,相反,我强调的是马佐赫(Masoch)①。这并不是说我是一个受虐狂,而福柯是施虐狂。这样说似乎不错,但并非如此。我对马佐赫的兴趣不是疼痛,而是这样一种观念,即快乐打破了欲望的现实性,并构成了其内在性的平台(同样,或者毋宁换一种方式,在高贵的爱之中,构成了内在性的平台或一个无器官的身体,在那里,欲望不匮乏任何东西,欲望会回避和直接介入打断其过程的快乐)。对我而言,快乐是人和主体让自己走向一个超越它们的过程的唯一方式。这就是再辖域化。从我的观点来看,这正是欲望如何在匮乏规律下引出,并与快乐规范保持在同一条线上的方式。

(2) 另一方面,福柯认为权力配置与身体有着直接和即时的关联,这一点十分重要。我更关心它们如何将一个组织施加在身体上。这样,无器官的身体就是解域化的场所或行为者(因而也是欲望的内在性的平台)。而所有的组织,福柯所谓的所有的生命权力的体系,实际上就是身体的再辖域化。

(3) 我是否能设想如下的等价关系:我的无器官的身体/欲望是否对应于福柯的身体/快乐?福柯跟我谈的身体/

---

① 参看我的书《论萨德-马佐赫》(*Présentation de Sacher-Masoch*, Paris: Éditions de Minuit, 1967)。

肉的区别是否可以放在无器官的身体/有机体的关系当中？在《求知之愿》的一个非常重要的段落中，福柯谈到了生命如何让抵抗理论的地位成为可能。D. H. 劳伦斯写到了他的生命，但并不完全自然，毋宁是一种通过各种既定的装置而不断变化的欲望内在性平台。劳伦斯的欲望概念关系到实际的逃逸线（一个小细节：在《求知之愿》的结尾，福柯使用劳伦斯的方式与我使用劳伦斯的方式正好相反）。

福柯对于正在谈的这个问题有什么进展吗？即，我们如何坚持微观分析的权利（普及的、异质性的、碎片化的角色），并仍然运用某种统一化的原则，这个统一化的原则最后会不会变成类似于国家或政党、集权或代议之类的东西？

首先，对于权力本身而言，我回到了《规训与惩罚》中的两条线索，一方面，微观布局的普及的碎片化的角色，另一方面，图示或抽象机器覆盖了整个社会领域。对我来说，《规训与惩罚》还有一个问题，即微观分析的两个方向（一方面是微观的规训，另一方面是生命政治的过程）之间的关系问题。这就是我在前面注释里说过的东西。在《规训与惩罚》中的观点意味着，不能还原为国家的整体权威的图示，或许让许多细小的布局得到了微观上的统一。现在我们是否应该认为，生命政治过程拥有这种作用？我承认我感觉到这种图示观念是一个相当丰富的观念：福柯是否会在新的地基上重新发现它？

然而，对于抵抗的线条，或者我所谓的逃逸线，我们如何看待关系、结合、连接和统一化的过程？我想说，在集体的内在性领域中，在一个既定时间点上装置得以成形，可以追溯到它们的逃逸线，这个内在性领域也有一个真正的图示。于是，我们必须发现这个复杂的装置可以通过运行连接起来的解域化的线与点，来实现这个图示。在这里，我谈到了战争机器，也谈到了权力配置，但是完全不同于国家机器或军事制度。一方面，我们有国家-权力图示，国家就是一个分子机器，将图示的微观元素变成了一种有组织的平台；另一方面，逃逸线的战争机器图示（战争机器就是一个装置，它将图示的基本元素生产为内在性平台）。只要两种不同类型的平台在这里相交，我就可以停下来：一种组织化的先验平台反对装置的内在性平台。我们会回到之前提到的问题。从这里开始，我就不太清楚如何用福柯现在研究的术语来定位我自己。

[附记：平台或图示的两种对立的状态之所以让我感兴趣，是因为它们以不同的形式在历史中相遇。一方面，我们有组织化和发展的平台，这个平台自然是隐藏着的，但让一切可见的东西可以被看见。另一方面，我们拥有内在性的平台，那里只有速度和缓慢，没有发展，一切都被看到和听到。第一个平台与国家不是一回事，但与之相关联。第二个平台恰恰相反，是战争机器，一种梦幻般的战争机器。例如，在自然层面上，居维叶和歌德都考察了第一种平台，而荷尔德林在《许帕里翁》（*Hypérion*）中，以及克莱斯特，还有更多的人，考察的是第二种类型。于是，还有两种类型的知识分子。在音乐中也是这样，有两种相互冲突的对声音平台的概括。正如福柯分析的那样，权力-知识的连接或许可以解释如下：权力意味着第一种类型的平台-图示（例如，古希腊城邦和欧几里得的几何学）。与之相反，还存在着反权力，它或多或少与战争机器和另一种类型的平台相关，还有各种各样的少数的知识（阿基米德的几何学，或教会几何学，国家实际上就是在与教会几何学做斗争）以及专属于抵抗线条的整全的知识类型，它与其他知识类型并不一样］。

十二、犹太富人[①]

丹尼尔·施密特(Daniel Schmidt)的电影《天使的阴影》(*L'Ombre des anges*)在两座地方剧院上映[麦克马洪(Mac-Mahon)和圣安德烈德萨尔(Saint-André-des-Arts)],有人已经指责这部片子是反犹主义的影片。如往常一样,攻击来自两个方面,得到公认的公共机构要封锁和禁止该片放映,而匿名团体则威胁进行炸弹袭击。于是,讨论这部影片的美妙、新奇或价值变得极其困难。这样做等于是说:电影很美妙,我们可以忽略电影中微小的反犹主义……由于体制的压制,不仅电影似乎实际上消失了,而且它也在精神上消失了,因为它承载着一个绝对错误的问题。

当然,存在着反犹电影。如果某些其他组织反对这部或那部电影,通常是由于某个十分明确的理由。不过,在这种情况下,由于指控过于空洞,它逾界了。我们很难相信人们的眼睛和耳朵。的确,"犹太富人"这样的用词在电影中通常指的是某一个角色。在电影中,这个角色展现了一种"有意图"的魅力,就不会无关紧要了。施密特用如下说法来解释

---

① 本篇文章最初发表在 1977 年 2 月 18 日的《世界报》(*Le Monde*)的第 26 版上,评论丹尼尔·施密特的电影《天使的阴影》。1976 年,法国文化部长禁止了几部电影的放映,而施密特的电影在 1977 年被禁了。包含德勒兹在内的 50 位请愿者签署了一份宣言,反对"不负责任,不去分析电影结构"以及"禁止观看电影的暴力行径"。

了他的电影的根本特征；这些面孔几乎贴近演员，而他所说的几乎贴近这些面孔。结果，犹太富人自己可以说"犹太富人"。演员使用了一套股票术语和股票面孔，从而主宰了一系列的变化。词语"侏儒、矮人"代表着一个令人不安的巨人，在电影中，其姿态和作用恰恰是那些矮人的姿态和作用。纳粹黑话和反犹宣言出自某个无名的小角色，他摊开四肢，把住一张床，或者出自一个异装癖歌手的口中，碰巧他正是前纳粹高官。

如果我们必须考察疯狂指责该片是反犹主义的根基，我们就要考察这些角色是什么人。有一个肺痨病的妓女，她是前纳粹高官的女儿。也有一个"犹太富人"，在房地产上赚得金银满钵，他经常用收租、拆迁、投机等词来谈论他的业务。将他们绑在一起的是一种强大的恐惧感，害怕那个世界会成为那个样子。女人无意识地利用了这种恐惧，发现了一种力量，可以让所有谴责她的人感到不安，这样，无论她如何友善，无论她打算做什么，所有离开的人都会感到受到蔑视。从"犹太富人"的角度来看，他从恐惧中得出的东西是对命运的漠不关心，让恩泽从他身边流过，这个距离已经将他置于另一个世界里了。天使的阴影。所有这些都展现了转变的力量，因为它们拥有力量和恩泽（皮条客的转变也是如此）。"犹太富人"将他的财富归于这样一个体系，这不是作为犹太人的体系，毋宁是依赖于城市，依赖于市政大人物，依赖于警察的体系。但他是从其他地方获得了他的恩泽。

娼妓将她的窘迫的条件归咎于纳粹的倒台，但她也从其他地方获得了她的力量。他们二人都十分脆弱，他们都只是"活"在这个城市里，在这个大墓地里的人。只有犹太人知道他没有被女人蔑视，也只有犹太人遭到了她的力量的威胁。只有女人知道犹太人是什么，他从什么地方得到了他的恩泽。最后,她要犹太人杀了她,因为她已经油尽灯枯,她不再想利用这种她完全不得要领的力量。在犹太人这边,他去找警察,他相信在他的事业的名义下会得到他们的保护,但他也不再想要他的恩泽,这种恩泽已经变得极为不便、极为不确定。你们自己看看这部电影吧。看看屏幕上的影像。我刚刚描述的就是影片清晰的内容。

哪里有什么反犹主义?哪里可能有反犹主义?你挠挠你的头,你的搜寻是徒劳的。难道是"犹太富人"这个词?当然,这个词在电影中非常重要。在有良好教养的家庭里,曾经有段时间,你不会说"犹太人",只会说"以色列人"。但这些家庭恰恰是反犹的家庭。你如何描述一个不是以色列人、甚至不是犹太复国主义(sioniste)的犹太人?你如何描述斯宾诺莎这位犹太哲学家?他被禁止踏入犹太教会,这位商人的儿子,他的天才、力量和魅力都与他是一个犹太人无关,与将他自己描述为一个犹太人无关。这就像禁止在词典里出现某一个词一样:反犹主义联盟宣布所有使用"犹太人"一词的人都是反犹主义者(除非在死者的仪式上使用它)。难道反犹联盟拒绝一切公共讨论吗?难道他们要保留这样一项权利,即决定谁或什么是反犹主义,而不加任何解释吗?

施密特已经说明了他的政治意图,在整部电影里,他以最简单最明显的方式说明其意图十分平淡无奇。旧式法西斯主义,无论它在多少国家里曾经真实存在并手握重权,它都不是我们今天面对的真正的问题。新法西斯主义正在诞生。比起我们正在面对的新法西斯主义,旧式法西斯主义看起来有点光怪陆离,有点民间传说风格(例如电影中的异装癖歌手)。新法西斯主义并不是战争的政治和经济。它完全统一安全,同意维护像战争一样恐怖的"和平"。在我们的街道上,在我们的邻里之间,在我们地方的剧院里,所有的小恐

十二、犹太富人

惧被和谐地组织起来,所有的小焦虑都被利用来塑造我们的微观的法西斯主义,我们被动员起来去阻止每一件小事,提防所有可疑的面孔、所有不和谐的声音。"从30年代开始,我就不喜欢法西斯主义的电影了。新法西斯主义更为细微,更为隐蔽。或许正如在我的电影里一样,法西斯主义就是隐藏在社会背后的分离力量,在那里社会问题得到了解决,但焦虑问题只是遭到了遏制。"①

如果施密特的电影遭到了禁止和阻碍,这都不是反犹主义战斗的胜利。这是新法西斯主义的胜利,在前一种情况下,我们可以问问我们自己:即便这是一个说辞,难道存在着说辞的阴影吗?只有天选的少数人才能回忆起这部电影的美,回忆起它在政治上的价值,以及它如何遭到压制。

---

① 施密特的访谈,《世界报》,1977年2月3日。

十三、论新哲学家,以及一个更一般的问题[1]

问:你如何看"新哲学家"?

吉尔·德勒兹:不怎么样。我可以给出两个理由说明他们的思想很空洞。首先,他们喜欢用一些大概念,这些概念大都肿胀得像个脓包:法律、权力、主人、世界、革命、信仰等等。那么,它们还创造了一些怪异的组合,粗俗的二元论:法律和早饭、权力和天使。其次,思想越羸弱,思想家越重要。表达主题本身都十分严肃地与一些空洞的命题相关("是我在说话,我很勇敢,很清醒……,我就是基督的卫士……,我属于失去的一代……,1968年五月风暴的时候我们都在那里……,我们不会再次被愚弄……")。这两个修辞手段破坏了他们的工作。在很长一段时间里,各个学科的人们都试图避免这些圈套。我们已经试图用好的阐释来创造概念,一些有着极端差别的概念,来避免这种粗俗的二元论。我们试图发掘出其**创造性的功能**(fonctions créatrices),他们不再需要一个**作者-功能**(fonction-auteur)去激活(在音乐、绘画、声音-视频艺术、电影中,甚至在哲学中)。完全回到作者,回到一个空洞而苍白的主体,以及回到粗陋的概念原型,代表一个

---

[1] 这篇文章是《午夜》(*Minuit*)杂志1977年5月的第24期上的附录,这篇文章标注的日期是1977年6月5日,当时出现了大量有争议性的作品,都标为"新哲学",在书店里免费分发或销售。

相当麻烦的反动的发展。与哈比(Haby)的改革有着异曲同工之妙:对哲学课程的明显的简化。

问:你之所以这样说,是因为贝尔纳-亨利·列维(Bernard-Henri Lévy)在他的书《带有人的面孔的野蛮》(*Barbarie à visage humain*)①中十分强烈地批判你和加塔利吗?

德勒兹:不要胡扯。列维说在《反俄狄浦斯》和"保卫那些正在腐化的粪便中的腐烂的东西"(他的原话)之间存在着极深的关联。在《反俄狄浦斯》与嗑药上瘾之间有着极深的关联。至少他把嗑药上瘾当成笑话。但当他说 CERFI② 是种族主义者时,他是在要诈。有一段时间,我曾想谈一下新哲学家,但我不知道如何去谈。他们会马上对他们自己说:看看他多么嫉妒我们的成功。他们全部时间、全部身心都投入到攻击、反攻击、反反攻击上。我没有时间,只能回应他们一次。就是这次。对我来说,情况改变来自奥布拉尔(Aubral)和德勒古尔(Delcourt)的书《反新哲学》(*Contre la nouvelle philosophie*)③。他们俩真的想分析这种新思想,结果真的很搞笑。这本书就是呼吸新鲜空气。他们第一次说道:"够了!"他们甚至在电视真人秀节目《撇号》(Apostrophes)上直接与新哲学家面对面。所以,用敌人的话来说,一个小神仙告诉我要站边奥布拉尔和德勒古尔,要勇敢些,有勇气并保持悲观。

问:如果他们的思想很空洞,你如何解释他们的成功?为什么他们会得到大人物的鼓励和支持,譬如说索尔莱斯

---

① Bernard-Henri Lévy, *Barbarie à visage humain*, Paris: Grasset, 1977.

② CERFI,即菲利克斯·加塔利创立的制度机制性教育与探索研究中心(Centre d'Etudes de Recherche et de Formation Institutionnelle)。

③ François Aubral et Xavier Delcourt, *Contre la nouvelle philosophie*, Paris: Gallimard, 1977.

(Sollers)？

德勒兹：我们在这里要提出几个不同的问题。首先，法国长期以来臣服于文学"学派"的风尚。这个学派很恐怖：总是会有位大师发表诸如"我就是先锋"的宣言和口号，动不动将人革除教籍，进行宗教式裁决，板着一幅政治的面孔等等。作为一个普通规则，如果你的说法只是"我属于这个或那个学派"，那么你有权利认为你已经浪费了你的生命。无论如何，无论学派多么糟糕，我们都不能说这些新哲学家是一个学派。他们没有什么新意：他们并没有构成一个学派，相反，他们给法国引入了文学或哲学的市场。市场有着其独特的逻辑：(1) 你可以谈这本书，或者让这本书成为谈论的话题，而不是让这本书去谈。在理论上，你可以有报纸论文、访谈、会议和广播节目来取代书籍，书籍根本不需要存在。新哲学家所做的工作不是去写书，而是去写他们能得到的论文，去上他们掌控的报纸和广播节目，给一个他们可以谈的访谈，写一个他们可以写的书评，或者在《花花公子》上亮相。在这个层面上，他们付出了努力，在这种组织程度下，意味着一种排斥了哲学的行为，或者至少是不包括哲学。(2) 从市场角度来看，同一本书或产品应该有好几个版本，这样才能吸引所有人：一个虔诚的版本，一个无神论的版本，一个海德格尔式的版本，一个左翼的版本，一个中间派的版本，还有一个新法西斯主义的版本，一个雅克·希拉克(Jacques Chirac)的版本，一个略有差异的"左翼联盟"的版本，等等。于是，按照个人喜好来分配各种角色就十分重要了。有一位在克拉维尔(Clavel)的糟糕透顶的马布斯(Mabuse)博士，他是福音会的变种。他的两个助手，斯波里(Spöri)和佩什(Pesch)就是冉贝(Jambet)和拉德罗(Lardreau)（他们想挑衅尼采）。拜诺瓦斯特(Benoist)就是一匹赛马，他是内斯托(Nestor)。列维有时候是经理,有时候又是场记,有时候又是快乐的脱口秀主持人,有时候又是流行音乐播放员(DJ)。让·考(Jean Cau)认为这就是"彻底的可怕的纨绔子弟"。法布尔-卢斯(Fabre-Luce)是格鲁克斯曼(Glucksmann)的使徒。而本达(Benda)的书被重印了,这是为了他神职上的好处。多么愚蠢的一伙人。

索尔莱斯是最后一个以旧式风格,以教皇、革除教籍和宗教审判的方式建立了一个学派的人①。我认为,当索尔莱斯理解了一种新的事业正在路上时,他盘算着,为什么不打造一个联盟呢,他不这样做就太蠢了。他是一个后来者,但他做得不错。在这里有些新东西:哲学书籍的市场化。这是一个新观点,首先需要有人来"做"。新哲学家引入了作者功能,炫耀空洞的概念,这些反动的进展并没有阻止一种深刻的现代主义、一种打折扣的景象和市场位置的分析。少数新哲学家感觉到自己技艺精湛,并好意地走向这个方向,至少从自然主义或昆虫学家来看是这样。但我很不一样,因为我的观点是畸形学的:这很恐怖。

问:如果这真的是市场问题,为什么我们要等待新哲学家,为什么现在只出现了他们的思想?

德勒兹:有几个理由会超越任何一个人的控制。安德烈·斯卡拉(André Scala)最近分析了记者和作家之间、媒体与书籍之间的颠倒的关系。新闻界,通过广播电视,已经逐渐实现了它制造事件的潜能(控制消息、水门事件、投票等等)。正如新闻界越来越少关心外部事件,因为它们已经制造了很多它们自己的事件,它们也越来越少需要外部分析,

---

① 指的是围绕着《泰凯尔》(*Tel Quel*)杂志形成的团体,菲利普·索尔莱斯是其中的主要领袖。

包括"知识分子"和"作家"的投票。新闻界发现它们内部有一种自主而充足的思想。这就是为什么如果我们将这根线条追溯到极限，一本书的价值就远远不如关于这本书的报纸文章，或者书创造之后的访谈。如果要服从这个规范，知识分子和作家，甚至艺术家，都不得不变成记者。这是新的思想类型，即访谈-思想、对话-思想、声位-思想。我们可以想象一本谈论报刊文章的书，而不是相反。记者和知识分子之间的权力关系发生了转变。一切开始于电视，专门的电视节目会驯服有想法的知识分子。媒体不再需要知识分子。我并不是说这个颠倒，即对知识分子的驯化，是一场灾难。这就是事情的进展：正是当写作和思想开始放弃作者-功能、当创造不再需要作者-功能来激活时，作者-功能需要由广播电视、新闻界来指派。记者变成了新作者，想要成为作者的作家必须借助记者，甚至让自己成为记者。一个早就有点不太令人相信的功能，通过改变其位置和对象，重新抓住了现代性，并找到了新的指向。这就是让知识分子产业在市场上成为可能的原因所在。今天的电视、广播、媒体还有其他用途吗？当然，新哲学家对这些东西不感兴趣。我愿意将全部时间都用来谈谈这个问题。

这就是他们的思想在今天出现的另一个原因。长期以来我们处在选举（électorale）时代中。不过，选举并不是特殊的场所，也不是日历上的某个特殊日子。选举更像是一个格栅（grille），影响了我们理解和感知事物的方式。一切都是在这个格栅上描绘出来，其结果是发生扭曲变形。今天选举的特殊条件已经提升了日常胡扯的水平。新哲学家从一开始就将自己印刻在这个格栅上。他们其中一些人为什么立即反对左翼联盟，而另一些人想给密特朗提供一个更好的智囊团，这根本不是什么问题。在与左翼的对立当中，这两种趋势是完全一样的,不过在他们的书中,一些主题上的统一性很早就奠基了:对1968年五月风暴的憎恨。他们要竞争看看谁怼五月风暴更多一些。在憎恨中,他们建立了他们的表达主题:"68年我就在那里(?),我们告诉你,这很愚蠢,不值得再去这样做。"这就是他们想要告诉我们的全部:1968年的苦涩。那么,在这个意义上,他们完全符合当下的选举格栅,无论他们的政治方向如何。一切都通过这个格栅过滤了,这并不是因为实际斗争揭露出新的敌人、新的问题或新的解决方案。这纯粹是因为必须要宣布革命在任何地方、任何时间都是不可能的。这解释了为什么从一开始,以完全不同的方式起作用的这些概念(权力、抵抗、欲望甚至"平民")再次在权力、法律、国家等的统一体下集中起来。这也能解释为什么思考的主体已经做出了一个反击:就新哲学家而言,革命的唯一可能就是那些认为革命不可能的思想家的行为。

对于新哲学家写的殉教史,我真的发现很恶心:古拉格和历史的殉难者。他们靠尸体为生。他们发现了见证者-功能,它完全弥补了作者-功能和思想者-功能(参看《花花公子》的问题:我们就是见证者……)。但是,如果受难者像我们的新哲学家一样思考或说话,就不会有任何受难者了。受难者以完全不同的方式来生活和思考,他们提供的材料打动了新哲学家,而新哲学家用他们的名义抽泣,用他们的名义思考,用他们的名义给我们上道德课。那些曾冒着生命危险的人思考的是生命,而不是死亡,不是苦涩,也不是病态的虚荣。抵抗的战士们通常都会珍爱生命。没有人因为孱弱无力和悲观厌世而被投入监狱,情况恰恰相反。从新哲学家的角度来看,受难者上当了,因为他们并没有理解新哲学家所理解的东西。如果我归属于一个联盟,我会向新哲学家抱怨说:他们对古拉格的囚犯们太不尊敬了。

问:当你谴责市场时,你是否在捍卫旧式书籍,或者旧式的学派?

德勒兹:都没有。我并不认为这个选择有必要:要么市场,要么旧式风格。这是一个错误的选择。刚刚发生的一件有趣的事情,逃避了这个错误的选择。我们看看音乐家是如何工作的,或者说那些在科学领域工作的人,或者某些画家是如何开展工作的,以及地理学家如何组织他的研究[参看《希罗多德》(*Hérodote*)杂志]。在你面前出现的就是各种各样的相遇者。这并不是学术会议或讨论。在一个学科里工作,你会遇到一些在其他学科里工作的人,仿佛解决方案来自他处。这并不是知识比较和类比的问题。学科交叉是真实存在的,不同的研究线索彼此交叉。例如(这个例子非常重要,因为新哲学家不断地在谈哲学史),安德烈·罗比内(André Robinet)用计算机翻新了哲学史,于是他必然与泽纳基斯(Xenakis)相遇。正是数学家能够发展和修正一个极为不同的自然问题,但这并不意味着问题在数学上得到了解决,这意味着数学包含着一个数学的序列,它可以与其他序列相结合。新哲学家对待科学的方式让人震惊。通过你所做的工作,遇到音乐家、画家或其他学者所做的工作,这是最实际的结合,绝不会走向旧式的学派或新的市场。其**独特的点**(points singuliers)在于构成这种创造的东西,创造性功能不依赖于且远离了作者-功能。不仅仅不同学科的交叉是真的,所有的学科,所有学科的所有分支,无论多么细小,都已经由这些偶然相遇组成了。哲学家必然来自别处,这并不是说哲学依赖于你可以在任何地方发现的奇妙的大众智慧,而是说所有的偶然相遇创造了一个新的装置的位置，甚至它同时界定了这些装置的新用途，就像野人音乐家或盗版电台一样。于是，在任何时候，创造性功能都会摒弃作者-功能，你会看到作者-功能会在"提升"的新方向下寻求庇护。或多或少可以看到这一系列的战斗：电影、广播、电视都有可能形成罢黜作者的创造性功能，只有媒体的折中主义的用法才能为作者功能的重建提供庇护。最近，大制片公司开始提出导演的电影，所以让-吕克·戈达尔现在有机会在电视上实现某种东西的创造性。但强大的电视组织已经有了自己的作者-功能，它们用此来压制创造。当文学、音乐等征服了新的创造领域时，媒体重建了作者-功能，媒体肯定要窒息自己的创造性功能，更不用说窒息文学的创造性功能了。我们回来谈谈新哲学家：只要那里有点嗡嗡声作响，他们就会关上窗户。这就是窒息，闷死。这就是对政治和实验的彻底否定。总而言之，对于新哲学家，我的问题就是他们所做的事情就是狗屎，书籍和媒体之间的新关系基本上是反动的。他们很新，是的，但也是最高层次的折中主义。新哲学家本身并不重要。即便他们明天消失了，他们的市场化的事业也会一遍又一遍地重复。这种市场化的事业代表着让思想臣服于媒体。同样，思想为媒体提供了最低限度的知识保障和心灵的和平，窒息了所有可以让媒体得到变化的创新想法。我们在电视上看到的蹩脚的讨论，以及愚蠢自恋的导演电影，让真正在电视上和其他地方的创新变得少之又少。记者和知识分子之间的新的权力关系，知识分子看媒体颜色行事的情形，我想给出一个纲领：拒绝，创造出更多的需要，成为生产者，而不是作者，作者只能展现出家族式的傲慢，或者一个雇佣丑角的光辉。贝克特和戈达尔谈到了如何去创造，他们也以不同的方式来进行创造。在电影、视频艺术、科学、书籍等之中有很多可能性。但新哲学家患上了这种疾病,即他们试图窒息所有的创造。在他们的作品中寸草不生,但是如果他们可以长期占据这中心舞台,给任何创造性的东西献上死亡之吻,那么他们将会实现他们的功能。

十四、欧洲错误的道路[①]

德国政府要求引渡克瓦桑先生,法国上诉法院将于11月2日来讨论这个问题。为什么这次审判会成为如此重要的事件?

德国政府提交了第一个案子,随后会提交更多案子。克劳斯·克瓦桑(Klaus Croissant)行事像个律师是错的,换句话说,他让人们都知道斯图加特的囚犯被羁押是错的:他们负有组织绝食罢工,暗杀威胁的罪名,还有他们行动的动机。如果将克劳斯·克瓦桑与恐怖分子或推定为的恐怖分子联系起来,政府也错了[法国民族解放阵线(FLN)的律师也面对同样的指责]。我们是否能猜测法国政府告知了德国政府第一个案子十分荒谬,所以,德国政府迅速利用所有可能处于他们掌控下的手段,提交了其他证据?

不过上诉法院的决策非常重要,这不仅是因为引渡的动机似乎是基于政治,而不是公众意见。也不仅仅是因为在当

[①] 与加塔利合作创作,发表在1977年11月2日的《世界报》的第6版上。这篇文章是针对引渡克劳斯·克瓦桑的要求而写的,这位律师为革命派恐怖组织"巴德尔组织"(红军旅)的多名成员辩护。7月10日之后,克瓦桑就在法国寻求庇护,9月30日,克瓦桑在巴黎被逮捕。公诉人雷博曼(Rebmann)指控他"在他的办公室里组织了一场旨在颠覆联邦德国政府的恐怖主义行动"。而他的办公室成为"攻击预备期间的驻留场所"。尽管在德国、法国和意大利都爆发了大规模抗议和游行,但巴黎上诉庭仍然宣布在11月16日引渡克瓦桑。很快,克瓦桑就会被引渡。

下情况下,引渡克劳斯·克瓦桑意味着将他移交到一个法律体系处于例外状态的国家,在那里,他很快就会在监狱里被迅速灭口①。(如果德国出现了新的恐怖分子行动,克瓦桑会发生什么事呢?)

这就够了,还有更多事情。最近的事件已经让德国政府对于其他欧洲政府,甚至对一些非洲国家政府持有一种强硬立场。德国的立场要求这些政府采取一种特别的压制政策,或者让他们的警察在他们的国土内起点作用(参看对巴塞罗那、阿尔及尔、达喀尔机场等地的要求)。德国政府教训其他国家政府,给它们上课,奇怪的是,只有意大利除外,或许是因为卡普勒(Kappler)事件②。德国媒体处在这样的情形中,即法国报刊复制它们的文章,复制还没有跟它们说一下:《法国晚报》(France-Soir)成为斯普林格(Springer)集团的外省版,而《费加罗报》上奥默森(Ormesson)的关于对恐怖主义各种行动的反击的提议是,杀死那些已经宣布获得自由的羁押人员。而波音和斯图加特事件的两名幸存者开始陷入沉默的阴谋,他们的宣言对于任何研究来说都是非常重要的元素。

简言之,联邦德国正在出口它的司法、法律和"情报"(informatif)模式,成为高水准的镇压组织者,并毒害着其他国家。这种情形强化了法国上诉法院做决策的价值。我们上诉法院授权引渡克瓦桑,就会抛弃它近来的法律,同时也失去了自己的勇气,无论如何,这就等于进口了德国政府和司法模式。

---

① 10月18日,安德雷斯·巴德尔(Andreas Baader)和其他两名"帮派"成员在他们的监室自杀了,而那里的环境十分可疑。

② 德国拒绝引渡罪犯卡普勒到意大利,在逃离意大利后,卡普勒回到德国,而他已经在意大利被判刑。

十四、欧洲错误的道路
133

在德国,政府和媒体竭尽所能,让斯图加特的囚犯用和纳粹领袖"一样的方式"自杀:这是为了避免选择一种恶魔般的选择,也避免令人绝望(这些人不仅输了,而且他们成为社会的遗弃者)。政府和媒体愚蠢地谈到了"瓦格纳的戏剧"。与此同时,德国政府已经变形成为纽伦堡审判。即便法国的左翼报纸都在跟风,问道巴德尔究竟是希特勒的儿子,还是施莱尔(Schleyer)自己的孩子[①]。我们在找父子关系吗?那么我们不要忘记暴力和恐怖主义问题,是对帝国主义暴力的回应,从20世纪以来,暴力和恐怖主义就不断占据着和分化着革命和工人运动。对于巴德尔及其组织声称所代表的第三世界的人民,他们认为德国是镇压的最主要的代言人,我们现在还需要提出同样的问题。斯图加特的囚徒们并不是法西斯的领袖,或者以挑衅形式谋求法西斯主义的人。德国政府不是纽伦堡法庭,法国法院也不是这样一个法庭的跟屁虫。克瓦桑不是不讲证据就加以控告的受害者,更不是当下媒体声讨的受害者。

有三件事与我们直接相关:(1)在有组织的控告体系下,许多德国左翼有可能发现他们在德国的生活越来越无法忍受,不得不离开他们的国家。(2)相反,克瓦桑会被引渡,并送回到德国,在那里冒着最糟糕的风险,或者他被驱逐到一个他"选择"的国家,而在那里他并不受欢迎。(3)作为整体的欧洲会逐渐处于德国所主张的控制之下。

[①] 汉斯·马丁·施莱尔是德国雇主联合会的主席。他被红军旅的成员绑架了,要求政府释放十名他们组织的成员,来换取施莱尔获释。10月20日,人们发现了施莱尔的尸体。

十五、药品二问[①]

我只想问两个问题。显然,没有人知道怎么处置药品,而不是那些嗑药的人。但是也没有人知道如何谈论药品。一些人谈到了不那么难以描述的快乐,但是预设了药品。另一些人使用了非常一般的、外在的因果性(causalité)来解释药品(如社会学考察、传播和不可传播性、年轻人的状况等等)。第一个问题是:药品是否有特殊的因果性,我们是否能探索这个方向?

特殊并不意味着"形而上学的"或独一无二的科学(如化学)的因果性。它不是一个其他一切东西都依赖于它,将它作为一个动因的基础结构。它意味着图绘出**药品集合**(ensemble-drogue)领域或轮廓。我用一个完全不同的领域作为例子:精神分析。无论我们怎么反对精神分析,还是会有如下事实:它试图确立一个维度的特殊的因果性,不仅包括神经官能症,而且还有各种各样的心理形态和心理产品(如梦、神话等等)。简言之,通过说明欲望如何带来了一整套记忆痕迹和感受,它追溯到其特殊的因果性。问题并不在

[①]《药品二问》是编者加的题目。本文收录于弗朗索瓦·夏特雷、德勒兹、埃里克·热奈瓦(Erik Genevois)、加塔利、鲁道夫·安戈尔德(Rudolf Ingold)、努马·缪萨尔(Numa Musard)、克劳德·奥利文斯坦(Claude Olivenstein)合著的《药品上瘾的问题在哪里?》(*Où il est question de la toxicomanie*, Alençon: Bibliothèque des mots perdus, 1978)。

于这种特殊的因果性是否正确。关键在于搜索这种因果性，通过这种因果性，精神分析让我们避免了寻常的看法，即便这样只会陷入其他的神秘化体系当中。在药品现象面前的精神分析足以说明那种药品拥有完全不同的因果性。但我的问题是：我们是否能思考一种特殊的药品的因果性，在哪个方向上思考？例如，对于药品，有某种独一无二的东西，在其中，欲望直接覆盖感知体系。这就是完全不同的东西。我所谓"感知"，既有内感知，也有外感知，尤其是时空感知。药品类型的区别是次要的，它从属于这个体系。似乎对我来说，有一点时间，研究向这样一个方向前进：法国的米肖（Michaux），还有其他方式，如美国的垮掉的一代，更不用说卡斯塔尼达（Castaneda）等等。他们想知道药品如何提升速度、改变速度、改变感知的界域、形式和运动，还有微感知，分子层面上的感知，超人或亚人时间，等等。是的，欲望如何直接进入感知，直接覆盖感知（导致药品的消除性别的现象）。这个视角可以帮助我们发现与更一般的外部因果性的关联，而不会有所损耗。于是，感知的角色，在当代社会体系下的感知的诱惑，让菲尔·格拉斯（Phil Glass）说道：药品在任何情况下都会改变感知上的问题，即便对不嗑药的人来说也是如此。这个观点会导致人们更重视化学研究的价值，而不会让其蜕变为一个"科学"概念。如果真的有一些人沿着这个方向前进，即研究这种自动的欲望感知体系，今天它为什么部分被抛弃了？尤其是在法国？关于药品的话语，关于嗑药和不嗑药的话语，关于作为使用者的医生的话语已经陷入了巨大的混淆。或者说，这是否是错误的印象？是否不再需要研究其特殊的因果性？我十分看重的特殊因果性的观念是一个中立的观念，即既可用于药品试用也可用于治疗的观念。

第二个问题是：我们如何考察药品的"拐点"，我们如何决定在什么时候会发生这个拐点？这个拐点是否会很快发生？而诸如失败、灾难这样的材料是否是药品-平台上的一个必要部分？这就像一个"拐角"运动。嗑药者创造了积极的逃逸线。但这些线条蜷曲着，开始在黑洞中旋转，每一个嗑药者都处在自己的洞穴里，无论是集体嗑药还是个体嗑药，就像长春花一样。"沮丧而不是失效"，加塔利这样来谈它们。在嗑药的基础上，通过幻象、谵妄、错误感知、幻想、妄想波，微感知逐渐被覆盖了。阿尔托、米肖、伯勒斯，他们都知道他们所说的东西，他们憎恨"错误的感知"和"坏的感觉"，对他们来说，错误的感知既是一个背叛，也是一个不可避免的结果。在那里，所有的控制都消除了，卑贱的依赖体系开始了，他们依赖于产品，依赖于撞击，依赖于幻想的产物，依赖于药品商，等等。两件事情必须抽象地分开：生命实验的维度以及死亡实验的维度。一旦任何尝试抓住了你，掌控了你，生命实验就开始了，它建立了越来越多的联系，让你向各种联系敞开。这种类型的实验会导致自我毁灭。它可以用同伴或初阶产品来取代：烟草、酒精、药品。只要这种破坏性的流不会反噬自身，而是与其他的流合并，无论其有多危险，这都不是自杀。恰恰相反，倘若一切事物都还原为这股流，才会发生自杀："我的"撞击、"我的"幻觉、"我的"镜子。这是连接的反面，这是有组织的断连。与服务于多个主题和活动的"主旨"不同，这是单纯、扁平的发展，就像原型的设定，嗑药只是为了嗑药。这就会导致愚蠢的自杀。这是一根单线，它的各个部分跟随着不断改变的韵律："我不喝了——我又开始喝了"，"我不嗑药了——现在我又开始嗑药"。巴特松已经说明"我不喝了"何以就是酗酒的一部分，因为其明显的证据是这个人现在会开始另一场豪饮。嗑药上瘾者总是停止嗑药，因为这证明了他能够嗑更多的药。在这个意义上，上瘾始终就是解毒。一切事物都可以还原为带有两个选项的阴沉的自杀线，即连接的对立面和多元交织的线条。自恋、极权主义、讹诈、毒液——只有神经官能症相当严重的嗑药上瘾者才会怼天怼地，扩散他们的病态，给世界强加他们的状态（突然，精神分析似乎就是一种温性的药品）。为什么以及何以是这种经验，即便当它自我毁灭时，仍然富有勃勃生机，变成一种一般化的死亡活动、单线条的依赖性？它是否可以避免？如果有一个准确的点，那么治疗就可以从中介入。

或许我的两个问题汇集在一起了。在药品的特殊因果性的层面上，我们才能理解药品变得如此糟糕，并改变了它们自己的因果性。再说一遍，欲望直接介入了感知，这是一件非常奇怪、非常壮丽的事情，是一片未知的大陆。但是幻象、错误的感知、妄想的波动以及一长串依赖性——它们都太过令人熟悉，即便它们在上瘾者那里不断重复上演，上瘾者将自己作为实验品，堪称现代世界的骑士，或者一个败坏意识的普遍的供养者。从一个到另一个，会经历些什么？嗑药上瘾者是否会用新的欲望-感知体系的经历来获得他们的优势，或者单纯是讹诈他们自己？两个问题在什么地方汇聚在一起？我有印象，没有一个过程是现在才出现的，还没有做出很好的研究。当然，要做的工作不仅仅是回答这两个问题，但是，甚至没有一个人能在当下理解它会在什么地方。那些知道这个问题的人，上瘾者或医生，因为他们自己或因为他人，似乎都放弃了他们的研究。

十六、让本身无法听到的力量被听见[1]

为什么我们不是音乐家?

皮耶尔·布列兹(Pierre Boulez)的方法选择了这五部音乐作品。这些作品的关系不是承袭关系或依赖关系。它们不是从一部到另一部作品的进步或演化。似乎这五部作品大致上是偶然选取,形成了一个循环,它们开始彼此做出反应。这样编织出一组潜在的关系,从这种关系中可以得出只应用到五部作品上的音乐时间的特殊轮廓。你很容易想象布列兹也可以选择另外四部或五部作品:你有一个不同的循环、另一种相互作用、另一种关系、另一种独一无二的音乐时间的轮廓或时间之外的不同变量。这并不是一个一般化的方法。这不是用音乐作品当成音乐范例,来达到某个时代的问题,在那个时代里,我们可以说:"这就是音乐的时代。"问题在于在某种确定的条件下,用某些有限的、既定的循环来提出特殊的时代轮廓,潜在地将这些轮廓用来创造出各个变量的真正的图谱。这种关于音乐的方法正好也可以用到一千种其他事物之上。

在布列兹选取的特殊的循环中,特殊的时代轮廓并不会

---

[1] 本文发表于1978年2月的法国音响音乐研究所(IRCAM)的一次综合会议上。编入本书时经过了修订。

穷尽一般意义上的音乐时代的问题。我们看到了从脉冲（pulsé）时间中出现的非脉冲时间，即便这种非脉冲时间可以变成一种新的冲动形式。第一部作品［李盖蒂（Ligeti）的作品］说明了从某种冲动中如何出现非脉冲时间；第二部、第三部和第四部作品进一步说明了非脉冲时间的不同侧面；第五部即最后一部卡特（Carter）的作品说明了非脉冲时间如何走向一种原创的新冲动形式，一种非常特别的新冲动。

脉冲时间和非脉冲时间是非常不同的音乐，但它们也是某种其他东西。需要知道的问题是，是什么组成了这种脉冲时间。这种浮动的时间或多或少对应于普鲁斯特所谓的"一点点处在纯粹状态下的时间"（un peu de temps à l'état pur）。这种非脉冲时间最明显和最直接的特征就是绵延，摆脱了所有刻度的时间，包括规则的刻度或不规则的刻度、简单的刻度或复杂的刻度。非脉冲时间首先将我们放置于异质时间的、质性的、非和谐一致的、非交流性的绵延的多样性当中。所以，问题很清楚：这些异质时间的、多样的、非和谐一致的绵延如何连接起来，因为似乎这无法诉诸最一般最经典的解决方案，那些方案依赖于心灵，对所有生机勃勃的绵延给出一个共同尺度，或公共的韵律。从这时起，这种解决方案行不通了。

转向一个完全不同的维度，我认为当生物学家现在谈论韵律的时候，他们发现了类似的问题。他们也不太相信异质性的韵律，可以在统一形式的支配下衔接起来。他们并不试图解释不同生命韵律之间的关联，例如从能够将它们统一起来的高级形式，甚至从基本过程的规则或不规则的序列来谈24小时的节奏。他们寻求的解释完全不同，在亚生命和内生命的层次上，他们所谓的分子振荡的布局可以贯穿整个异质性体系，在振荡分子结合的地方，它们能贯穿各种群组和异质分化的绵延。这个连接过程不依赖于某个可以统一的或已经统一的形式、尺度、节奏或者任何规则或不规则的尺度,而是依赖于某种分子聚合行为,它贯穿了不同的层次和不同的韵律。我们并没有应用隐喻来谈一个音乐上类似的发现,即声音分子,而不是音符或乐音。声音分子,聚合在一起,能够贯穿韵律所有的异质性层次和绵延的层次。在这里出现的就是非脉冲时间的第一个规定。

存在着不能还原为一个主体(我)的个体化类型,或者说,甚至它不能还原为一个形式和材料的结合。一个风景、一段时间、一天里的一个小时、一生或生命的某一个片段……以其他方式在前进。我们感觉到音乐中的个体化的问题非常复杂,是一种次生的悖论型个体化。在音乐中我们可以把什么称为一个片段、一个小片段的个体化?我想从最基本的层次、最容易表象的层次开始。一段音乐可以让我们想起一个风景。这样,在普鲁斯特作品中的著名的斯万的例子:布洛涅的森林和樊伊特(Vinteuil)的一个片段。要么通过联想,要么通过所谓的联觉现象,声音可以激发颜色。歌剧中的主题最终可以联系到具体的人,例如,瓦格纳的主题通常会设定一个角色。这样的聆听模式并不是空洞的,或者说不是毫无旨趣的,或许在某个放松的水平上,它甚至是一个必然的过程。在更高的张力层次上,声音不仅仅指向一个风景,而且音乐本身就包含了其中的不同的声音景象(如李斯特的音乐)。我们同样可以谈颜色的观念,认为各种绵延、韵律、音色本身就是各种颜色,附加在各种可见颜色之上的不同的声音颜色,它们与可见颜色不一定有同样的速度或同样的过程。对于第三种观念,即人物的观念也是如此。我们想象一下与某个人物角色相关联的歌剧中的主旨。然而,瓦格纳的主旨不仅仅与某个外在人物相关,它们变化着,在非冲动的浮动时间中具有自律的生命,在那里它们本身就成为音乐中的人物角色。

这三种不同的观念,即**声音风景**、**可听到的颜色**和**韵律式人物**,似乎就是非脉冲时间生产出它特殊的个体化的各个方面。

我相信,所有的方向都会引导我们不再从实体-形式来思考。在某种程度上,在各个方面,我们不再相信从简单到复杂、实体-生命-心灵的等级秩序。我们甚至认为生命就是物质的简化,我们或许认为生命的韵律不会在精神形式中找到统一体,相反它只能在分子聚合中统一起来。所有的实体-形式的等级秩序,或多或少带有基本实体、或多或少在学术上的声音形式,难道不就是让我们不再聆听、让作曲家不再进行创作的东西吗?业已形成的是一个非常复杂的声音材料,而不是已经具有某种形式的基本实体。发生在复杂的声音材料之间的聚合,以及那些本身不是声音的力量,变成了声音,或者通过让它们变成实体的材料变得可以被听到。这就是德彪西的《风与海的对话》(*Dialogue du vent et de la mer*)。这个材料让那些本身无法被听见的力量,如时间、绵延甚至强度,都可以被听到。**物质-力量**(matériau – forces)的配对取代了**实体-形式**(matière-forme)的配对。

布列兹:《碎裂》(*Eclats*)。所有复杂的声音材料,以及声音的消逝,就是让两种没有声音的拍子变得可以感觉到、可以听到。一个可以定义为一般意义上的生产时间,另一个可以定义为一般意义上的冥思时间。所以,简单的实体-声音的形式告诉我们,实体被复杂材料和无法感知的力量之间的配对所取代,那种无法感知的力量只能通过材料才能被感知到。这样,音乐不再局限于音乐家,在某种程度上,声音也不是音乐唯一的基本元素。其元素是所有的非声音的力量,作曲家加工出来的声音材料让其变得可以被感知，这样，我们甚至能够想象这些力量之间的差别、这些力量完全不同的演出。我们面对着与之类似的任务。在哲学上，古典哲学提出了思想的基本实体，这种类型的流可以让思想从属于某些概念或范畴。不过哲学家逐渐试图找到更复杂的思想材料，让那些本身无法被思考的力量可以被思考。

没有绝对的耳朵，问题是要找到一个不可能的耳朵，让那些本身无法被听到的声音被听到。在哲学上，这就是不可能的思想的问题，通过非常复杂的思想材料，可以思考那些无法被思考的力量。

十七、搅局者[1]

在没有国家的时候,巴勒斯坦人如何成为和平对话的"真正的伙伴"?当他们被剥夺了国家的时候,他们如何拥有一个国家?除了无条件投降之外,巴勒斯坦人根本没有其他选择。他们能提供的只有死亡。在巴以冲突中,以色列的行动被认为是合法的反击(即便他们的攻击相当离谱),然而巴勒斯坦人的行动必定会被认定为恐怖主义罪行。一个巴勒斯坦人的死亡当然不能与一个以色列人的死亡同日而语,无法与之匹敌。

1969年以来,以色列无情地轰炸和炮轰了南黎巴嫩地区。以色列十分清楚地说道,最近对黎巴嫩的侵略不是报复对特拉维夫的恐怖袭击(11名恐怖分子袭击3万名士兵)[2]。恰恰相反,这代表着一个计划的完成,这是以色列经过慎重考虑开始的一整套行动的完成。为了"最终解决"巴勒斯坦问题,以色列盘算着让其他国家一起一致地参与共谋(有各种差异和局限)。没有土地的人民,没有国家的人民,巴勒斯

---

[1] 本文曾发表在1978年4月7日的《世界报》第2版上。

[2] 这里指的是几周前贝京(Begin)政府军事入侵南黎巴嫩,作为对巴勒斯坦突击队对特拉维夫北部袭击的报复,特拉维夫袭击造成了几十人丧生。对于以色列来说,这是对黎巴嫩领土最大规模的一次侵略,造成了几百名难民营中的巴勒斯坦人和黎巴嫩人丧命,让上万黎巴嫩人无家可归。尽管规模很大,但以色列的侵略并没有成功摧毁巴勒斯坦人的军事基地。前线仍然保持开放。

坦人就是所有人看来的和平的搅局者。如果他们接受某个国家的经济援助和军事援助,一切就化为泡影了。当他们说他们独自前行时,巴勒斯坦人知道他们在说什么。

巴勒斯坦的战士说他们也想实现一种胜利。留在南黎巴嫩的部队是唯一的抵抗组织,这个组织似乎恰恰处在攻击之下。另一方面,以色列的入侵,盲目地打击了巴勒斯坦难民和黎巴嫩农民,这些都是那片土地上苦苦挣扎的贫民。摧毁了他们的乡村与城市,屠戮公认的无辜平民。一些资料表明,以色列使用了集束炸弹。南黎巴嫩的人,长期流离失所,在以色列的军事攻击下,不断地逃离又返回,很难将其与恐怖主义行径区别开来。最新的敌对行动,让超过二十万人离开家园,现在难民已经充滞着整个道路。以色列在南黎巴嫩使用的方法证明了1948年在加利利和其他地方的方法非常有效:这就是"巴勒斯坦化"的南黎巴嫩。

绝大多数巴勒斯坦战士来自难民。以色列认为击败战士,创造了更多难民,因而也创造了更多战士。

这不仅仅是因为我们与黎巴嫩的关系:以色列正在屠戮一个脆弱而复杂的国家。还有别的东西。巴以冲突是一种模式,它决定了如何在其他地方,如在欧洲处理恐怖主义问题。国家间的广泛合作,以及世界范围的警察组织和刑事诉讼,必然会导致对越来越多被贴上潜在的"恐怖分子"标签的人进行分类。情况类似于西班牙内战,西班牙成为一个更恐怖未来的实验室。

今天的以色列也在进行一场实验。它发明了一种镇压方式,一旦被采纳,会惠及许多其他国家。以色列政治有了强大的连贯性。以色列相信联合国在口头上谴责以色列,但实际上认为这是对的。以色列将远离被占领土转变为在那里建立殖民地的权利。有人认为将国际维和部队送到南黎

十七、搅局者

149　巴嫩是一个不错的观点……这支部队代表了以色列的部队，将这个区域变成了警治区域，一个安全的荒漠。冲突就是一场奇妙的讹诈，整个世界都无法逃避这场讹诈，除非我们说服巴勒斯坦人承认他们成为和平对话的"真正的伙伴"。他们事实上在战争，一场他们没有选择的战争。

十八、痛楚和身体[1]

哲学家和精神分析师皮耶尔·菲蒂达(Pierre Fédida)有本新书——《缺席》(*L'Absence*),这是他继《概念和暴力》(*Le Concept et La Violence*)和《空的身体和治疗空间》(*Corps du vide et espace de séance*)之后第三本书。《缺席》不是一本传统的书,也不是一本文集,而是从他生命中选取的片段组合。菲蒂达或许很年轻,但并不意味着他不可能用他的这本书来衡量他生命经历的过程,仿佛他正在深度上成长,就像一棵树一样。事实上,菲蒂达已经写了一些神奇的篇章,来论述写作与树木、木匠和木桌的关系。精神分析的家具比较简陋,只有长沙发和椅子,菲蒂达加入一张木桌,作为一个积极的引导性的元素。

在众人之中,菲蒂达的主要计划就是将精神分析提升到主体间性的理论和实践的当下状态。这不是精神分析师、病人以及他们关系的心理学。他试图将主体间性结合在一起,使主体间性成了让精神分析成为可能的前提。菲蒂达的著作真正的创新是发明了带"间"的概念,代表着"之间"。这既不是"这个",也不是"另一个",而是在之间的某处,就像间

---

[1] 本文曾发表在1978年10月13日的《世界报》第19版上,讨论皮耶尔·菲蒂达的新书《缺席》(*L'Absence*, Paris: Gallimard, 1978),德勒兹曾组织了一次讨论菲蒂达的会谈,而《缺席》是那次会谈的结果。

性,就像一个信使、一个间奏:不是其他的舞台、其他的场景,而是两个区间之间,专属于主体间性的时间和空间。如果菲蒂达已经受到了现象学和存在分析的影响[不仅仅是胡塞尔,而且还有宾斯万格(Binswanger),亨利·马尔蒂内(Henri Maldiney)],这是因为在他们那里,他发现了最早将主体间性作为先验领域的企图。在我看来,菲蒂达在这本书里创造出来的概念间性,许诺重新激活心理学思想。

结果,我们是否要接受这个起点——作为原初领域的主体间性,优先于支撑它的主体,也优先于滋养它的客体——其任务就是赋予主体和客体一种新的状态,因为这个状态必须紧跟着先天的主体间性,而不是相反。这正是菲蒂达所做的事情,为了达到这个目的,他创造了一个美妙的概念:**游戏对象**(objeu)①,一个借自蓬热(Ponge)的概念。其次,主体与身体的关系本身也依从于主体间性,换句话说,身心关系问题,事实上也可以追溯到那些关系,也来自隐含的主体间性问题。麻烦以痛楚(plainte)的形式展现出来,正是常规的老痛楚。在这个意义上,菲蒂达也给出了三个古老痛楚的形象,在现代已经无比重要:忧郁症、疑病症、压抑。我们的三种灾难。当精神分析不再听从于需求的神经体系,反而求助于身心关系的痛楚,包括精神分析师的痛楚,整个领域都经历了变革。菲蒂达在他的这本非同寻常且引人入胜的著作中,要求我们从主体间性到身心关系,重新思考精神分析。

---

① Objeu一词是蓬热创造出来的概念,同时包含了对象(objet)和游戏(jeu)两个概念。在《深渊中的太阳》一书中,蓬热曾经创造了这样的表达:"我们总是可以想象太阳想说些什么。"其中objeu代表着在面对对象时的"我"的多重性。后来精神分析引入了objeu的概念,他们认为objeu体现了驱力对象的观念。而菲蒂达试用的objeu强调的是主体间性,即主体的复数和间性,很难用中文表达,所以这里依照造词法翻译为游戏对象。——译注

十九、哲学何以对数学家或音乐家有用[1]

我想谈一下大学教学的一个非常特殊的方面。在传统布局中,一个老师给那些已经在某个学科领域中拥有了一定能力的学生上课,这些学生也会涉足其他学科,不要忘记跨学科研究,即便这些跨学科是次要的。于是,一般来说,学生已经被某些学科中的层次所"判定",被抽象地界定。

在巴黎八大,情况有所不同。一个老师,举例来说,一位哲学老师,会给来自不同层次的数学家、音乐家(接受了古典音乐或流行音乐的培训)、心理学家、历史学家等上课。然而,学生并不会将其他学科置之不顾,而专从于某个他专门去学的学科,事实上,例如,他们期望哲学会以某种方式对他们来说有用,与他们的其他活动有交集。哲学对他们很重要,但并不是拿学分意义上的重要,拿学分只能让他们拥有这一种类型的知识,即便最初的时候只有零分;哲学的重要

---

[1] 本文收录于一本合作的著作,参与的人还包括雅克琳·布吕奈(Jacqueline Brunet)、贝尔纳·卡桑(Bernard Cassen)、弗朗索瓦·夏特雷(François Châtelet)、皮耶尔·梅兰(Pierre Merlin)、玛德琳娜·雷碧雄(Madeleine Rebérioux),书名为《八大和学习之愿》(*Vincennes ou le désir d'apprendre*, Paris: Editions Alain Moreau, 1979)。这本书旨在捍卫巴黎八大的存在和原初规划,法国教育部长埃德加·富尔(Edgar Faure)之前曾定义过巴黎八大的存在。而季斯卡·德斯坦(Giscard d'Estaing)政府威胁到了巴黎八大的存在,国务部长艾莉斯·索尼耶-塞伊德(Alice Saunier-Seïté)在巴黎市长雅克·希拉克(Jacques Chirac)的支持下威胁了八大。

性在于他们的直接关注,换句话说,他们已经拥有了一定分数的其他主题和材料。学生上一门课,是为了寻找对他们自己有用的东西。这样,直接引导哲学教学的就是这样一个问题:哲学如何对数学家或对音乐家有用,即便哲学并不讨论数学或音乐。这种教学类型与普通文化无关,它是实践的和实验的教学,通常在自身之外,因为需要从学生自己的需求和能力来引导学生参与。所以,在两种十分重要的方面,巴黎八大与其他大学有所不同:(1)学年的区别,因为八大支持不同资历、不同年龄的学生一起在同一个层次上学习。(2)选课问题,因为八大的选课从属于"诊断"(triage)方法,学生选择的方向引导着教学方向。

大量工人,还有大量工程师的存在,肯定和强化了这种情形。在这一点上,反对意见就是这种类型的教学不尊重规矩,不关心传统学生的要求,那些学生倾向于只掌握单一学科的知识。在我看来,这种反对意见是没有根据的。事实上,最伟大的教育价值就在于,在每一个学科中,去鼓励调和外部的不同层次、不同维度之间的关系。所有的学生都需要展现出已经掌握的诸多专业维度,而不是忽视这样一些维度,学科必须在那样的"土壤"上教学。这种和谐关系是唯一从主题本身或内部来理解主题的方式。这并不是反对官员要求的规范,八大的教学恰恰是对这些规范的综合应用。即便我们自己局限于改革高等教育的计划——要求大学按照美国模式进行竞争——我们也必须建立三个或四个巴黎八大这样的大学,而不是解散我们唯一一所这样的大学。尤其是,在这种教学方式的激励下,具有八大精神的科研人员将是无价之宝(我们许多人都会坐在八大的课堂上)。事实上,这种方法与八大的特殊情况,与其特殊的历史紧密相关,解散八大,就会同时摧毁法国最重要的教育革新的尝试。我们今天面对的真正的问题是一种知识上的脑叶切除术,切除了老师和学生,而为了反对这种切除术,八大给出了自己独特的抵抗力量。

二十、致奈格里的法官的公开信[1]

所有的理由都害怕,最近的恐怖袭击会将我们的注意力从正在进行中的奈格里事件中转移出来,最初用来逮捕奈格里和他的同伴的犯罪卷宗是空洞的。电话里的声音不能证明什么,可以认为,奈格里曾待过的场所已经消失了,奈格里的写作并不是坚定站在红色旅一边,而是给出了分析,在分析中奈格里反对红色旅的命题。法官延期对这些事实进行判断,并希望将审问变成审讯模式的理论争论。的确站在他们的立场上,诉讼法允许在审判之前,可以羁押被告人四年时间[2]。为了准备进行理论讨论,在这里我们可

---

[1] 本文发表于 1979 年 5 月 10 日的意大利的《共和报》(La Repubblica)的第 1 版和第 4 版。

安东尼奥·奈格里,出生于 1933 年,意大利哲学家,当时,他是帕多瓦大学的政治和社会科学的教授,他逃亡到法国,来躲避意大利治安官员的追捕。在阿尔都塞的邀请下,他来到了巴黎高师,1977—1978 年,他在巴黎高师讲授马克思的《大纲》[后来导致了《超越马克思的马克思》(Marx au-delà de Marx, Paris: Bourgois, 1979)的出版]。在巴黎期间,奈格里与加塔利成为好友,而加塔利是给德勒兹谈意大利政治局势的人之一。1987 年之前德勒兹和奈格里未曾见面。

"莫罗事件"发生在 1978 年的 3 月 16 日,"红色旅"恐怖组织武装绑架了基督教民主党主席。在经过长期监禁之后,1978 年 5 月 9 日,有人发现莫罗已经遭到杀害。在事件过程中,法官伽鲁齐(Gallucci,基督教民主党党员)在毫无核心证据的情况下就指控奈格里涉案。"1979 年 4 月 7 日,奈格里被逮捕和监禁,随后被送到了一个'特别监狱'(相当于法国监狱中的高等级安全部门)。"德勒兹撰写这篇文章的时候,审判还尚未开始。

[2] 1975 年的诉讼法在意大利司法体系中引入了一些特例。显然,可以在一个不确定的时间期限里监禁被告人。

以看到三个主要原则,这三个主要原则与所有致力于民主的人有关。

首先,审判需要听从同一性原则。不仅是被告人的身份同一性,而且还有更深刻的同一性原则或可以作为本次审判特征的非矛盾律。如果出现了起诉的其他动机,法律行为就必须要发生改变。简言之,在完整性上,指控是一个最低限度的同一连贯过程的必要程序。只要在起诉中存在着这种同一性类型,人们就可以为自身辩护。

罗马审查的情形却不是这样。一开始他们就指向了莫罗绑架案,仿佛奈格里就在那里,他们引用奈格里的话,仿佛由于他不在那里,所以他才要负更多责任。逮捕的审查从事实跳向了声势,从声势跳向了思想,又从思想跳向了一些其他行为。这样摇摆不定和不确定的逮捕审查,甚至缺少最基本的法律同一性,"无论如何你都有罪"。

接下来,调查研究从属于某种选择或排中律:要么这样,要么那样;如果不是这样,那么就不是那样;等等。然而,在奈格里事件中,他们似乎想要在所有的关节点上保留所有的选择。如果奈格里不在罗马,我们仍然认为他身处巴黎可以打电话,或者反之亦然。如果奈格里没有直接卷入莫罗绑架事件,但他激励了这个事情,并考虑过这个事情,那么就仿佛他自己做过一样。如果奈格里在著作和陈述中反对红色旅,那么这仅仅是一个假象,证明了他作为秘密领袖,与红色旅保持联系。这些自相矛盾的指控彼此不能消除,它们都被一起加入进来。

对于弗朗科・皮佩诺(Franco Piperno),一位被指控的人物,他说道:这是一种非常怪异的方式,来评价政治文本和理论文本的影响①。这个指控者有这样的思维习惯,认为在一篇政治演讲中可以说任何事情,而他们绝不理解革命政治分子的处境,他们只能写他们所思考的东西。安德雷奥蒂(Andreotti)和伯林圭尔(Berlinguer)可以总是隐藏他们的思想,因为他们一直都是机会主义②。然而,葛兰西自己也从未那样做过。推进不是依赖于选择和排斥,而是通过包容,增加自相矛盾的选项。

为什么今天可以否定这些审判?我们相信媒体,有极少数例外的媒体,在奈格里事件中扮演了并持续扮演着重要角色。这不是第一次,但是这是第一次以这样系统和有组织的方式进行(法国媒体的肆意和诽谤不亚于意大利媒体)。如果媒体不给机会让他们忘却自己的过失,不抛弃某些规则的话,审判体系不会抛弃自己的同一性原则,审查不会抛弃排中律。

事实上,还有其他原则支配着媒体。日报和周报,还有广播电视,都是受到积累原则的支配。因为每天都有"新闻",因为昨天的辩论对今天或明天的新闻没有效果,媒体积累的一切都是当天说的东西,而不考察是否矛盾。"条件"的应用让一切都可以聚集起来并得到倍增。在同一天里,可以说奈格里既在巴黎,也在罗马和米兰。三样东西都结合在一起。他可以是红色旅的积极分子,一个秘密的领袖,或者相反,他也是不同策略和方法的拥护者:三样东西又结合在一起了。

---

① 皮佩诺是工人自治运动的成员,1978年9月18日,他在巴黎遭到逮捕。意大利政府要求引渡皮佩诺,指控他犯有"武装颠覆国家罪"。

② 朱利奥·安德雷奥蒂是意大利前总理,基督教民主党的领袖。恩里克·伯林圭尔是意大利共产党的秘书长,他是意大利共产党和基督教民主党之间"历史性妥协"的支持者。

马赛尔·帕多瓦尼(Marcelle Padovani)说明了在法国周报上的结果。即便奈格里并不属于红色旅,他是"自治的","我们知道自治主义的意大利人……"①。无论如何,奈格里应该承受他所经历的一切。媒体开始幻想式地"积累他的过失",让法庭和警察来掩盖它们卷宗的空洞性。我们得知,欧洲的法律和审判体系只是为了从左派到右派的欧洲媒体空间才起作用,它们进一步验证了司法调查和法律的失败。一旦没有人理解媒体曾经的指责,而媒体曾反对当权者的律令与口号时,一个欧洲的时代正在迅速地降临。

意大利人不可能指责我们这一次干涉他们的国内事务。从一开始,法国人就被这样指控("法国的跟屁虫……""红色旅法国分部……")②。难道这不就是在博洛尼亚事件之后的恐怖的秋后算账?③ 奈格里是一位理论家,一位在法国和意大利都十分重要的知识分子。一旦面对暴力、反对镇压,意大利人和法国人在同样的问题下联合起来,暴力和镇压不再需求法律的司法途径,因为它已经从媒体、广播电视上逐渐获得了镇压的合法性。

我们正在见证一场真正的"政治迫害",针对的是那些被投入监狱的人,但指控他们的证据很多都苍白无力,或者出自编造。无论如何我们不相信这些做过承诺的证据。我们

---

① 这里指的是工人自治主义运动,奈格里是其中的一名领袖。这是一个接近于马克思主义的极左派运动。他们要采取新的工作形式,并反抗劳动。例如,参看德勒兹和加塔利的《千高原》(*Mille Plateaux*, Paris: Minuit, p.585 - 586)。意大利政府和大部媒体都将红色旅视为工人自治运动的"武装派别"。

② 这些指控来自政客对左派和右派参与"法国知识分子号召停止在意大利的镇压"运动的指控,而德勒兹和加塔利在 1977 年 11 月签名支持这场运动。

③ 1977 年 9 月在博洛尼亚有一场盛大的国际聚会,反对意大利的警察镇压。意大利的新左派、大量的学生和工人自治运动的成员参与了这次聚会(加塔利也参与了抗议)。

至少更喜欢处在被羁押和隔离中的信息。或许我们必须等待一场灾难,为了让报纸用"明确"的证据说奈格里就是皮内里(Pinelli)①。

---

① 皮内里是1969年12月,在米兰警察局里从窗子里被扔出的一位无政府主义者。警察怀疑他与几天前米兰的范坦广场(Piazza Fontant)的死亡攻击有关(在意大利的秘密部门的帮助下,新法西斯主义发动了这次攻击,这代表着"紧张策略"的开始)。

二十一、这本书就是清白的文字证据①

奈格里的这本书②的出版有多么重要？不仅仅是其自身的价值，而且与奈格里的特殊处境有关：他现在被关在一个特别监狱里③。

（1）几家意大利的报纸，带着奇怪的意图，几乎是用这样的话来贬低奈格里："奈格里不是一位重要的思想家。他顶多算个中等，甚至可以忽略不计……"当法西斯分子囚禁一位理论家或思想家的时候，他们不需要去贬低他。他们只是说："我们要思想家有何用！他们够令人讨厌，太过危险了。"但今天的民主需要贬低，因为它需要劝服公众意见，我们在这里有的是一个**垃圾思想家**。然而，奈格里的这本书十分清楚地证明了我们在法国始终了解的一切：奈格里是一位非常重要的马克思主义理论家，既十分深刻，也富有原创性。

（2）此外，奈格里也不想当一位纯粹的理论家：他的理论和解释与某种实际的社会斗争紧密相连。奈格里的书从他所谓的社会资本、从资本主义新的劳动形式来描述斗争领域。他的这本书最重要的意义就是斗争不再局限于私有企

---

① 本文曾发表于 1979 年 12 月 13 日的《巴黎晨报》(*Le Matin de Paris*)的第 32 版，谈的是安东尼奥·奈格里。可以参看前一篇文章的题头注释。
② 奈格里的《超越马克思的马克思》(*Marx au-delà de Marx*, Paris：Christian Bourgois, 1979)。
③ "特别监狱"等同于法国监狱的最高戒备区（QHS）。

161　业或工会的框架之下。然而,奈格里所分析和应用的实践斗争形式与恐怖主义没有丝毫联系,这些内容也不可能与红色旅所喜欢的方法混淆。所以,因为意大利的法官展现出对奈格里风格、意图和思想的兴趣,这本书就是他清白的文字证据。但或许奈格里是两面派？作为作家,他对特殊的社会实践进行理论思考;作为一个秘密行动者,他又践行了另一套东西,即恐怖主义。这是相当愚蠢的观念,因为除非他接受了警察的贿赂,一位革命的作家不可能践行一种他自己在著作中十分看重并鼓励去做之外的其他斗争形式。

二十二、八年以后:1980 年访谈①

卡特琳娜·克莱芒(Catherine Clément):在你 1972 年出版的《反俄狄浦斯》和 1980 年出版的《千高原》之间有什么区别?

吉尔·德勒兹:《反俄狄浦斯》的情形非常单纯。《反俄狄浦斯》重新考察了无意识,一个我们完全了解,或者说至少我们很熟悉的领域。我们试图用一种更政治的模式来取代家族的或戏剧的模式:这个模式就是工厂。这就是一种俄国式的"建构主义"。还有欲望机器、作为生产的欲望的观念。另一方面,《千高原》试图发明出自己的领域,因此它相当复杂。这些领域都不是预先存在的。它们都是通过书的不同部分来描绘出来。它是《反俄狄浦斯》的续篇,但是在自由氛围(air libre),即"鲜活生命"(in vivo)下的续篇。例如,人类的生成动物,还有它与音乐的关联……

克莱芒:围绕着两本书的氛围是如何区分的?

德勒兹:《反俄狄浦斯》出现在 1968 年五月风暴之后不久,那是一个剧变和实验的年代。今天,已经有了十分坚固的反动。这本书的布局,一种新的政治学,就是对今天妥协

---

① 这是与卡特琳娜·克莱芒的一次访谈,最早发表在《拱顶》(L'Arc)杂志上(1980 年第 49 期,p.99—102)。

的回应。我们看到了劳工危机，即本书提到的有组织的协商危机，以及其他领域中的危机。新闻界已经逐渐掌控了文学中的权力。泛滥的小说重新复活了最庸俗形式下的家庭主题，就是谈妈妈-爸爸的无限变化形式。它对发现一种现成的在自己家庭中既已存在的小说不感兴趣。这些年就是承袭父系的年月，在这个意义上，《反俄狄浦斯》完全是失败的。要分析原因需要花费很长时间，但当下的情况对于青年作家来说尤为艰难，他们遭到了窒息。我不能告诉你现在所说的感觉来自什么地方。

克莱芒：好吧，或许下次吧。但《千高原》是一部文学作品吗？你涉足了太多领域：种族学、生态学、政治学、音乐等等。其风格是什么？

德勒兹：这就是一种平淡的旧哲学。当人们问：什么是绘画？回答非常简单。画家就是创造线条和色彩的人（即便线条和色彩已经在自然里存在着了）。好吧，哲学家没有什么不同。有些人在造概念，有些人发明概念。当然，思想已经在哲学之外存在，但不是以这种特殊的形式存在着，即以概念的形式存在。概念是奇点，对日常生活有影响，对日常生活的流或一日又一日的思考影响很大。《千高原》要发明许多概念：块茎、光滑空间、此性、生成动物、抽象机器、图示等等。加塔利总是在发明概念，我对哲学的概括也是如此。

克莱芒：如果没有一个领域作为基础，那么《千高原》靠什么统一？

德勒兹：我想就是装置的概念（我用之代替了欲望机器的概念）。存在着各种各样的装置，各种各样的组成部分。一方面，我们试图用装置观念取代行为观念：在《千高原》中，得出了人种学的重要性，得出了动物装置的分析，例如，得出了领土装置。例如在论巴洛克式回奏曲（Ritournelle）的章节里,同时考察了动物装置和更专业的音乐装置,这就是我们所谓的"高原",建立了鸟儿的回奏和舒曼的回奏曲之间的连续性。另一方面,对装置的分析,将装置打破成各个部分,向更一般的逻辑开放:加塔利和我已经开始并完善了这一逻辑,毫无疑问,这个逻辑将占据我们的未来。加塔利称之为"图示论"(diagrammatisme)。在装置中,你能发现事物、身体结合和大杂烩(alliages)的状态,但你也可以发现言说、表达模式和整个符号体系。两者之间的关系就是美妙的情结。例如,一个社会不是由生产力或意识形态来界定的,而是由"大杂烩"和"意见"(verdict)决定的。大杂烩就是解释性身体的结合。这种结合非常有名,并被广为接受(例如,乱伦就是一种被禁止的结合)。意见是集体的言说,即是说,是即时性和身体性的转化,并在社会中流通(例如,"从今往后你不再是一个孩子……")。

克莱芒:似乎对我来说,你所描述的装置带有价值判断。这样对吗?《千高原》是否有一个伦理维度?

德勒兹:装置存在着,但它们事实上有各个组成部分,它们作为一种标准,并允许认识不同的专制。正如在绘画中,装置就是一串线条。但那里有各种线条。一些线条是部分,另一些线条则被分成部分;一些线条堕入常轨,或者消失在"黑洞"里;一些线条是破坏性的,草绘出死亡;另一些线条则生机勃勃,具有创造力。这些创造性的生机勃勃的线条开启了一个装置,而不是将其封闭。"抽象"线条的观念就是一个特别复杂的情结。一根线条可以完全没有代表任何东西,是一根纯几何的线条,但只要它能追溯出一个梗概,它就不够抽象。抽象线条是一根没有梗概的线,一根在诸多事物之间穿行的线,一根运动的线。波洛克(Pollock)的线可以被称为抽象线条。在这个意义上,抽象线条不是几何学线条。它是鲜活的、活生生的,并富有创造力。真实抽象不是无机生命。在《千高原》里,到处都是无机生命的概念,这就是概念的生命本身。一个装置由它的抽象线条所承担,它能够追溯出其抽象线条。你知道,它很奇妙,今天我们见证了硅的报复。生物学家经常反躬自问道:为什么生命是"通过"碳,而不是通过硅来"实现"的?但现代机械的生命完全不同于碳的有机生命,它是一种真正无机的生命,即通过硅来实现的生命。在这个意义上,我们谈的就是硅装置。在最大不同的领域里,我们需要考察装置的诸多部分、线条的本质、生命的模式、言说的模式……

克莱芒:在读你的书的时候,我们会感觉到在传统中最重要的差别消失了,例如,自然和文化的区别,或者认识论的差别。

德勒兹:有两种方式压制或激活自然和文化之间的差别。第一种就像动物行为和人的行为(洛伦兹试过这个方式,但带有令人不安的政治含义)。但我们正在说的是装置的观念,它可以取代行为的观念,这样相对于装置概念,自然与文化的区别不再重要。在某种意义上,行为仍然有一定的领域。但装置首先将各种异质性的元素结合在一起:例如将声音、手势、位置等结合在一起,里面既有自然的元素,也有人为的元素。问题是"连贯性"或"严密性"的问题,这个问题优先于行为问题。各个事物如何获得连贯性?它们严密一致吗?甚至在各种有着云泥之别的事物中,都可以找到强大的统一性。我们从巴特松那里借用了"高原"一词,正是为了说明这些强大的连贯性。

克莱芒:你在什么地方获得这种支配着"高原"的强度观念?

德勒兹:从皮耶尔·克洛索夫斯基(Pierre Klossowski)

那里。他赋予了"强度"一词的哲学和理论深度。他从中发展出一整套符号学。在中世纪物理学和哲学中,强度概念仍然十分活跃,但由于外延的量和外延空间的几何学的地位提高,强度概念或多或少遭到了淡化。但物理学用自己的方式重新发现了有强度的量的悖论,数学已经面对了非外延空间,生物学、胚胎学和基因学已经发现了整个"梯度"王国。在这种情况下,正如在装置的情形中一样,科学和认识论运动很难彼此分开。强度涉及生命的形态,涉及实验的实践理性。这就是延续无机生命的东西。

克莱芒:读《千高原》,或许会不太轻松……

德勒兹:为了这本书,我们做了大量的工作,也需要读者做大量的工作。但一个对我们来说很困难的部分,或许对某些人来说特别简单,反之亦然。除了这本书的性质之外,《千高原》正是今天遭到威胁的书籍。这就是为什么当我们讨论音乐、树、面孔的时候,似乎我们在谈政治。每一位作者都会面对的问题是,无论人们是否有某些用处,无论多么小的用处,在他们的工作、生活和规划中都可以理解这本书。

二十三、点燃了写作的绘画[1]

埃尔维·圭贝尔(Hervé Guibert):在这本书成型之前,是什么让你喜欢上弗朗西斯·培根的绘画?

吉尔·德勒兹:对于很多人来说,培根会产生震惊。他曾对自己说过,他的作品就是创造图像,创造震惊-图像(image-choc)。这种震惊的意义并不指向某种"感官"(这是一种再现),而是依赖于感觉(sensation),依赖于线条和颜色。

你看到的是人物的强度性出场,有时候是单个的人物,有时候有几个身体,被悬置在一个平台上,悬置在不朽的颜色中。所以你要知道,这种奥秘是可能的。你开始思考这样一个画家在当代绘画中的地位,从更广义上说,思考他在整个艺术史上的地位(例如,埃及艺术)。似乎对我来说,现在的绘画提供了三个大方向,我们更多的是从材料上和起源上,而不是从形式上来界定这三个方向:抽象化、表现主义以及利奥塔所谓的形象(Figural),形象并不是具象(figuratif),它恰恰是人物形象的生产。培根在最后一个方

---

[1] 与埃尔维·圭贝尔的访谈,发表于1981年12月3日的《世界报》的第15版。讨论的是《弗朗西斯·培根:感觉的逻辑》(*Francis Bacon, Logique de la sensation*, Paris: Editions de la Différence, 1981)一书的出版,后收录于瑟伊出版社的"哲学秩序"("L'ordre philosophique", 2002)。

向上走得最远。

圭贝尔：首先，你建立了卡夫卡的人物与培根人物之间的联系。在萨德-马佐赫、普鲁斯特和卡夫卡之后又来写培根，难道里面也没有关联吗？

德勒兹：关联就是多。他们都是人物形象的作者。还需要辨别几个层次。首先，他们都给我们展现了一个高深莫测的苦难和深度的痛苦。于是，你了解了"矫饰主义"（maniérisme），在艺术意义上试用这个词，在米开朗基罗那里，这个词充满了力量和幽默。你会注意到，这个词绝不是太复杂，它的来源非常简单。首先痛苦和扭曲指向非常自然的姿态。培根似乎创造出非常扭曲的人物，与卡夫卡类似，我们还可以提到贝克特，但你们看看某个必须要坐很长时间的人，例如学校里的孩童，你就会看到他的身体会采用"最省力"的姿态，依赖于作用于他们身上的力。卡夫卡喜欢用一个屋顶压在某人的头上：要么他的下巴会极为恐怖地挤压到胸部，要么头盖骨被屋顶压裂……简言之，这是两个完全不同的事情：情势的暴力，它是具象的；而难以执行的姿态的暴力，它是"形象"的，也更难理解。

圭贝尔：你如何写一本关于绘画的书？通过联想文学中的事物或存在物，如卡夫卡、普鲁斯特、贝克特吗？

德勒兹：在文学中，所谓的风格也存在于绘画中，即线条和颜色的装置。可以通过一位作者的用"他"的句子来囊括、展开或断行的方式来辨识这位作者。伟大文学的秘密就是逐渐走向清醒。提一个像我一样的作者，凯鲁亚克（Kerouac），他的句子结尾就像一根来自日本画中的线条，很难触及纸张。金斯伯格（Ginsberg）的诗歌就像折断的表现主义的线条。所以，我们可以想象在画家和作者之间存在着一个共通的或可以比较的世界。这就是书法（Calligraphie）的目的。

圭贝尔：在写关于绘画的作品时，你有什么特别的快乐吗？

德勒兹：它吓着我了。似乎相当困难。有两个危险：要么你描述绘画，那么真正的绘画就不再必要［有几个天才，如罗伯-格里耶（Robbe-Grillet）和克劳德·西蒙（Claude Simon）都曾成功地描述了根本不需要存在的绘画］；要么你坠入了不确定性、情感的迸发或者应用型的形而上学。可以在线条和颜色中找到专属于绘画的问题。很难提炼出不是数学或物理学的科学概念，这些概念既是文学施加在绘画之上的概念，也几乎是在绘画中刻画出来的概念。

圭贝尔：难道这不是一次震撼批判的词汇并重新恢复批判的机会吗？

德勒兹：写作拥有它自己的热量，但关于绘画的思考是把握一个句子的线条和颜色的最佳方式，仿佛绘画可以向词语（句子）中传达某种东西……我在写书的时候很少感到快乐。当面对像培根一样的善用色彩的大师的时候，面对颜色就十分重要了。

圭贝尔：当你谈预先存在于画布之上的氛围底版（cliché）时，难道你没有面对作者的问题吗？

德勒兹：画布不是一个空白的表面。它已经存在着底版了，即便我们看不见这些底版。画家的工作就是摧毁这些底版：一旦由于视觉坐标系的崩溃，画家再也看不到任何东西，那么画家就必须穿越那个时刻。这就是为什么我说绘画包含了一个灾难，这个灾难就是绘画的核心症结。在塞尚和凡·高那里，这一点已经十分明显。在其他艺术的例子中，与底版的冲突也非常重要，但绝大多数都停留在作品的外部，尽管它处于作者的内部。阿尔托（对阿尔托来说，日常语言坐标系的崩溃就是他作品的一部分)是一个例外。然而,在绘画中,这是一个规则:绘画来自光学上的灾难,而这场灾难出现在绘画自身的中心。

圭贝尔:在你写作时,你面前是否有那些绘画?

德勒兹:当我写作的时候,我确实在我面前复制了这些作品,这样,我就能跟随着培根的方法:他思考绘画的时候,并没有看着那些画。他有彩色照片,也有黑白照片。在写作间歇或之后我又回去看了这些绘画。

圭贝尔:有时你是否需要将你同那些作品隔离开,或者忘掉它?

德勒兹:我不需要忘掉它。有时候这些复制品没有用处了,因为它已经让我指向了另一个复制品。我可以给你一个例子:我在看着那些三联画的时候,感觉到那里某种内在的规则,迫使我从一个复制品跳出来,指向另一个复制品,并比较它们。其次,我有印象,如果这个规则存在,就必须秘密地发现它,即便在单个作品里也要发现它。这就是一个在我这里出现的关于这些三联画的漂浮不定的观念。

再次,当某个单件画作的复制品让我感到厌烦了,我会看一幅叫作《人与孩子》(*L'Homme et l'Enfant*)的作品。这幅画似乎对我来说有着明确的三联画的结构。它再现了一个有一双大脚的怪异的女孩,两个胳膊交叉,看着一个男士,就像培根的其他人物一样,这位男士坐在一个可升降调节的高脚凳上。绘画的组织十分明显,这是一个包含性的三联画,而不是发展型的三联画。复制件让我反复从一幅画看到另一幅画,但观看第三幅画的观念来自另外两幅画……

圭贝尔:在何种程度上,大卫·西尔韦斯特(David Sylvester)与培根的访谈,成为你著作的出发点,这与那些绘

二十三、点燃了写作的绘画

画有什么不同吗?①

德勒兹:那是一个必需的基础。首先,访谈非常精彩,培根说了很多。一般来说,当艺术家谈他们所做的事情时,他们都格外谦虚,对自己很严格,并具有很强大的力量。他们首先会强烈地提出从他们作品中涌现出来的概念和感受。所以,画家的文本的写作,与完成他的画作有很大不同。当你读到这篇访谈,你总想问更深入的问题,因为你知道你不能问他们,你必须通过你自己来探讨这些更深入的问题。

圭贝尔:你从来没有见过培根?

德勒兹:是,在本书之后才见。你在他那里可以感受到巨大的力量和暴力,以及光彩夺人的魅力。只要他坐下来超过一小时,他就会向各个方向扭曲:他看起来真的像培根。但他的姿态时常非常简单,给出了他感受到的感觉。培根区分了景观的暴力(他对此没有兴趣)和感觉的暴力,后者是他绘画的对象。他说:"我肇始于绘画的恐怖、斗牛和痛苦经历,但这仍然太戏剧性了。重要的是画出哭喊。"恐怖太过具象,从恐怖到哭喊,他对于所遇到的形象刻画也越来越清晰,越来越轻松自如。

圭贝尔:倘若不仅仅是顺从,你的书是否打算增加培根画作的知名度?

德勒兹:如果成功了,必然会有这样的效果。但我相信这本书还有更高的精神追求,还有所有人梦想的东西:去触及类似于词语的线条和颜色甚至声音的共同根基。关于绘画的写作或关于音乐的写作通常都带有这样的追求。

圭贝尔:本书的第二卷(绘画的复制)并不是从培根作品

---

① Francis Bacon, *L'Art de l'impossible*, *Entretiens avec David Sylvester*, Genève, Skira, 1976, rééd. 1995.

的年代顺序来谈的。这是否就是你谈培根的顺序、重构观看制度的方式？

德勒兹：事实上，在文本的边缘，还有一些数字指向这些复制的绘画。表象的秩序会按照技术理性重新分配（三联画的地位）。但它们的顺序都不是培根的年代顺序。在逻辑上，它是从相对简单的方面向相对复杂的方面发展。所以，一旦在画中建立了更复杂的元素，绘画就会重新出现。

至于年代顺序，西尔韦斯特区分了培根的三个阶段，并非常清晰地做出了界定。但培根近来开始了一个新阶段，即艺术家复活的力量。在我看来，只有三幅作品是这样：水的喷泉、草的喷泉和沙的喷泉。这完全是新东西。所有的"人物"都消失了。当我见培根的时候，他说道他梦想画波浪，但不相信他可以成功完成这一任务。这就是绘画的一课：一位著名画家曾说，"如果我能抓住一片海浪……"这很普鲁斯特，或者很塞尚，"啊！如果我能画出一个小苹果！"

圭贝尔：当你描述作品的时候，你想要描述它的体系，但你绝没有说过"我"？

德勒兹：情感不会说"我"。你向你自己说它：你在你自己之外。情感不是自我的秩序，而是事件。很难把握一个事件，我并不相信这个把握是第一人称的。我更想和莫里斯·布朗肖（Maurice Blanchot）一样用第三人称，布朗肖说，"他经受着"比"我经受着"的句子具有更大的强度。

二十四、《曼弗雷德》：一个特别的重生[①]

一个艺术者的力量在重生之中。卡尔梅洛·贝内(Carmelo Bene)就是一个完美的例子。由于他所做的一切，他可以与他曾经做过的东西相决裂。他现在为自己点燃了一个新任务。对我们其他人来说，他建构了与音乐的新的积极关联。

首先，原则上所有的影像都包含视觉和声音元素。很长一段时间内，当他"干"戏剧或电影的时候，卡尔梅洛·贝内同时处理这些元素（装饰色彩、舞台的视觉组织、同时可以看到和听到的角色）。现在，他只对声音感兴趣。他将声音变成了一个点，一个引出全部影像的点，全部影像变成了声音。与角色说话不同，声音变成了角色，声音元素变成了角色。于是卡尔梅洛·贝内延续了其规划，成为一个"参与者"或一个操作者，而不是一个演员，但他在新的条件下追求这一点。语音不再依赖于表达情感的口哨、喊叫或咆哮，但是口哨变成了一个语音，哭喊变成了语音。与此同时，对应的情感（感受）成了声音模式。所有这些语音和模式彼此在内部交流。

[①] 收录于卡尔梅洛·贝内的《奥泰罗或女性的不足》(*Otello o la deficienza della donna*, Milan: Feltrinelli, 1981, p.7-9)。

意大利文版首先出现在与1981年10月1日在斯卡拉大剧院上演的《曼弗雷德-卡尔梅洛·贝内》(*Manfred-Carmelo Bene*, Milan: Fonit Cetra, 1981)对应的剧本中。由让-保罗·曼伽纳罗(Jean-Paul Manganaro)翻译。

这导致了速度发生改变的重生,甚至是回放。对于卡尔梅洛·贝内来说,回放从来没有快速固定,它是一种创造的工具。

其次,这个问题不仅是从视觉里提炼出声音,而且也是从言说的语音中提炼出音乐力量。这些新的力量不能与歌曲混淆。事实上,它们都伴随着演唱,与之合作,但并没有形成一首歌曲,甚至没有**诵唱**(sprechgesang):它们创造出一种模式化的语音,一种经过过滤的语音。他的发明就像诵唱的发明一样重要,但他的发明有着根本区别。它同时意味着捕捉、创造或修正声音(或一组声音)的基础色彩,并让其发生改变,或提升到时间之上,改变其心理学曲线。卡尔梅洛·贝内翻新了他所有的研究,变成了对声音的增加和裁减,在合成器的力量下,这个研究逐渐与他自己直接面对面。

卡尔梅洛·贝内的《曼弗雷德》就是在他创造性工作下的新的一步的伟大任务。在《曼弗雷德》中,这个语音,在合唱和音乐之间的卡尔梅洛·贝内的这些语音,与之共谋,增大或消灭了语音。认为卡尔梅洛·贝内更喜欢拜伦,而不是舒曼是错误的。卡尔梅洛·贝内并不是从喜欢的角度,碰巧没有选择舒曼。舒曼的音乐开启了诸多语音的可能性,并产生了一种新的声音工具。在米兰的斯卡拉(La Scala)大剧院这一点毋庸置疑。卡尔梅洛·贝内插入了文本,变成了歌曲和音乐之间的声音,让它与之共存,对它们做出反应。他行事的方式,一方面,让我们第一次聆听到了歌曲元素和音乐元素之间深度的联盟;另一方面,发明和创造出来的声音元素让它本身成为必然。是的,这是一个特别的成就,它开创了卡尔梅洛·贝内的新研究。

二十五、《野蛮的异端》序言[1]

奈格里关于斯宾诺莎的新书,是在监狱里写的。这是一本重要的书,在很多方面,它都翻新了我对斯宾诺莎主义的认识。我想集中于他提出的两个主要论断来谈一谈。

1. 斯宾诺莎的反律法主义

斯宾诺莎的基本观念就是力的自发发展,至少是潜在的发展。换句话说,原则上不需要任何中介去建立各种力量之间对应的关系。

相反,必须要有中介的观念,在根本上属于霍布斯、卢梭、黑格尔所建立的世界的法律概括。这个概括很简单:(1)力有个体或私人的起源,(2)它们必然会被社会化,并产生它们之间的充分关系,(3)存在着权力(Potesta)的中介,(4)这个层面不可避免会发生危机、战争或对立,权力要解决这些危机,尽管是"斗争性地解决"。

斯宾诺莎经常被视为属于霍布斯和卢梭之间的法律线索。奈格里并不这样认为。对斯宾诺莎来说,力必然是自发

---

[1] 这是为安东尼奥·奈格里的《野蛮的异端:斯宾诺莎的力和权力》(*L'Anomalie sauvage*:*puissance et pouvoir chez Spinoza*,Paris:PUF,1982,p.9-12)撰写的序言。对于奈格里的更多介绍,参看本书第二十篇文章的注释。

的和创造的,让没有中介的发展或它们的组成成为可能。它们就是依赖自身社会化的元素。斯宾诺莎直接从"诸众"(multitude),而不是个体来思考。他的整个哲学就是"潜能"(potentia)反对"权力"的哲学。它站在了反律法主义的传统立场上,这个传统还包括马基雅弗利,甚至影响了后来的马克思。它是对本体论上的"构成"或物理学和动力性的"组成"的概括,这个概括与法律契约①相冲突。在斯宾诺莎那里,直接生产的本体论视角与应当如此(Devoir-Être)、中介或目的的号召相冲突("在霍布斯那里,危机包含本体论层面,并囊括本体论;在斯宾诺莎那里,危机处在本体论层面之下")。

尽管我们可以感觉到奈格里论述的新意和价值,读者或许不敢靠近他所散发出来的乌托邦氛围。这样,奈格里十分小心翼翼地指出荷兰环境的特殊性,正是这个环境让斯宾诺莎的立场成为可能。与代表着"权力"、和欧洲君主制相对应的奥兰治(Orange)家族相反,荷兰的德维特(De Witt)兄弟试图发展市场生产力的自发性,或作为各种理论社会化直接形式的资本主义。斯宾诺莎主义的异端和荷兰的异端……但在这种情况下,难道不是一样的乌托邦吗?就是在这里,奈格里的第二个强大论断出现了。

2. 斯宾诺莎的进化

第一个斯宾诺莎,即《神、人及其幸福简论》中的斯宾诺莎和《伦理学》开头的斯宾诺莎,保持了一种乌托邦式的视

---

① Eric Alliez, "Spinoza au-delà de Marx", *Critique*, Aug-Sept, 1981, n°411 - 412, p. 812 - 821, 阿里耶给出了非常好的对反题的分析。

角。然而,他通过实体(泛神论),让实体和各种样态获得了本体论上的构成,确保了各种力能得到最大限度的扩张,从而更新了自己的论断。也正是因为操作的自发性缺少任何中介,具体实在的物质构成并不像权力这样明显,知识和思想必须转回到它们自身,从属于理想化的存在的生产力,而不是向世界开放。

这就是为什么在《神学政治论》中出现了第二个斯宾诺莎,在《伦理学》中他用两个基本命题来辨识这第二个斯宾诺莎:一方面,实体的力量被还原为样态,对于样态来说,实体是一个界面;另一方面,思想向世界开放,并将自己实现为物质性想象。那么,乌托邦由于选择了革命性唯物主义的假设,而获得了一个目的。这并不是为了恢复斗争和中介。存在的层面直接持续着,它作为一种政治构成的**场所**(lieu)而存在,而不是作为理想和实质构成的乌托邦而存在。

身体(**灵魂**)就是力。这样,它们不仅由它们的偶然相遇和碰撞(危机状态)来界定。它们也由组成身体的诸部分的无限数字和已经概括为"诸众"的东西之间的关系来界定。所以,存在着身体组成和消解的过程,这取决于其特有的关系是否适合身体。倘若在具体的环境中,它们组成了各自的关系,两个或几个身体会形成一个整体,换句话说,形成另一个身体。这就是最高层次的想象实践,在这里,它激发了理解,让各个身体(灵魂)按照可以组成的关系来相遇。这就是斯宾诺莎在《伦理学》(从卷二到卷四)中最重要的**共通观念**(notions commune)理论的价值。在存在的层面上,由于确保了身体的物理学组成和人的政治组成,物质想象与理解结合在一起了。

奈格里曾对马克思的《大纲》(Grundrisse)进行了深入的解读,现在他转向了斯宾诺莎:他完全重新评价了《神、人及其幸福简论》和《神学政治论》在斯宾诺莎著作中的各自地位。这样,奈格里提出了斯宾诺莎的进化发展:从进步的乌托邦变成了革命的唯物主义。当然,奈格里第一次给出了这段轶闻全面的哲学意义,即斯宾诺莎如何让自己变成了那不勒斯的革命家马萨尼埃洛(Masaniello)(参看尼采论这段可以配得上"思想、思想家的生命"的"轶闻")。

我已经对奈格里的两个论断给出了最基本的描述。我并不是说,讨论这些论断,以及太过仓促地拒绝或肯定这些论断是合适的。这些论断用来思考思想史上的斯宾诺莎的例外状态是非常有好处的。这些论题很新,但让我们看到的首先是斯宾诺莎自己在"未来哲学"意义上的新意。它们说明了政治在斯宾诺莎哲学中占据着中心地位。我们的第一个任务是要考察这些论断的范围,理解奈格里从斯宾诺莎那里发现了什么,以及他如何是一个真挚而深刻的斯宾诺莎主义者。

二十六、巴勒斯坦的印第安人[①]

吉尔·德勒兹:似乎巴勒斯坦难民营的某些东西变得成熟了。一种新调调出现了,仿佛他们已经克服了他们危机的第一阶段,仿佛他们已经抵达了一个稳定或安宁的地方,他们的"权利"具有了新的意义。这似乎会导致一种新意识。这种新调调似乎让他们用一种新方式来说话,既不是侵略性的,也不是防御性的,而是与世界"相平等"。你怎么解释这一点,一位巴勒斯坦人已经达到了他们的政治目标?

埃里亚斯·桑巴尔(Elias Sanbar):在我们第一本杂志出版之后,我们感觉到了这个权利。需要关心斗争的人曾说"嗨,现在巴勒斯坦人有了自己的杂志了",似乎这撼动着长期以来巴勒斯坦人在全世界眼中的形象。但不要忘了,在很多人眼中,巴勒斯坦战士的形象仍然十分抽象。我会解释这一点。换句话说,在我们影响我们出场的现实之前,我们仅

[①] 与埃里亚斯·桑巴尔的访谈,发表于 1982 年 5 月 8 日的《解放报》的第 20—21 版。在访谈之前,德勒兹为创办于 1981 年 10 月的《巴勒斯坦研究评论》(*Revue d'Etudes Palestiniennes*)写了几句话,这本杂志的目的就是分析造成中东危机的诸多因素:"一段时间以来,我们十分期待一本法文版的阿拉伯杂志。我们认为杂志可能会出现在北非,但被巴勒斯坦人抢了先机。尽管这本杂志关注的是巴勒斯坦问题,但杂志的主要特征就是将阿拉伯世界看成一个整体。首先这是深度的社会政治分析,用十分冷静的笔调,展现了完美的自控力;其次,他给出了一个文学的、历史的和社会学上的阿拉伯的'身体',尽管阿拉伯世界极度富裕且鲜为人知。"埃里亚斯·桑尔是一位巴勒斯坦作家,出生于 1947 年,是《巴勒斯坦研究评论》的主编。1970 年代后期,他与德勒兹成为密友。

仅被看成难民。当我们的抵抗运动让我们的斗争不再被忽视时，我们再一次被还原成刻板形象：我们被看成单纯的好战分子。这个形象十分孤立，而且被无限复制。人们认为我们不需要承担别的事情。需要祛除我们自己在严格意义上的好战分子的形象，我们更喜欢另一种战士的形象。

我相信，我们的杂志带来的震惊，来自如下事实，即某些人必须告诉他们自己巴勒斯坦人实际上存在着，而不仅仅是呼唤一种抽象的心灵原则。尽管杂志是巴勒斯坦的杂志，它也构成了一个让许多不同意见得到表达的场所，那里不仅可以听到巴勒斯坦人的声音，也可以听到阿拉伯人、犹太人，甚至欧洲人的声音。

一些人还必须意识到，这种类型的工作，来自不同的视野，指出了许多不同的巴勒斯坦人在巴勒斯坦的不同社会部门中的存在：画家、雕刻家、工人、农民、小说家、银行家、演员、商人、教师，等等。简言之，在这个杂志背后，他们实现了整个社会的存在。

巴勒斯坦不仅是人民，也是一片土地。巴勒斯坦就是将人民和这片遭受劫掠和洗劫的土地连接起来的东西。正是在这里，那些流离失所的人有着巨大的渴望，回到这里，这是一个独一无二的地方，从1948年开始经历了被驱逐的人们组成的地方。当我们研究和仔细考察巴勒斯坦，跟随它的运动、跟随影响着它的各种变化的轨迹时，我们就有了我们眼中的巴勒斯坦的形象。我们再不会看不到这个形象。

德勒兹：你们杂志上的许多文章指向了一种新方法，用这种新方法来分析；我们也曾经用这种方法在他们的领域上追寻巴勒斯坦人。这十分重要，因为巴勒斯坦人并不认为他们处在典型的殖民情形之下。他们被清除、被驱赶，而不是被殖民。在你的书中,你比较了巴勒斯坦人和美国印第安人①。在资本主义中,实际上有两种不同的运动。首先,被留在其领土上、被驱以工作的人民,他们被剥削,并为剥削者积累了剩余价值。这就是我们通常所说的"殖民"。还有第二种,在领土上清空其人民。这样,资本主义在一个单一界限内实现了巨大的跳跃,即便这意味着要输入工人和手工劳动者。犹太复国主义的历史,即以色列的历史,以及美国的历史都走的是这条路线:如何创造一个真空,如何清空一个领土?

阿拉法特(Arafat)在访谈中已经指出这种比较的局限②,这个局限限制了你们杂志的视野:他说差异就是存在一个阿拉伯世界,而美国的印第安人已经从他们的领土上被驱逐了,他们找不到可以提供经济支持或军事支持的人。

桑巴尔:作为被驱逐的人,我们相当特别,因为我们并不是被驱逐到外国,而是无法抵达我们"祖国"的外部。我们被驱逐到阿拉伯国家,那些国家没有人会遣散我们。我想到一些以色列人的虚伪,他们认为阿拉伯人有错,没有"整合"(intégrés)我们,用以色列人的话来说,就是"让我们消失"。难道这意味着我们不会在其他的阿拉伯国家遭遇艰难的境况?当然会。我们当然会遇到。但这些困难并不因为我们是阿拉伯人。这是不可避免的,因为我们仍然保留着武装革命。在那里或许在他们共同的团结中还有一个最根本的要素。

---

① *Palestine 1948, l'expulsion*, Paris: Les Livres de la *Revue d'Etudes Palestiniennes*, 1983.

② *Revue d'Etudes Palestiniennes*, n° 2, 1982, p.3 - 17.

此外，在这里，你们看到这些元素说明了在英国托管期间①，我们并没有臣服于"古典"的殖民化，即殖民者和被殖民者彼此相邻地住着。法国人、英国人等，都希望建立一些区域，这些区域的存在条件依赖于当地居民的存在。任何统治如果要见效，就必须要有被统治的人民。这个创造出来的、或许是无意识创造出来的公共区域，即社会说的网络或部门，让殖民者和被殖民者的"相遇"发生了。这种相遇是令人无法忍受的，带有剥夺性、镇压性或压制性，但并不会改变这一事实，即"外国殖民者"为了实施统治，首先要与"当地人"保持"接触"。

犹太复国主义来了，它部分对立于我们确实的必然性。正如伊兰·哈勒维(Ilan Halevi)所说②，我们要拒绝的、我们要代替的、我们要"转化"的、我们要取代的基础，就是犹太复国主义成员的特殊性(犹太社群的出现)。这样，新的殖民者诞生了，在一个"未知的"、新来的群里，我们称之为"外国殖民者"。这个新殖民者创造了自己的特性，作为整体拒绝他者的基础。

此外，在某种程度上，我们的国家不仅在1948年被殖民，而且它"消失了"。无论如何，这就是成为"以色列人"的犹太殖民者已经经历过的事情。

犹太复国主义运动让犹太人社区在巴勒斯坦流动，他们的观点不是巴勒斯坦人有朝一日会离开，而是这个国家是"空的"。当然，那里还有很多犹太人，他们已经来了，可以看

---

① 直到1921年，巴勒斯坦都处在英国军事管制之下，那时国际联盟宣布巴勒斯坦为英国托管领土。对巴勒斯坦的民事管理肇始于1923年，直到1948年5月15日，那时，英国离开了，以色列国宣布成立了。

② Ilan Halevi, *Question juive*, *la tribu*, *la loi*, *l'espace*, Paris: Editions de Minuit, 1981.

到关于这里的说法是多么的不靠谱！但是犹太社区的大多数人就装扮地跟这些人一样，他们天天与这些人面对面，一起生活和工作，但这些人并不在这里。然而，这种盲目不是物理学上的盲目。没有人傻到那个程度。但所有人都理解生活在他们中间的人就处在"消失过程中"。他们意识到如果这些人的消失成功了，那么从一开始仿佛一切就已经发生，"从来没有看到"他者的存在，这些他者不过是错误地出现了。清空整个领土，如果成功，就必须将"他者"从殖民者的头脑中清除出去。

我们相信，犹太复国主义已经禁锢了犹太人，将他们限定在我刚刚描述过的视野里。我想要强调的是，犹太复国主义仍然掌控着犹太人。说这只是一个特殊的历史阶段，肯定不对。我这样说，是因为犹太复国主义在大屠杀之后发生了理性的转变。犹太复国主义变化了，提出了一种伪永恒原则，即世界各地的犹太人，无论他们住在哪个社区，都是时间上永恒的"他者"。

然而，没有人民，没有社区可以宣布占领这个边缘化的区域，被诅咒的"他者"在某种程度上是永恒的和无法改变的。幸运的是，这是真的，尤其对于犹太人来说是如此。

今天，在中东，他者就是阿拉伯人和巴勒斯坦人。他者的消失就是今天的秩序，从这个面临消失危险的他者中，西方强权国家要求确保的，就是它们伪善和犬儒主义的高度。

无论如何，巴解组织（PLO），我们唯一的代言人，已经提出要解决这个冲突：在巴勒斯坦建立一个民主国家，这个国家将会摧毁矗立在不同居民之间的隔离墙。

德勒兹：你们杂志第一期的首页上有一句宣言：我们是"和其他人一样的人"。这个宣言的意义有很多重。首先，这是一句提醒，或一句呼喊。

巴勒斯坦人不断地斥责,拒绝承认以色列。看,以色列人说,他们想摧毁我们。但在五十余年之后的现在,巴勒斯坦人正在奋斗,已作为人而得到承认。

其次,这个宣言标志着与以色列宣言的对立,以色列说:"我们不是像其他人的人",因为我们的先验性,以及我们经历的滔天的迫害。于是,在第二个问题上,关于以色列作家撰写大屠杀的两个文本的重要性,以及以色列认为这个事件的重要性,尤其对于巴勒斯坦人和阿拉伯世界而言,仍然没有被这样的灾难所触及。通过强调"被作为一个例外的人对待",以色列国在经济上和金融上依赖于西方国家,在某种程度上,没有其他国家拥有这样的依赖性[博阿斯·埃夫龙(Boaz Evron)①]。以色列对西方的依赖解释了巴勒斯坦人为什么要做出相反的宣言:他们想成为他们所是的人,即"非例外"状态的人。

对立于末世论的历史,有一种作为可能性的历史意义,即具有可能性的多样性,在任何时候都具有丰富多样的可能性。难道这不是你们杂志希望在分析中呈现的东西吗?

桑巴尔:当然。呼唤的观念是要提醒世界,我们的存在是非常有意义的,而且也非常简单。这就是一种真理,一旦得到承认,就会让某些让巴勒斯坦人消失的考虑变得很艰难。最后,也就是说,真理说的是,所有人都有"获得其权利的权利"。这是自明的真理,但它是如此强大,也代表着所有政治斗争的出发点和目的。看看犹太复国主义吧:他们必须对这个主题说点什么? 你们不会听到他们说:"巴勒斯坦人有权利变得一无所有。"尽管他们用武力来维持他们的地位,

---

① Boaz Evron, "Les interprétations de 'l'Holocauste': Un danger pour le peuple juif", *Revue d'Etudes Palestiniennes*, n°2, 1982, p.36 - 52.

他们也知道这一点。但你会听到他们说:"根本没有巴勒斯坦人。"

  这就是为什么肯定巴勒斯坦人的存在非常重要,甚至比最初开始出现时更为重要。

二十七、致宇野邦一,论语言[①]

亲爱的朋友:

感谢你的友好的来信。你问了好多问题,和往常一样,唯一能真的回答这些问题的人就是问问题的人。然而,我相信我们足够亲密,可以跟你说说我如何看待叙事问题。

首先,语言并不是自足的,至少在我看来是如此。于是,语言没有自己的意义。它由符号组成,但符号与任何其他元素即非语言元素不可分离,我们可以称之为"事物状态",或者更好称之为"影像"。柏格森已经十分令人信服地指出,影像不依赖于我们而存在。那么,我所谓的"话语装置"就是由世界上的影像和符号、运动和循环所组成。

其次,言说并不一定指向一个主体。根本没有表达性主体(例如,言说主体),只有装置。这意味着,在所有的装置中,都存在着"主体化过程",它分配了不同的主体:一些是影像,另一些是符号。这就是为什么在欧洲语言中,所谓的"自由间接引语"(discours indirect libre)十分重要:这是一个包含在一个陈述中的言说,这个陈述本身也依赖于其他言说。例如,"她在聚集力量,她宁可死也不愿背叛……"在我看来,

---

[①] 这封信写于 1982 年 10 月 25 日。并由德勒兹的学生兼译者宇野邦一(Kuniichi Uno)翻译成日文,发表在日本的《现代思想》(げんだいしそう)杂志的 1982 年 12 月号上,p.50—58。

所有的言说都是这种类型的言说,由好几种声音组成。在最近几年里,隐喻已经被提升到与语言并存运行的高度。在我看来,隐喻并不存在。我的意思是说,自由间接引语是唯一的"形象",唯一与语言并存的东西。我不知道日语是否有自由间接引语(你得让我知道)。如果没有,或许这仅仅是因为自由间接引语是一种与日语并存的形式,没有单独将它标识出来。

再次,语言从来不是同质性的体系,它也不包含这样的体系。语言学家,无论是雅各布森还是乔姆斯基,都相信这样的体系,因为他们没有这个体系就无法完成工作。但语言通常是异质性的体系,或者用物理学家的说法,一个无法达到平衡的体系。拉伯夫(Labov)是一位语言学家,他十分自信地提出了这个论断,因此,他更新了语言学。这个事实就是它从一开始就让文学成为可能:文学是一种无法达到平衡的写作,用自己的语言就像用"外语"写作一样(普鲁斯特和法语,卡夫卡和德语,等等)。

所有这些解释了为什么我要现在谈论电影。电影是影像和符号的装置(即便默片也常常包含言说的类型)。我想创造一种影像和符号的分类。例如,有运动-影像,它可以进一步分为感知-影像、情感-影像和动作-影像。对于所有的影像类型来说,都有对应的符号或声音,以及不同的言说形式。可以用这种方式编撰出一个巨大的影像表,因为所有的作者都有他自己的倾向。在这个方面,日本电影,对我来说,有着非常巨大的发现。

盼再会,我的朋友。

二十八、《尼采与哲学》美国版序言[①]

对于一本法国的书来说,能被翻译成英语,一直就是令人艳羡的话题。这样,在许多年之后,能激发一位作者梦想他如何会被特定的读者所接受,他同时感觉到这些读者非常接近,也如此之遥远。

有两种混淆破坏了在尼采死后对尼采的接受:他的著作真的预设法西斯主义的思想了吗?他的思想真的是哲学吗?或者它仅仅是一种暴力诗学、变化无常的格言、病态的碎片,所有这些都太过度了吗?这种误解或许在英格兰十分流行。汤姆林森(Tomlinson)说尼采面对的主要问题,以及尼采的哲学斗争,例如对法国理性主义或德国辩证法的斗争,从一开始就没有对英语思想产生可观的影响。英语世界已经拥有了它们自己的理论实用主义和经验主义,让这些思想通过尼采来前进,完全没有必要。他们没有试用尼采的实用主义和经验主义,这些东西反而会反对共识。所以,尼采在英格兰的影响,局限于小说家、诗人、剧作家之间,尼采的影响更富有实践性和感受性,而不是哲学性;更抒情,而不是更理论……

[①] 编者加上的标题。原稿标题为《英文版序言》,收录于德勒兹《尼采与哲学》(*Nietzsche and Philosophy*, trans. Hugh Tomlinson, New York: Columbia University Press, 1983, p.ix‑xiv)。

然而，尼采是19世纪最伟大的思想家之一，他彻底地改变了哲学的理论与实践。他将思想家比作从自然之弓中射出的一支箭：无论它到哪里，另一位思想家都会将箭捡起来，射向其他方向。对于尼采而言，思想家既不是永恒的，也不是历史的，而是"不合时宜的"，经常性地不合时宜。尼采的先驱很少。除了前苏格拉底思想家之外，只剩下了斯宾诺莎。

尼采的哲学可以按照两根轴线组织起来。第一根轴线与力或各种力有关，构成了一般意义上的符号学。对于尼采而言，现象、事物、有机体、社会、意识、精神都是符号，或毋宁都是象征，这样就指向了力的状态。于是，他把哲学家概括为"生理学家和医生"。对于任何既定事物，无论是内在的还是外在的，我们必须预设什么样的力的状态？尼采发明了力的类型学，区分了积极的力和消极的力（就是那些被激发出来的力），并分析了它们不同的结合方式。设计出消极的力的类型，就是尼采思想中最原创的观点之一。这本关于尼采的书试图界定和分析这些不同的力。这种一般符号学包括了语言学，而不是作为其知识分类的语文学。这是因为一个命题本身就是一组象征，表达了言说者的存在方式或生存样态，力的状态让某些人坚持或试图坚持他自己和他人的关系（合集在这里具有一个地位）。在这个意义上，一个命题通常指一种生存样态、一种"类型"。对于任何既定命题而言，宣布这个命题的人的生存样态是什么？为了拥有宣布它的权力，又要有什么样的生存样态？生存样态就是力的状态，它构成了一种可以通过符号或象征表达出来的类型。

憎恨和良心败坏，两种最大的消极的力的概念，至少在尼采对它们的"诊断"中，表达了负面力量在人类之中的胜利，即便这种力量也构成了人，例如，人类奴隶。这恰恰说明了在何种程度上，尼采对奴隶的概括并不一定代表着那些被统治的人，无论这些人是被命运所主宰，还是被社会条件所掌控。而是说无论是统治者还是被统治者，无论是支配者还是被支配者，无论怎样的统治体制，都是通过消极的力，而不是积极的力来运作的。在这个意义上，无论从它们驯服的人民来看，还是从它们培养出来的"领袖"来看，极权主义体制就是奴隶制。犹太教牧师和基督教牧师，今天全都变成了世俗牧师，从他们那里培育出来的普遍的憎恨和良心败坏的历史，在尼采的历史视角论中极为重要（尼采公认的反犹主义的文本事实上就是在处理这种原创的牧师类型）。

第二根轴线涉及权力，构成了伦理学和本体论。在尼采的权力观念中，对尼采的误解到达了顶峰。他们将权力意志解释为"渴望或寻求权力"，这些误解是最糟糕的陈词滥调，这与尼采的思想毫无关系。如果既定事物的确指的是力的状态的话，那么权力决定着这些元素，或者毋宁说，决定着不同的力的关系的运行方式。这种关系可以用"肯定"和"否定"之类的活力性质来表达。于是，权力并不是意愿想要的东西，而是在意愿中什么东西在欲望。"渴望或寻求权力"只是最低层次的权力意志，是其否定形式，或者是消极的力在事物状态中占上风时所决定的侧面。尼采哲学的一个最具有原创性的特征就是他将"是什么"问题变成了"是谁"。例如，对于任何既定命题而言，谁能够说出它？还有，我们必须废除"人格主义"的参照。"谁"并不指向某个个体或某个人，而是指向一个事件，指向在命题或一个现象中的关系性的力，还有决定那些力的起源关系。"谁"一直就是狄奥尼索斯，一位带着狄奥尼索斯的面具的家伙，是一道闪电。

对于永恒轮回的误解不亚于对权力意志的误解。一旦有人把永恒轮回理解为回到原先的组合（毕竟已经试过其他组合了），一旦有人将永恒轮回解释为同一性或身份的轮回，我们就会再一次用愚蠢的假设代替了尼采的思想。没有人比尼采对同一性的批判更甚。在《查拉图斯特拉如是说》的两个段落中，尼采十分清楚地否定了永恒轮回是一个回到同一性的圆。永恒轮回恰恰相反，因为它与一个选择密不可分，即一个双重选择。首先，它选择意志还是思想（尼采的伦理学）：选择意志，那些事物只会永恒轮回到我们也意愿的事物（消除所有的半意志，当我们说"就这一次，仅仅一次"时，我们意愿的东西）。其次，这是存在的选择（尼采的本体论）：回归的东西，或者易于回归的东西，只是那些在词语最圆满的意义上生成的东西。只有行动和肯定回归了：存在属于生成，也只属于生成。任何对立于生成的东西，如同一性或身份，严格来说都不是存在。否定作为最低层次的力，消极作为最低层次的形式，它们不会回归，因为它们是生成的对立面，生成构成了唯一存在。我们可以看到永恒轮回与同一性的接受无关，而是与超变形（transmutation）有关。永恒轮回是生成的瞬间或永恒，它们消除了任何抵抗的东西。它出现了，毋宁说它创造了活力，最纯粹的活力、最纯粹的肯定。超人唯一的意思是：他就是权力意志和永恒轮回，是狄奥尼索斯和阿里阿德涅，是意志的共同产物。这就是为什么尼采说权力意志与渴望、贪求、寻觅没有关系，而是与"给予""创造"有关。这本书最开始的关注点就是对尼采所谓的生成的分析。

不过，尼采的问题还涉及更多的概念分析。这涉及一个实践的评价，引出了整个氛围和站在读者立场上的各种各样的感受布置。和斯宾诺莎一样，尼采总是提出概念和感受的最深层的关系。概念分析是不可避免的，尼采比任何人都走得更远。但只要读者仍然在尼采之外的氛围来理解，那么这些概念分析就是无效的。只要读者坚定不移地坚持：(1) 在"尼采"式奴隶之下来看待那些被主人支配的人,那些具有奴隶地位的人,(2) 将权力意志理解为一种对权力的渴望和追求,(3) 将永恒轮回概括为同一性的谨慎回归,(4) 将超人想象为一张主人面孔,那么尼采和这种读者之间不会有一毛钱关系。尼采看起来像一个虚无主义者,或者更糟,一个法西斯分子,顶多他像是一个蒙昧的故意吓唬人的先知。尼采都知道。他知道等待着他的命运。他在"猴子"和"小丑"中,赋予查拉图斯特拉双重地位,预言了查拉图斯特拉将与猴子混淆(一位先知、一个法西斯分子、一个疯子……)。一本关于尼采的书必须纠正所有实践上的和感受上的误解,与此同时要更新他的概念分析。

的确,尼采将虚无主义诊断为承担历史的运动。没有人比尼采更好地分析了虚无主义,尼采创造了这个概念。但尼采将虚无主义精确地定义为消极力量的胜利,或者是对权力意志的否定。他毫不动摇地反对否定与消极。相反,他提出了超变形或生成,这是唯一的力的行为、唯一对权力的肯定、超历史的人性元素、超人(不是超级英雄)。超人是克服消极力量(憎恨和坏良心)的焦点所在,也是让否定让位于肯定的焦点所在。我们无论从什么地方来理解他,尼采与未来的力都须臾不可分离,那些力量就是即将来到的力量,他所希望和渴望的力量,他的思想草绘出来、他的艺术预言的力量。不仅仅尼采提到,而且卡夫卡也说过,恶魔般的力量已经敲响了大门,但他也树立起能够与恶魔之力战斗、反对它们、将我们周边的消极力量连根拔起的最终力量,来将这些恶魔般的力量彻底清除。尼采手里的"格言"不是单纯的碎片,不是思想的片段；它是一个只能在所表达出来的力的关系中才能理解的命题,按照它"能够"(已经具有了权力)引出的新的力来让其意义发生改变,也必须发生改变。

  毫无疑问,尼采哲学中最重要的东西就是改变我们为自己创作的思想形象。尼采从对与错的元素来与思想较量。他让思想变成了一个解释,一个评价,即对力的解释,对权力的评价,这就是思想-运动。在这个意义上,不仅尼采想调和思想和具体运动,而且思想本身也必须产生出特别的运动、速度和宣言(这里再一次看到了格言的地位,以及它可变的速度和其像炮弹一样的运动)。接着,设定了哲学与戏剧、舞蹈、音乐、运动艺术之间的新关系。尼采自己不满足于话语写作、论文(逻各斯),用这些东西来表达哲学思想,即便他写过很多熠熠生辉的论文,尤其是《道德的谱系》,许多现代种族学都将之视为取之不竭的"源泉"。但像《查拉图斯特拉如是说》这样的书只能看成现代戏剧,我应该说,应该这样看和听。尼采写的不是一部哲学戏剧或寓言剧。相反,他创造了一种戏剧或歌剧,直接将思想表达为经历和运动。当尼采说超人更像是波尔吉亚(Borgia)而不是帕西法尔(Parsifal)时,那种超人秩序既属于耶稣秩序,也属于普鲁士士官秩序,我们在这样的评论中错误地看到了一个前法西斯主义的宣言。他们反过来被视为导演的言论,指导如何让超人"演出"(就像克尔凯郭尔说信仰的骑士更像穿着他的节日盛装的资产阶级一样)。尼采最伟大的教诲就是,思想即创造。思想就是骰子的滚动……这就是永恒轮回的意义所在。

二十九、《电影1》首次登场[①]

你们想知道为什么如此多的人在写电影。我也想问我自己同样的问题。对我来说,似乎是因为电影包含了许多观念。我所谓的观念就是让人去思考的影像。从一种艺术到另一种艺术,影像的本质在发生改变,它与所试用的技术密不可分,如绘画中的颜色和线条、音乐中的声音、小说中的动词描述、电影中的运动-影像,等等。在每一种情况下,思想都与影像密不可分,它们完全内在于影像。不存在不依赖于这种或那种影像而实现的抽象思想,而是只能通过这种影像和它们的途径而存在的具体影像。提出电影观念意味着提炼出思想,而不是对它们的抽象,在与运动-影像的内在关系中来理解它们。这就是为什么人们会写"关于"电影的东西。伟大的电影作者,和画家、音乐家、小说家与哲学家(哲学在这里没有什么特权)一样,都是思想家。

电影和其他艺术有时是交叉的,它们可以触及类似的思想。但这绝不是因为存在着不依赖于具体表达手段的抽象思想。这是因为影像和表现手段可以创造一种从这种艺术到另一种艺术反复重复的思想,在每一个艺术例子中都是自

[①] 与塞尔日·达内(Serge Daney)的访谈,发表于1983年10月3日的《解放报》的第31版,那时《电影1:运动-影像》(*Cinéma 1: L'image-mouvement*, Paris: Editions de Minuit, 1983)刚刚出版。

律的和完善的。举一个你们喜欢的例子:黑泽明。在陀思妥耶夫斯基那里,通常存在着某种需要马上做出应对的紧急状态下的人物角色。之后突然,这个人物停顿下来,似乎毫无理由地浪费时间:他有这样的印象,他没有找到比这种状况更紧急的隐藏的"问题"。这就好比一个人被一只疯狗追,突然停下来说:"等等,这里有一个问题。但问题是什么呢?"这就是陀思妥耶夫斯基所谓的观念。我们在黑泽明那里也可以找到完全一样的问题。黑泽明的人物不断地从非常紧急状况下的"事实"走向另一个隐藏在情况之下的更为紧迫的问题的"事实"。我们所谓的思想不是问题的内容,问题的内容是抽象和粗俗的(我们走向哪里,我们从何处来?)。这就是从一种状况到一个隐含问题的形式过渡,即事实的变形。黑泽明并没有改编过陀思妥耶夫斯基,但他的运动-影像艺术和手段足以让他创造出之前曾经存在于陀思妥耶夫斯基词语描述艺术中的思想。无论他是否改编了陀思妥耶夫斯基,这都不重要了。

例如,你们自己就可以区分出电影中不同类型的影像。你们谈到了深度影像,总会有某些东西藏在其他东西后面。那么,有些就是平面影像,在平面影像中一切东西都是可见的,而在影像的组合中,每一个影像都掠过了其他影像,或者与其他影像融为一体。显然,不止有一种技术资源。你也可以考察一下动作。不同的影像类型需要不同的动作。例如,动作-影像的危机带来了一种新的演员风格,他们并不是非专业的演员,而是相反,他们是专业的非演员,就像法国的让-皮耶尔·雷奥(Jean-Pierre Léaud)、布勒·奥基耶(Bulle Ogier)、朱丽·贝尔托(Juliet Berto)一样的"试试水"的演员。再说一遍,演员不仅仅是技术的,也是思想的。演员并不一直都在思考,但他们就是思想。影像是唯一配得上他们创造出来的思想的东西。在你们的影像分类中,平面影像与对它做出反应的思想密不可分。思想的变化依赖于导演:对于德雷耶(Dreyer)来说,压制作为第三维度的深度,与第四或者第五维度密不可分,正如他对自己说的那样(演员也相应地演出)。对于威尔士(Welles)来说,深度不是你们提到的深度影像。他试图发现"过去的层次",并用对过去的探索,让运动-影像双重化,这种过去是倒叙无法生产出来的过去。这就是主要的电影创造,建构了一种时间-影像,产生了新的思想功能。

电影批评的状况似乎在书籍和杂志上十分强大。有几本非常精彩的书。或许是因为电影很新,也很快速,即电影的新近性和速度。在电影中,人们并不习惯将古典(已经做过的事情,它是十分坚实的普遍性批判的对象)和现代(现在正在做的事情,被评价得很高)断裂开来。艺术及其历史的断裂通常是破坏性的。仿佛电影也已经遭到了破坏。目前,需要做一件事:寻找电影的观念。这就是电影中最直接的研究,也是一种比较研究,因为它建立了与绘画、音乐、哲学乃至科学的比较。

三十、作为电影观众的哲学家的肖像[1]

埃尔维·圭贝尔（Hervé Guibert）：你的最新一本书是关于弗朗西斯·培根的专著，你如何实现从绘画到电影的跨越？你真的想过一个实现这个跨越的计划吗？

德勒兹：我并没有从绘画跳跃到电影。我不会认为哲学就是对某种东西或另一种东西的反思，如绘画或电影。哲学是关于概念的思考。它生产概念，创造概念。绘画创造了一种影像、线条与颜色。电影创造了另一种：运动-影像和时间-影像。但概念本身就已经是影像了，它们是思想影像。要在观看一个影像之外去理解一个概念，既不困难，也不轻松。

所以，问题不在于反思电影。也不等于是说，电影生产出来的概念就会与今天的图像式影像或与电影影像相一致。例如，电影建构了非常特别的空间：空的空间，或者空间的各个部分还没有固定的关联。但哲学也在承担建构空间的任务，它与电影空间是对应的，或者与其他艺术，乃至科学都是对应的……甚至还有很多无法辨识的区域，在那里，同样的事物既可以用图像影像来表达，也可以用科学模式、电影影

---

[1] 与埃尔维·圭贝尔的访谈，发表于 1983 年 10 月 6 日的《世界报》的第 17 版。那时《电影 1：运动-影像》（*Cinéma 1: L'image-mouvement*, Paris: Editions de Minuit, 1983) 刚刚出版。

像或者哲学概念来表达。不过所有不同领域的专业人员都经历了各个领域特有的运动、方法和问题。

圭贝尔：你逐渐(或许是临时的)将哲学家研究的传统对象搁在一旁，更喜欢其他类型的材料，这些材料更现代吗？它们被忽视了吗？或者说它们更有趣，更招人喜欢？

德勒兹：我不知道。哲学自己的材料也非常有趣和令人喜欢。我并不认为哲学死了：概念并不是什么艰难的东西，也不是古老的事物。它们是具有生命的现代实体。我们举个例子。莫里斯·布朗肖说一个事件有两个并存且彼此无法分离的维度。一方面，一个维度投入到我们的身体里，并在身体里得以实现，另一方面，这就是超越了所有现实化的用之不竭的潜能，这就是他创造出来的事件概念。

但一个演员恰恰是用这样的方式决定"演出"一个事件。或者我们可以用一个传统的禅宗偈子来说电影："正法眼藏"(la réserve visuelle des événements dans leur justesse)①。我发现，在哲学里，非常有趣的是，它如何选择将事物分开：在一个概念下，你会把你认为完全不同的东西归为一类，而在一个概念下，也会把你认为归在一起的事物分开。对于电影而言，它将事物分开，提出了视觉和声音影像的明确分组。对于视觉和声音影像不同的分组模式彼此相互竞争。

圭贝尔：你是否更喜欢去电影院，而不是图书馆？

德勒兹：图书馆是必要的，但你在里面没有太多感觉。

---

① 正法眼藏是禅宗佛教用语，来自《景德传灯录·摩诃迦叶》："佛告诸大弟子，迦叶来时，可令宣扬正法眼藏。"朱熹《答陈同甫书》也有："盖修身事君，初非二事，不可作两般看，此是千圣相传正法眼藏。"正法眼藏又指彻见真理的智慧之眼，透见万德的秘藏之法，也就是佛内心所证悟的境界。禅宗用来指佛陀和历代禅宗祖师教外别传之心印。不过，德勒兹似乎在"正法眼藏"的法文译文中，更看重的是其中的"事件"，而这个"事件"概念，恰恰是禅宗"正法眼藏"中的次要内容，也就是说，禅宗看重的是正法，而德勒兹看重的是代表诸象的事件的生成变化，如果按照德勒兹的意思，"正法眼藏"更适合理解为在眼中留下恰当的事件。——译注

电影院会带来很多欢乐。我并不是小电影院的狂热粉丝,在那里你可以找到很多影片,每场电影一个特定时间只放映一遍。对我来说,电影与它创造的观念不可分离,即永恒的景观。另一方面,我更喜欢专业影院:专门放音乐片和法国片的影院,或者专门放苏联片的影院,或者专门放动作片的影院……你会想起,正是麦克马洪(Mac-Mahon)影院让罗茜(Losey)声名鹊起。

圭贝尔:难道你坐在屏幕前,在黑暗中写作吗?

德勒兹:我看电影时不写东西,那太诡异了。我之后会尽快做笔记。我就是那种你所谓的纯真的电影观众。我尤其不喜欢不同层次的观念:意义、理解和观看的第一层、第二层、第三层。在第二层上运动的东西已经在第一层上运行了。在第一层上失败的东西,在其他层次上也会失败。所有的影像都是表面的,也必须从表面上来考察。当一个影像是平面时,你不能向它,甚至不能在思想中传递会解构它的深度。最困难的事情就是用影像呈现的方式、用最直接的方式来把握影像。当电影制片人说"嗨,大伙儿,这就是一部电影",这里没有其他层次的影像,我们只能从表面上看。维尔托夫(Vertov)曾经说过,有几种不同的生活需要一起来考察:为了电影的生活、电影中的生活以及电影自身的生命,等等。无论如何,影像不会表达任何先天的现实,它拥有着自己的现实。

圭贝尔:你会在电影院哭吗?

德勒兹:会哭呀,也会流泪,也会爆笑,这就是某种影像的基本功能。你会哭,是因为它太凄美了,或者太震撼了。唯一会让我烦恼的事情是,认识那些影迷(cinéphilique)的笑声。这种层次的笑意味着更高层次,即第二层次。我宁可看到整个大厅都在流泪。你看到格里菲斯(Griffith)的《残花泪》(*Le Lys brisé*)，又如何不会哭呢？

圭贝尔：你的书有二十多种参考资料，绝大部分都是其他论电影著作。难道你没有立刻感觉到你在写一本原创性的著作吗？你是否并不认为你是第一个独自面对影像盲目地书写，或者可以说用视觉去观看的观众？

德勒兹：电影不仅与作为整体的电影的历史密不可分，也与关于电影的写作密不可分。说出你打算如何去看电影，已经是写作中非常重要的方面。根本没有最初的观众。没有开始，也没有结束。我们总是从某物的中间开始。我们只是从中间开始创造，延伸了业已在新方向上存在的线条，或者从线条上引出枝节。

你所谓的"用视觉去观看"不仅是观众的性质，它也可能是影像本身的性质。例如，电影可以用感觉运动影像向我们呈现出来：一个人物对环境做出反应。这是可见的。但有时人物所处的环境已经超越了任何可能的反应，因为它太美妙了，太强悍了，几乎令人无法自拔，例如，罗西里尼（Rossellini）的《火山边缘之恋》(*Stromboli*)。在这种情况下，"用视觉去看"，这是图像的一个功能，它已经在影像本身之中。视觉是罗西里尼或戈达尔的视觉，而不是观众的视觉。

此外，有些影像不仅是可见的，而且也是可读的，尽管它们仍然是纯粹影像。在视觉和可读之物之间存在着某种视觉传播关系。这就是将眼与耳的特殊用途施加在观众身上的影像本身。但如果观众不知道如何欣赏一个影像、一个系列、一部电影的原创性，他们就只剩下空洞的直觉。这种影像类型的原创性必然与之前出现的一切事物携手并进。

圭贝尔：你如何准确地理解原创性的价值？

德勒兹：原创性就是一个作品的唯一标准。如果你没有感觉到你有某种新东西去说,或者有新话去说,那么为什么写作、为什么画画、为什么拍一部电影?同样,在哲学中,如果你没有发明新的概念,为什么你还想做哲学呢?只有两个危险:(1)重复已经说过的东西,或者已经做了上千遍了的东西;(2)为自己寻求新意,用一种空白的方式,追求新奇的快乐。在两种情况下,你都是在抄袭。你抄袭的是老旧东西或时尚的东西。你可以抄袭乔伊斯、赛琳娜(Céline)或阿尔托,你或许只相信你比原创更好。然而,事实上新不可能与你展现的东西、你说的东西、你阐释的东西、你打算让其出现的东西,以及在其自身的盘算下即将开始出现的东西相分离。重复和抄袭它没有意义。

伟大的电影通常是新的,它令人过目不忘。更不要说电影影像被标记了。伟大的电影导演拥有自己的打光、自己的空间、自己的主题。黑泽明电影的空间很难与沟口健二的电影相混淆。罗茜电影的暴力不会被错当成卡赞的电影(前一位是静态的不动的暴力,而后一位是实现的暴力)。尼古拉斯·雷伊(Nicholas Ray)的电影中的红色与戈达尔电影中的红色不能同日而语……

圭贝尔:你经常谈到的"问题",当涉及镜头的打光或深度时,在何种程度上,这些是问题?

德勒兹:打光和深度就是影像的数据(données)。恰恰是从"数据"上来讨论问题的,借助这样的数据,问题有不同的解决方案。原创性,或者新意,恰恰是如何不同地解决问题的方案,但更特别的是因为一个作者盘算着如何用一种新的方式来提出问题。没有一个方式比另一种方式更好。这完全就是创造。举一个打光的例子,一些电影制作人从阴影的角度提出了打光的问题。可以肯定,他们打光的方式各有千秋,以两半、条纹化、明暗对比效果打光。他们自己展现了高度统一，被贴上了电影中的"表现主义"的标签。不要忘了，这种光影影像与哲学概念即思想影像有关，即善与恶之间的战斗和冲突。

当然，如果你也打算以白光取代阴影来打光，问题就完全不一样了。从这个角度来看，有了完全不同的一个世界：阴影只是一个结果。在这种解决方案中，粗糙程度或残忍程度都不会太少，不过，现在一切都是光。然而，有两种不同的光：太阳光和月亮光。此外，从概念角度来看，战斗或冲突的问题或许会被改变和选择所取代。这是处理打光的"新"方式。但这是因为问题的本质发生了改变。随之而来的是一个创造性的途径，然后是一个作者或一个运动提出并描绘出的另一条路径。有时候，第一条路径已经山穷水尽了，有时候在第一条路径还很强大时，另一条路径已经初现端倪。

圭贝尔：你会经常去看电影吗？你会从哪个点来写作电影？你的书是如何安排结构的？

德勒兹：战争前我还是一个婴儿，但我十岁的时候，我总是去看电影，比我同辈们看得都多。我还十分喜欢回忆那个时代的演员和电影。我喜欢丹尼尔·达黎欧（Danielle Darrieux），我从萨蒂南·法布尔（Saturnin Fabre）那里感到了兴奋，因为他吓着我了，并让我捧腹大笑。他有他自己的措辞。但在战后，很长一段时间后，我才从别人那里重新发现了电影。直到非常晚近的时候，作为艺术和创造的电影的显著性才打动了我。我认为我自己不过是一位哲学家。我之所以开始写电影，就是由于我已经与符号问题纠缠了一段时间了。电影似乎需要对符号进行分类，这些符号在各个方面都超越了语言学。不过，电影没有掩饰，也没有应用的领域。哲学并不是对其他领域或学科的外在反思状态，而是与这些领域和学科进行了积极的或内在的联盟。没有比它们更抽象、更艰难的东西了。

我不会认为我在做电影哲学。我通过符号的分类，从电影本身来思考电影。这个分类是弹性的，可以改变。其唯一价值就在于它想让你看见什么。这本书的结构很复杂，但之所以如此，是因为其材料本身太过艰涩。我想要做的事情就是发明出可以像影像一样起作用的句子，"说明"电影的伟大工作。我的论断很简单：伟大的电影导演都在思考，他们的作品中有思想，拍一部电影就是创造性的、活生生的思想。

圭贝尔：在书结尾处，你并没有列举不同的电影人……你在第二卷中会走多远？里面会出现新名字吗？

德勒兹：第一卷《运动-影像》，感觉是一本完整的著作，但也让读者追问更多东西。下一卷谈时间-影像，但它不是与运动-影像对立的。相反，运动-影像本身就暗含着间接的时间-影像，通过编辑产生的影像。所以，第二卷必须考察对时间直接产生影响的影像类型，或者颠覆了运动和时间关系的影像。例如，威尔士或雷乃（Resnais）。在第一卷中，你们找不到对这些作者讨论的词语，或者谈雷诺瓦（Renoir）、奥菲尔斯（Ophüls）以及其他几个人的词语。在第一卷里，你也找不到对视频影像、新实在论、法国新浪潮、戈达尔、里韦特（Rivette）的讨论，这些人在第一卷中只是简单地提到。作者和作品的索引当然是必要的，但要等到我完成后来做。

圭贝尔：在你开始写这本书之后，你对电影的感知是否有变化？

德勒兹：当然，我还像以前一样在电影中有很多欢乐，即便我不再完全像以前那样了。但现在条件有所不同。有时候，它们很纯粹，有时又不是太纯粹。碰巧，我感觉我"绝对有必要"看某些电影，如果我不这样做，我就无法完成这本书。后来，我放弃了，我不得不在不看电影的条件下来写书，或者让其重现、重新发行。如果电影真的很美妙,我也会去看电影,我知道我想去写它。这改变了写作的条件,这种条件可遇不可求。

圭贝尔:这本书现在已经完成了,正在印刷和发行的间歇,这必然不需要你来做。你在今年夏天或秋天看过什么电影,让你想重新对待它?

德勒兹:最近我看到什么好电影?除了《路德维希》(*Ludwig*)、《受难记》(*Passion*)、《金钱》(*L'Argent*)之外,我还看了卡罗琳·罗波(Caroline Roboh)的电影《克莱芒蒂娜·汤戈》(*Clémentine Tango*),在电视上,我看了 INA 公司出品、米歇尔·罗西耶(Michèle Rosier)导演的《7 月 31 日》(*Le 31 Juillet*),这是在暑假开始时发生在一个火车站的事情。还有一些为电视制作的电影,这些电影绝对完美,真的十分惊艳,如伯努瓦·雅各(Benoît Jacquot)导演的卡夫卡《美国》的连续剧。显然我漏掉了好多电影,我想看夏侯(Chéreau)、伍迪·艾伦(Woody Allen)的片子……电影的生命依赖于加速的时间,它太快了,这就是它的权力。你必须让时间流逝。但关于电影最悲伤的事情并不是看到一部烂片的漫长故事线,而是诸如布列松或里韦特这样的电影人只能带动一小群人。无论对于自身,还是对于未来来说,尤其对于年富力强的电影人来说,这太尴尬了。

三十一、今天的和平主义[①]

《新文学》：人们正在谈论可能爆发的世界大战。在你看来，部署潘兴(Pershing)导弹系统似乎还会有其他结果？

德勒兹和让-皮耶尔·邦贝热（Jean-Pierre Bamberger）：世界大战当然是有可能的。不过，在短期内，部署导弹代表着冷战中的一个重要举动，导致新一轮的军备竞赛升级。导弹技术最主要的特征是速度、距离、精准度，以及多弹头（这是唯一继续增长的东西）。最新一轮的军备竞赛在多个方面是灾难性的。对于危机中的欧洲也是灾难性的：欧洲增长的压力意味着至少某些花费与"保卫自己"有关。美国已经坦白说明了"双重决策"(double décision)的代价[②]，这涉及每个欧洲国家要花多少钱。即便法国也不得不加速它"威慑性"

[①] 与让-皮耶尔·邦贝热的访谈，由克莱尔·巴尔内(Claire Parnet)记录，首次发表于《新文学》1983 年 12 期，p.15—21。让-皮耶尔·邦贝热是德勒兹的好友，接受过哲学训练，他从实践和理论方面来关注金融和经济问题，尤其是与诸如莫桑比克和巴西之类的第三世界之间构架的商贸关系问题。

这次访谈发生在英国和联邦德国在 1982 年 11 月部署了第一批潘兴导弹之后。北约决定在 1979 年 12 月部署这些远程导弹，旨在攻击苏联的战略目标，实现和巩固欧洲军事部署的现代化，对抗苏联的咄咄逼人。这个决策是对 1977 年苏联部署了 SS-20 核导弹的行为的回应。

与此同时，从 1981 年开始，欧洲主要城市（波恩、伦敦、马德里、阿姆斯特朗、巴黎）和纽约都爆发了和平主义示威，抗议新一轮军备竞赛。

[②] "双重决策"指的是欧洲北约装备的现代化和强化[包括部署潘兴导弹和洲际弹道导弹(ICBM)]。1979 年的北约成员国会议采纳了这个决策，如果与苏联的谈判失败，这将于 1983 年 4 月付诸实施。

核武器的现代化进程。但另一方面,对第三世界国家来说,这是灾难性的:眼下过度的武装发展,意味着最大限度地开发战略物资和矿产,所以压迫体制将长期存在,而新政策的制定将用来处理暂时得到克制的压迫和饥荒问题,这一情况可以持续到未来一段时间。它可以顺利航行到南非。在密特朗最近一次访谈中,我们看到大量关于第三世界的政策都是在谈判桌以外决定的①。最后,对于苏联也是灾难性的:军备竞赛的加速将进一步摧毁苏联经济。这就是在里根总统及其幕僚的心中,装备潘兴导弹背后的原初理由。他们希望让苏联做出反应,苏联经济很快就无法维持下去。只有美国才能承受新军备升级的任务,而没有任何实质性的损耗。

《新文学》:"削弱"苏联,难道是坏事吗?

德勒兹和让-皮耶尔·邦贝热:真正的问题是,什么是来做这个的最好方式?取笑和平主义者很容易,认为他们希望单方面解除武装,认为他们愚蠢地相信这样的"例子"就可以说服苏联解除武装。和平主义是政治哲学。它需要美国、苏联和欧洲之间部分地或全球地磋商——而不只是进行技术谈判。例如,当密特朗访谈一开始就说"无论东方还是西方,没有人想打仗,但真正的问题是负责任的大国是否能掌控局面,而局面一天比一天更糟"时,越来越明显的是,政治问题实际上被悬置了。和平主义希望技术谈判在某种程度上能与政治问题和政治改革结合起来:例如,欧洲中立区域的逐步扩大。和平主义支持东西德统一的运动。但只有统一是中立的,这种统一才能成功进行。和平主义依赖于增加东欧集团国家的自治这样的元素。最近,罗马尼亚宣布同时与苏

---

① 即法国电视二台于1983年11月16日在新闻节目《真相时刻》(L'heure de vérité)中,对密特朗的访谈。

联和美国保持距离,在这个方面,这十分重要①。我们已经概括了和平主义的政治基础和宣言:1961年的联合国计划,美国和苏联达成协议②;帕尔默(Palme)计划;协议对希腊、罗马尼亚、保加利亚和南斯拉夫等国家进行协商,达成地方性协议③。这绝不意味着用西方的和平主义来反对东方的导弹,和平主义的政治也在东方有影响力。正如塞安·麦克布里德(Sean Macbride)所说,和平主义就是国际政治的反武力(《新文学》,11月2日)。我找不到理由说明:为什么和平主义找不到自己的观察员,可以出现在国际谈判的舞台上呢? 作为一种大众运动,和平主义不可能也不会希望将技术(数量上的)问题与政治改革相分离。

如果我们必须"削弱"苏联,还有比军备竞赛更好的方式。我们已经知道,苏联对北约定下的措施,即将导弹延伸到东欧集团,感到不满。正如爱德华·汤普森(Edward Thompson)④最近在《世界报》(11月27日)上提醒我们的:"西方的每一枚新导弹都会关闭东方的一扇监狱门,加强那里的安全系统。"苏联不能让其影响范围内的最低限度的自治存在。这将迟早宣布波兰的死刑。无论在东德、匈牙利掀起什么样的运动,都会遭到窒息。希腊人的初衷会遭到阻截。很明显,军备竞赛恰恰会产生对立的效果。即便在西欧,也会导致警力和军事存在的增多。

《新文学》:难道你支持在苏联导弹下的毫无武装的欧洲吗?

德勒兹和让-皮耶尔·邦贝热:并非如此。和平主义希

---

① 罗马尼亚政府奉行独立的外交政策,举行了大量的示威活动,抗议在欧洲部署美国的中程核导弹以及苏联的SS-20导弹。
② 1961年11月24日,联合国大会就"禁止核武器和原子武器"达成协议。
③ 这里指的是希腊总统帕潘德里欧(Papandréou)开启的与土耳其、保加利亚、南斯拉夫和罗马尼亚等国的"建设性"谈话,让巴尔干地区去核化。
④ 爱德华·汤普森是一位英国历史学家。

望引导政府之间的技术和政治协商。纯粹技术平衡是一种幻想。我们想就跨洲际武器进行协商,美国优势很明显(在海陆弹道导弹的范围尤为如此)。我们并不相信苏联首先会跟上。我们希望就苏联具有优势的陆军武器进行协商:为什么美国必须首先跟上?这一点格外正确,既然西欧并非毫无武装,北约核海军可以改编为陆军或洲际用途。安特瓦尼·桑圭内蒂(Antoine Sanguinetti)在最近一次访谈中说:"当美国人在六十年代撤回了他们的陆地导弹时,他们并不是什么都没有给欧洲留下。北约的核海军仍然在地中海海域巡弋,带有可以与 SS-20 媲美的弹头。精确性也差不多,但范围更广。1965 年之后就部署了这些弹头,但没有人谈过这些弹头。"(*Lui*, juin 1983)

欧洲的陆地导弹就是漫长历史的一部分。苏联人和美国人都经常谈这些历史。肯尼迪撤回这些导弹,理由有二:(1)补偿苏联,苏联及其盟国并不想受到家门口的陆地导弹的威胁,正如美国人拒绝苏联在古巴的导弹威胁;(2)因为肯尼迪认为美国的洲际导弹在技术上足够先进。这就是冷战结束的一个重要因素。但 1977 年,施密特总理指出,由于苏联的新导弹技术的进步(这经常是一个古老的技术论断),决定重新部署这些导弹。于是,里根总统做出了长期以来所期望做的事情。不过,碰巧这些准备部署的导弹打不到苏联。但随着新导弹的发展,其功能发生了改变,正如英国前首相大卫·欧文(David Owen)所说的那样(*Le Monde*, 22 Novembre)。为什么评论员会部分站在里根的立场上说这是"非常明智的"?苏联或许会将其解释为与肯尼迪政府私下约定的破裂,或者更糟糕,是 1979 年计划[①]即北约的进攻型角色的强化。

---

① 参看前文的"双重决策"注释。

里根认为是时候开展一场新冷战了，因为苏联在政治上和经济上都十分孱弱。他认为通过另一轮军备竞赛，让苏联动起来，这是件好事。这会煎熬苏联经济，迫使苏联不得不扩展它的资源：苏联越是出现在欧洲，美国就越能控制太平洋。安德罗波夫（Andropov）的回应应该不会让人感到意外：当然苏联也能在东欧部署它的陆地导弹（甚至还会出现这样行动导致的其他结果），但它会忙于这个平衡的其他方面，例如，"在世界海洋领域"发展它的洲际能力。西方处在这样一种恶劣的信仰之下，我们被告知，我们应该这样去期望，而贫乏的里根已经被苏联的态度弄得"很受伤"。

《新文学》：为什么当美国撤回自己的导弹后，苏联还要继续发展导弹？怎样才能让西欧感觉不到处于来自苏联侵略的可能性之下？

德勒兹和让-皮耶尔·邦贝热：没有人认为苏联人要摧毁欧洲，让其征服去吧。西欧没有苏联人要的自然资源，但许多欧洲人公开敌视苏联体制。为什么苏联要在它的背上负担比波兰更糟糕的十二头驴子？30万美国士兵驻扎在欧洲又如何？苏联将会与美国爆发一场硬碰硬的大陆战争。只有科尔总理正式地谈过如何避免一场新的慕尼黑事件。纳粹扩张和苏联之间的比较根本站不住脚。苏联通常会宣传它的方向：向东亚宣传，向巴尔干宣传，向印度洋宣传。苏联的战后扩展遵照的是同一模式。其意义已经在战略上规划清楚。不幸的是，它仍然在东欧保持武力，并不断地更新那里的武力部署，来控制东欧（尽管南斯拉夫和阿尔巴尼亚脱身于此）。

我们不要忘了西欧的财产，不要忘记这里还有大量的产业集团。而事实上，美国控制了许多集团（举例来说，联邦德国有超过一千家美国公司）。在二战后，苏联已经对德国带有深深的恐惧,但这种恐惧已经在新的线条下发生了转化。苏联害怕美国有朝一日通过扩张欧洲边界,让德国变成大陆战争上有限的排头兵,从而缓和德国的隔离主义和帝国主义。施勒辛格(Schlesinger)①在尼克松当政期间正式谈过这个假设。作为欧洲人,我们或许认为这个假设纯属胡扯。但这个胡扯不亚于我们认为苏联人会发动对欧洲战争的胡扯。正如因为法国导弹是"震慑性"的,所以苏联宣布他们的导弹是"防御性"的。这就是为什么在德国的统一中,每一边都要保持中立,这对和平主义来说很重要。对于共同恐惧而言,具有镇静效果。

这的确是和平主义的目标之一。但这并不是苏联的目标[参看普洛埃科托(Proektor)②在1981年11月3日的《解放报》上发表的宣言]。讨论的真正问题被模糊掉了。苏联的问题就是认为美国掌控着西欧。苏联对东欧的掌控在政治上更为紧凑,但在经济上效果很差。军备竞赛和过度军备真的是在滋养战争。但也有另一方面的意义。

对于美国而言,军备竞赛是代表着他们控制西欧的符号或标签,西欧尚不能在经济上自主,未来也不会自主。**在这个方面,部署潘兴导弹的决定是西欧的一个重要决策,因为这说明西欧不仅决定处于美国的军事保护之下,而且也需要限定在美国的狭窄的经济轨道之上。**政治选择的借口就是不想成为苏联的"卫星国",但西欧做出的选择是充当美国的卫星国,即便它仍然还在北约和大西洋联盟(只有帕潘德里欧和欧洲左派希望那样)。今天,苏联的一个努力成果就是重新建立了东欧及自己领土范围内的补偿性平衡。与军备竞赛不一样,平衡的观念在这里很重要:东欧国家的债务被

---

① 施勒辛格是尼克松政府的国防部长。
② 普洛埃科托是苏联的军事专家。

三十一、今天的和平主义

慢慢消除了,因此,可以给出它们与西方国家扩大贸易的更好的条件。苏联通过压缩其内部的购买力(这就是波兰政府开始时的情形),采取了极端措施。但西欧国家,包括社会主义的政府,都面临着同一个问题,也会采取同样的措施,尽管这个措施推进会很谨慎。西欧是否可以避免陷入波兰式的困境,尚不明朗。美国的经济支配将会导致所有的欧洲国家陷入风险,并增加它们彼此对立的机会。

这样,军备竞赛、过度武装,还有军事和政治之外的另一个层面。军备竞赛是美国让西欧国家处于其严格的经济依赖之下的间接手段。这也说明苏联如何将东欧控制在其影响之下(事实上,正如爱德华·汤普森所说,"SS-20导弹也瞄准了东欧内部有二心的国家"),这就是苏联对美国化西欧的回答。西欧任何走向经济独立的努力都会走向和平,因为苏联及其卫星国和西方也有着同样的问题,两种不同形式有着同样的危机,它们只能通过卸除武装来共同面对。

所有对话最后都关于军备竞赛,整个讨论都将最重要的东西放在一边。一般来说,我们被引向战争,而最根本的经济问题被忽略了。这些问题甚至不太重要,它们只能算是鼠目寸光的浅见。你们难道真的知道某些疯狂的东西——军备竞赛的另一面吗?这就是美元的霸权,美国人用美元来支配世界,阻碍东欧和西欧之间关系的任何进展。所有人都知道这一点,我们全都同意。但只有和平主义才能对之做出反应。无论如何,或许雅典峰会会让法国这样的一些国家走向欧洲的新政治战略①。

《新文学》:法国公众意见似乎对和平主义不太关心,媒

---

① 这里指的是 1983 年 12 月 4—5 日在雅典举行的欧洲委员会,在那里,各国没有就预算问题或共同的农业政策问题达成一致。

体和一些书籍甚至对和平主义进行了激烈的批评。

德勒兹和让-皮耶尔·邦贝热：是的,在法国,1968年以后,的确没有什么恐怖分子,但我们有忏悔者和反动派。有人指责和平主义者会发展反犹主义。这已经有白纸黑字的东西了。论点很牵强,就像这样：

（1）奥斯维辛绝对是恶的；

（2）古拉格绝对是恶的；

（3）不可能有两个"绝对恶",所以奥斯维辛和古拉格是同一回事；

（4）核战争的威胁是一个美妙的观点,这就是在边缘上的思考,是新哲学。可能成为广岛,就是我们重复奥斯维辛、回避古拉格而付出的代价。

这就是"新哲学"告诉我们的东西。帕斯卡之赌掌握在军队手里,里根就是新帕斯卡。新哲学令人感到不适,有点陈词滥调①。科尔总理十分谦和地称之为"知识界的分水岭"。绝对恶的观念是一种宗教观点,而不是历史观念。将奥斯维辛看成萨布拉(Sabra)和夏蒂拉(Chatila)②的屠戮,现在这也裁决着里根主义。爱德华·汤普森在访谈中解释了为什么法国知识分子想要人民相信和平主义和人权有一个对立面。他说道,他们全都变得更加好战了,呼唤进行一场新冷战。那么萨特也不再迟疑。他独自登场,不让他们说这些废话。

---

① 指的是安德烈·格鲁克斯曼（André Glucksmann）的书《眩晕之力》（*La Force du Vertige*，Paris：Grasset，1983），这本书出现在几周之前,并讨论了这些问题。

② 德勒兹在这里指的是一场发生于1982年9月16日至9月18日的大屠杀,发生地点是贝鲁特的萨布拉街区和邻近的夏蒂拉难民营,凶手是黎巴嫩的基督教民兵组织。遇难人数在762人至3500人之间,绝大部分是巴勒斯坦人和黎巴嫩的什叶派穆斯林。——译注

三十一、今天的和平主义

法国公共意见完全是另一个问题。这不需要任何形而上学的强调。人们并不关心潘兴导弹,因为它们并不在我们的土地上。密特朗的立场似乎就是公共意见状态的镜像。不幸的是,公共意见喜欢右派。但我们并不认为法国会长期不关心作为一种持续发展的大众运动的和平主义。我们认为和平主义会逐渐在所有人心中成为头号问题。

《新文学》:但你怎么解释法国政治的当前状况?

德勒兹和让-皮耶尔·邦贝热:或许戴高乐的遗产有两个方面。首先,密特朗并不会将迫使其他欧洲国家接受潘兴导弹,即便这会让他与社会民主党人决裂,并让他站在保守派一边,他用一句话和一个行动证明了他对陆地武器不感兴趣。他想要的是成为世界玩家,在国际武器谈判桌上有一席之地。但我们不知道法国会带着什么样的压力去谈判桌,尤其是这意味着法国将与欧洲其他国家决裂,与和平主义运动相对立,也就业已放弃了新的第三世界的政治。法国通过玩这一手,反映出它在欧洲的特殊地位(属于大西洋联盟,但不属于北约),实际上增加了它在任何实际谈判中对美国的依赖性。其次,密特朗完全拥护法国的欧非关系"视野",而其他欧洲国家对此不太关心。欧洲的地中海-非洲的霸权观念,不容易用中立观念、德国统一等来缓解。当然,重新思考非洲的政策将会是法国新社会主义平台的主要支撑。这需要全新的政治气候……好的,就第三世界国家而言,今天的法国面对着之前政府面对过的同样的情形。他们说法国的预防性武器,在苏联眼里是值得信赖的,唯有总统在紧急状态下才会按下按钮。但令世界信服的唯一方式就是做出有限的行为,来展现我们的决心。这些操作会影响第三世界国家,这只会让我们彼此间更加疏离[如无条件地支持马岛战争、我们在黎巴嫩问题上暧昧不清、突袭巴尔贝克(Baalbek)、军事支持乍得的侯赛因·哈布雷（Hissène Habré）、武装伊拉克，等等］。

　　过度武装的两面都会回归。其中的一面会转向东方，另一面会转向南方。很明显，与苏联的战争威胁正在增加，但也会必然增强对第三世界国家的控制。例如，安特瓦尼·桑圭内蒂说过，美国导弹部署在西西里岛，不可能打到苏联，但可以轻易地打到埃及、阿尔及利亚或摩洛哥。另一方面，我们的威慑武力就是要考验非洲，尽管没有发射过，因为非洲就是我们发展方向的纵深得以实施的地方。当然，法国总是开放谈判。然而，当法国自绝于欧洲的和平运动，自绝于全球第三世界国家的运动时，它让自己的谈判变成毫无政治内容、毫无真正变革目标的狭隘的纯技术形式的谈判。不过，得再三强调一下，欧洲的危机将改变法国政治的假设。

三十二、1968年的五月风暴不曾发生[1]

在1789年法国大革命、巴黎公社,以及1917年的十月革命这样的历史现象中,总会有事件的一部分,不能还原成任何社会决定论,或者因果链条。历史学家很不喜欢这个方面:他们要在历史事实背后恢复因果关联。不过,事件本身也是分裂的形式,或者碎裂的因果关系,它是一个分叉,相对于规律的脱轨,一个开辟新的可能领域的不稳定的条件。伊利亚·普里戈金(Ilya Prigogine)谈过这样一种状态,在这样的状态下,即便在物理学中,最细微的差异都会持存下来,而不是达到平衡,让那些彼此完全独立的现象和谐一致。在这个意义上,一个事件可以被转变、被压制、被合并、被背叛,但仍然会有某种东西不可能完全过时。只有背叛者才会说:它过时了。即便事件很古老,它也不可能完全过时:这是一个开启可能性的开端。它对个体内部的影响与对社会深层的影响相差无几。

再说一遍,我们谈论的历史现象本身就带有决定论或因果关系,即便它们有着完全不同的本质。1968年五月风暴更多的是纯事件的秩序,摆脱了一切规范,或者一个常规的因果关系。五月风暴的历史就是"一系列被扩大的不稳定性

---

[1] 与加塔利合著,发表于《新文学》1984年5月号,3—9,p.75—76。

和动荡"。在1968年的风暴中,有很多煽动、故作姿态、口号、愚蠢、幻觉,但这都不是要考察的东西。要考察的东西是一种有远见的现象,仿佛社会突然看到其中什么是令人无法容忍的,也看到其他东西的可能性。这就是在"要么给我一个可能,要么我窒息而亡……"的形势下的集体现象。可能性并不是预先给定的,它是由事件创造的。这就是生命的问题。事件创造出新的存在,它产生了新的主体性(与身体、时间、当下环境、文化、工作的新关系)。

当社会发生变动时,按照经济或政治因果关系的线条得出的结论和结果是不充分的。社会必须要新的集体宣言行为,形成新的主体性,这样,它就欲求着变革。这就是真正的"重组"(reconversion)。美国的罗斯福新政和日本的繁荣对应于两种不同的主观重组的例子,不仅与各种含混不清甚至反动的结构有关,而且也与能提供与事件的要求对应的新社会状态的动机和创造性有关。相反,法国的五月风暴之后,当权者还继续生活在"事情都会搞定的"的观念之下。事实上,事情搞定了,却是在灾难性前提下搞定的。五月风暴不是危机的结果,也不是对危机做出的反应。它恰恰是对立面。就是这场当下的危机,法国当前危机的困境直接来自法国社会无法消化的1968年的五月风暴。法国社会已经展现出,它完全无法在集体层次上创造一个主体性的重组,而这恰恰是五月风暴的需求,所以,它何以能激发一次经济上的重组,来满足"左派"的期望?法国社会从来不会为人民想任何事情:既不为学校的人,也不为工作的人。一切新的东西都被边缘化了,或被转变成一幅讽刺画。今天我们看到龙威(Longwy)地区的人关心他们的钢铁,奶牛农场的农夫只关心他们的奶牛:他们还会干点别的吗?新的存在,新集体主体性形成的新的共同宣言,都进一步被反对五月风暴的反动

三十二、1968年的五月风暴不曾发生

行径所碾碎，左派几乎和右派一致。即便有了"自由电台"，每一次可能性也都被封闭了。

你们可以到处碰到五月风暴的孩子们，即便他们不在意他们是谁，每一个国家也都用自己的方式在生产他们。他们的处境并不伟大。这些都是不年轻的行动者。奇怪的是，他们都很冷漠，正因为如此，他们才特别上道。他们不再要求什么或自恋，但他们完全知道，在今天没有任何东西可以对应于他们的主体性，对应于他们的潜能。他们甚至知道，所有当下的改革就是直接针对他们的。他们注定尽可能地关注他们自己的事情。他们的心灵仍然开放，悬于某种可能的东西上。正是科波拉（Coppola）在《斗鱼》（Rusty James）中创作了他们诗化的肖像，演员米基·洛克（Michey Rourke）解释说："角色就在他绳子的末端，在边缘上。他并不是地狱天使的类型。他有脑子，他的感觉也不错。但他就是得不到任何大学的学位。恰恰是这种处境让他变得疯狂。他知道他找不到工作，因为他比任何雇用他的人都聪明……"（《解放报》，1984年2月15日）

这就是整个世界的真相。我们在失业、在退休、在学校上常规化的东西，是由"放弃的处境"来决定，在这种处境下，弱智才是标准模板。唯一的主体重组实际上发生在集体层面上，这就是放任的美国式资本主义，或者像巴西的非洲裔美洲人的宗教：它们就是被颠覆的新正统的形象（我们在这里还要加上欧洲的新教皇制）。欧洲没有什么可说的，法国唯一的雄心壮志似乎就是认定美国化的领导和过度武装的欧洲，这势必从上至下强行进行必要的经济重组。不过可能的领域在其他地方：**在东西向上**，在于和平主义，因为和平主义旨在打破冲突，打破过度武装，也打破美苏之间复杂的共谋关系和分配关系；**在南北向上**，在于一种新的国际主义，不再仅仅依赖于与第三世界的联盟,而是依赖于富有国家自身中的第三世界化的现象[例如大都市的发展、内城的衰退、欧洲第三世界的出现,正如保罗·维利里奥(Paul Virilio)说的那样]。可能只有一种创造性的解决方案。这就是创造性的重组,对解决当下危机十分有益,并接受一个普遍化的1968年五月风暴、一个分歧或震荡都被扩大的五月风暴。

三十三、致宇野邦一：我们如何以二的方式进行工作？[1]

(董树宝 译)

亲爱的宇野邦一：

你问菲利克斯·加塔利与我如何相识，如何一起工作。我只能向你提供我的观点，加塔利的看法可能是不同的。可以肯定的是，一起工作没有秘诀或普遍的程式。

这恰好发生在法国1968年之后。起初我们并不相识，但一个共同的朋友希望我们彼此相识。不过，我们乍一见面没有什么可供对方了解的。加塔利总是有许多维度，参与许多精神病的、政治的活动，从事许多群体工作。这是一颗群体之"星"。抑或应该将他比作海：总是表面上变幻不定，始终光芒四射。他能够周旋于各种活动，他睡得少，他游历，他不会停下来。他没有中止。他具有异常惊人的速度。至于我，我更像山丘：我极少移动，不能同时进行两件事，我的观念是固定的观念，而且我所具有的、罕见发生的运动是内在的。我喜欢独自写作，我不喜欢说话，除了上课，那时话语不得不顺从其他内容。至于我们俩，加塔利和我，我们可能进行一场棋逢对手的相扑运动。

可是，如果你仔细打量加塔利，就会发觉他太孤单了。

---

[1] 这封信写于1984年7月25日，并由德勒兹的学生兼译者宇野邦一翻译成日文。

在两个活动之间,或在很多人中间,他可能陷入巨大的孤独之中。他溜走了,去弹琴、阅读、写作。我很少遇见一个这样有创造力、提出这么多理念的人。而且对于他的理念,他不断地调整它们、反复考虑它们、不停地改变它们的形态。他也完全能够对它们不感兴趣,甚至能够忘记它们,以便更好地修改它们、重新分配它们。他的理念是素描,抑或是图表。在我看来,种种概念具有本己的存在,它们被激活,这是不可见的创造物。但是它们恰恰需要被创造。哲学在我看来是一门创造的艺术,与绘画和音乐一样:哲学创造概念。概念不具有普遍性,亦不具有真理性。更确切地说,这是属于**独特的**(Singulier)、**重要**(Important)和**新**(Nouveau)的领域。概念与感受(概念作用于我们的生命的强烈效果)和知觉物(观看和感知概念激发我们的新方式)密不可分。

在加塔利的图表和我与之有关的概念之间,我们很想一起工作,不过我们的确不知道该如何做。我们读了很多有关人种学、经济学、语言学的著作。这些都是材料,我曾为加塔利从中提取的东西所着迷,而加塔利被我试图从中所进行的哲学贯注激发兴趣。很快,为了《反俄狄浦斯》,我们知道了我们想要说的内容:一种作为机器、工厂的无意识的新阐述,一种以历史、政治和社会的世界为索引的谵妄的新构想。但是,该怎么做呢?我们开始以混乱的、没完没了的书信进行工作,然后两个人隔几天或几周见面一次。你了解这一点,这是一项太令人厌倦的工作,我们总是开玩笑。而且我们每个人沿着不同的方向阐发了这样或那样的问题,我们混合了文字,我们每次需要时都创造语词。这本书有时具有一种强烈的、彼此之间不再说明理由的相容性。

我们之间的差异妨碍了我们,不过又进一步帮助了我们。我们从未有相同的节奏。加塔利责备我没有回复他写给我的信:因为我不能马上回复。我只能很晚才回复,一两个月之后,此时加塔利已经跑到其他领域了。而且在我们见面的时候,我们从未一起说话:我们总是一个人说,另一个人听。我没有放弃加塔利,即便是在他厌烦的时候,而加塔利追赶我,即便是在我精疲力竭的时候。渐渐地,一个概念具有了一种自主的存在,我们有时以不同的方式继续理解这种存在(例如我们从未以相同的方式理解"无器官身体")。以二的方式工作从未是统一,更确切地说是增殖、分岔的集聚、块茎。我可以对那些回到这样或那样主题、这样或那样观念的起源的人说:在我看来,加塔利犹如十足的闪电,而我则像一种避雷针;我隐藏在泥土之中,以便以其他的方式再生,而加塔利重新开始……我们就以这样的方式前进。

至于《千高原》,这又有所不同。这本书的构成更加复杂,所探讨的领域更加多样,不过我们获得了这样的习惯——一个人能够猜出另一个人会走向何方。我们的谈话容许大量的省略,而且我们可以建立各种共鸣,不仅在我们之间,而且在我们横贯的各种领域之间。当我们写这本书的时候,最美妙的时刻是:副歌与音乐、战争机器与游牧、生成动物。在这一点上,我在加塔利的驱动下感觉到陌生概念存在的未知界域。正是这本书让我感到快乐,而且对于我而言,我最终也没有耗尽这本书。不要考虑任何虚荣心,我是为了自己说话,而不是为了读者。随后加塔利和我,我们每个人的确应该从各自的角度重新工作,以便重新获得灵感。但是,我被说服了,我们重新去一起工作。

好了,亲爱的宇野邦一,我希望能回答你的一部分问题。祝你一切顺利!

三十四、阿拉法特的重要性[1]

巴勒斯坦的事业首先是巴勒斯坦已经并继续经受的所有不正义的综合。这些不正义包括了暴力行为,也包括了毫无道理的暴力和错误推理的出现,这些错误承诺要补偿或甄别这些行为。阿拉法特只用一个词来形容这些被打破的承诺,以及萨布拉和夏蒂拉的大屠杀:耻辱,耻辱!

一些人说这不是大屠杀。不过从一开始,历史与奥拉杜尔(Oradour)事件[2]就有着相似性。犹太复国主义的恐怖分子不仅直接反对英国人,而且也针对被他们抹杀的阿拉伯人村庄。伊尔贡(Irgoun)在这方面非常激进[代尔亚辛村大屠杀(Deir Yassine)[3]]。从一开始,他们的行径就犹如巴勒斯坦人民根本不应该存在,而且仿佛他们从未存在过。

征服者在历史上经受了最惨无人道的大屠杀。极端犹

---

[1] 发表于《巴勒斯坦研究评论》1984年冬季号,n°10,p.41—43。这篇文章署的日期是1983年9月。

[2] 1944年6月10日,在靠近里摩日(Limoges)的格拉讷河畔的奥拉杜尔村,德国党卫军士兵残忍杀害了642名村民,这几乎是奥拉杜尔村所有的村民。奥拉杜尔的遗址一直保留至今。——译注

[3] 伊尔贡是由利库德(Likoud)集团的奠基人弗拉基米尔·贾伯廷斯基(Vladimir Jabotinsky)创立的一个极端主义运动的武装分支。梅拉赫姆·贝京(Menahem Begin)曾一度领导过伊尔贡,他们的军事行动既针对巴勒斯坦阿拉伯民族运动,也针对英国的管理。这个组织显然要对1948年巴勒斯坦郊区的代尔亚辛村大屠杀和袭击大卫王酒店负责任,而大卫王酒店曾经是英治耶路撒冷秘书处所在地。

太复国主义者反而将大屠杀变成了一种**绝对恶**(mal absolu)。将历史上最恶劣的大屠杀变成绝对恶,这是一种宗教和秘教方法,而不是历史方法。它不会制止恶。相反,它滋长恶,将恶散播在其他无辜者身上。它需要的补偿是,让其他人遭受部分犹太人曾经遭受过的苦难(驱逐、少数民族聚居区、作为人消失)。带着比大屠杀更"冷酷"的意义,他们希望达到同样的目的。

美国和欧洲想补偿犹太人。它们让一个民族去补偿,这个民族与大屠杀没有什么关系,也从来没有听过大屠杀,因此也是完全无辜的。这是一个荒诞和暴力的开始。犹太复国主义者和后来的以色列国要巴勒斯坦人承认他们的权利。但以色列国则否定巴勒斯坦人的事实。这并不是说巴勒斯坦人,而是说巴勒斯坦阿拉伯人,仿佛他们只是偶然地错误地在那里。后来以色列驱逐巴勒斯坦人,仿佛他们是外来的,他们基本上不提巴勒斯坦人自己进行的第一次抵抗战争。巴勒斯坦人被贴上希特勒继承人的标签,因为他们不承认以色列的权利。一个虚构的东西传播得越来越广,彻底打倒了那些捍卫巴勒斯坦事业的人。这个虚构故事,也即以色列之赌,将会将那些抗议犹太复国主义国家的事实状况和行动的人都称为反犹主义。这就是以色列对巴勒斯坦人政治冷漠的行为的起源。

他们假装这块土地已经是一块空土地,因为它注定是留给犹太复国主义者的。它是殖民化的土地,但不是十九世纪那种殖民地:他们不剥削当地居民,而是迫使他们离开。留在那里的人并不是依赖于那片土地的劳动力,而是一个临时的、要遣散的劳动力,就像贫民区的移民一样。从一开始,购买土地就是认为这片土地上没有居民或者已经被腾空。这是灭绝,不过这种灭绝是用地理学上的驱逐来实现物理上的消失:作为纯粹的类的阿拉伯人、活生生的巴勒斯坦人已经在阿拉伯人的群体中消失。无论是否因为唯利是图,巴勒斯坦人的物理上的消失完美地实现了。但他们说这不是灭绝,因为灭绝不是"终极目标"。事实上,这只是他们的手段之一。

美国和以色列的同流合污并不仅仅在于美国有一支强大的犹太复国主义游说团。埃里亚斯·桑巴尔(Elias Sanbar)已经指出,美国发现了一个以色列在它自己历史上的对应项:印第安人的灭绝,这也是部分在物理上的直接灭绝[1]。他们也清空了地盘,除了那些保留地和贫民窟(这些地方已经让印第安人变成了从内部而来的移民),仿佛那里从来没有过印第安人。在很多方面,巴勒斯坦人就是新的印第安人,即以色列的印第安人。马克思主义的分析表明了在资本主义下的两个补充性的运动:不断地为自己设定界限,在界限内,资本主义可以安置和开发它自己的体系,或者撤销这些界限,超越界限,再一次在更大也更强的尺度上进行奠基。美国资本主义超越界限的行为,就是美国梦的行为。以色列已经带着更伟大的以色列的梦想在阿拉伯人的土地上做着同样的事情,一个建立在阿拉伯人脊背上的梦想。

巴勒斯坦人找到了抵抗的力量,他们抵抗着。他们从普通的、血统相传的人民变成了武装国家。没有土地,没有国家,他们试图建立一个组织,不仅代表着而且也生成着他们的人民。需要一个伟大的历史人物,用西方的话来说,需要一个莎士比亚式的人物。这个人就是阿拉法特。这不是第一次在历史上出现[参看一下法国的自由法兰西(la France

---

[1] *Palestine* 1948, *l'expulsion*, Paris: Les Livres de la *Revue d'Etudes Palestiniennes*, 1983.

libre)，尽管从一开始，他们没有得到太多人的支持]。这也并不是没有历史先例：以色列已经精心地故意地摧毁了解决的一切机会，摧毁了一切解决方案的机会。他们仍然蜷缩在宗教的壕堑里，不仅否认巴勒斯坦人的权利，也否认他们存在的事实。他们将巴勒斯坦人视为外国恐怖分子，试图在他们的土地上洗白。正是因为巴勒斯坦人不是来自国外，而是与其他阿拉伯人不同的特殊民族，正如欧洲人彼此不同一样，所以他们从其他阿拉伯国家那里得不到明确援助。有时候，一旦巴勒斯坦人对他们来说变得十分危险，这种援助就会变成敌意和灭绝。巴勒斯坦人已经经历了地狱般的历史循环：所有解决方案不断地陷入失败，在最恶劣的反转中，联盟掉过头来对付他们，最神圣的诺言已经被打破。他们的抵抗不得不从挫折中重新站起来。

萨布拉和夏蒂拉大屠杀的一个目标或许就是让阿拉法特名誉扫地。他只能让他们的战士离开，让他们的武装部队保持不动，条件是美国和以色列保障他们家人的安全。在大屠杀之后，他们可以说："耻辱。"如果危机到来的结果是，对于巴解组织而言，迟早被整合到一个阿拉伯国家当中，那么巴勒斯坦人才真的消失了。但是，这样的局面会让美国和以色列遗憾失去了机会，保护在今天仍然还有可能的机会。对以色列浮夸的说法"我们不是像其他人一样的人"的回应是，巴勒斯坦人已经重复了他们的呼喊，即《巴勒斯坦研究评论》(*Revue d'Etudes Palestiniennes*)第 1 期所提出的：我们是和其他人一样的人，这就是我们所希望的……

由于发动了对黎巴嫩的恐怖主义战争，以色列认为它能消灭巴解组织，并将已经在那片土地上消失的巴勒斯坦人的支柱推倒。或许它已经成功了，因为在的黎波里(Tripoli)围城之后，那里是阿拉法特唯一的家园，那里带着一种孤独的华丽。但巴勒斯坦人民如果不走向双重恐怖主义,即国家恐怖主义和宗教恐怖主义,他们就不会失去他们的身份,这些恐怖主义会让他们消失,并让与以色列和平共处的机会化为泡影。黎巴嫩的战争不仅让以色列在道德上有所损伤,在经济上混乱不堪,而且也让国家背上了不宽容的负面形象。政治解决、和平共存,是与独立的巴解组织在一起的唯一可能,巴解组织尚未被一个现存的国家所吞噬。巴解组织的消失只能代表着盲目的战争武力的胜利,而这与巴勒斯坦人的生存毫无关系。

三十五、米歇尔·福柯的主要概念[①]

福柯将他的著作称之为"历史研究",尽管他并不认为这是"历史学家的著作"。他写的是哲学家的著作,但他不写历史哲学。思考意味着什么?福柯从来只谈过这一个问题(他受海德格尔影响)。历史是什么?历史有着不同层次的形态,由各个层次组成。但思考就是要在各个层次之间,在缝隙中触及未分层的材料。思考与历史有着本质关联,但与其说它是历史,不如说它是永恒。这非常接近于尼采说的不合时宜:思考一个抵抗着现在的过去——如果尼采不加上下面的话,那它就不过是一个共同的场所(lieu commun)、纯粹的乡愁、某种回归:"赞同,我希望,一个时代的来临。"这就是穿越不同历史阶段的思想的生成,它们就像孪生子一样,但并不彼此类似。思考必须来自思想之外的东西,但与此同时也产生于内部——在层级之下,并超越层级。"在何种程度上,思想的任务就是思考自己的历史,可以将它从它无声地思考

[①] 这篇文章写于福柯逝世的1984年冬季,这篇文章似乎是后来《福柯》一书的第一版。打印稿经过了编辑的修订,经德勒兹同意出版。德勒兹1985—1986年在圣丹尼(即巴黎八大的所在地)的课程,以及当时他的写作,都让他气馁,没有发表这篇文章。最开头的几段话也出现在《福柯》一书中,尽管加上了一些实际内容(参看论"层"的章节,pp.55—75)。本文的其他部分则被搁置一旁,至少数段落零零散散地在《福柯》一书中出现。

的东西下解放出来，让其可以进行不一样的思考。"①"不一样的思考"说明了福柯著作沿着三条不同的主线进行，三条主线彼此相承：(1) 作为历史形态的层次（考古学），(2) 作为超越的外部（策略），(3) 作为亚层次的内部（谱系学）。福柯经常在他自己的书中概括转折点和断裂时得到乐趣。但这些在方向上的变化恰恰归属于他著作中的傀儡，正如断裂归属于他的方法，建构了三条轴线，创造了新的坐标系。

1. 层次或历史形态：可见的和可说的（知识）

层次就是历史形态，它们都是经验的和实证的。它们都是由词与物、看与说、可见的与可说的、可见平面与可知领域、内容与表达构成。最后一组词我借自叶尔姆斯列夫（Hjelmslev），假设我们不会混淆内容和所指，也不会用能指来表达。内容有自己的形式和实体：例如，监狱和它的囚犯。表达通常具有一种形式和实质：例如，刑法和"犯罪"。正如刑法是一种表达形式，界定了可说的领域（犯罪的命题），这样监狱就是一种界定可见场所的内容的形式（"全景"，在任何时候，在不被看见的情况下监控一切）。这个例子来自福柯《规训与惩罚》中的最后的主要分析。这样的分析已经出现在《疯癫史》中了：精神病院就是一个可见的场所，心理学医学是言说的领域。与此同时，福柯写作了《雷蒙·鲁塞尔》（Raymond Roussel）和《临床医学的诞生》（Naissance de la clinique），或多或少需要将它们结合在一起来看。第一本书说明了鲁塞尔的画作可以分为两个部分：通过机器发明的可见性，通过"程序"进行的生产。第二本书说明了临床医学和

---

① *L'Usage des plaisirs*, Paris: Gallimard, 1984, p.15.

后来的病理学剖析导致了可见和可说之间的不断变化的分配。福柯在其《知识考古学》中得出结论,我们在这本书中发现了分层化的两种元素的一般理论:内容形式或非话语构成;表达形式或话语构成。在这个意义上,分层构成了大写的知识(物的课程和语法的课程),这属于考古学。考古学并不一定指向过去,而是指向层次,这样我们当下也有着自己的考古学。现在或过去,可见物就像可说的东西一样:它们不仅是现象学的对象,也是认识论的对象。

可以肯定,词与物是界定知识两极的非常模糊的词语,福柯承认《词与物》的标题应该反讽地来看。考古学的任务不是发现表达真正的形式,它不能与语言学的单元相混淆,无论这些单元是什么,如词语、短语、命题或言说行为。我们知道,福柯在其原创性的概念"言说"中发现了这种形式,将之界定为不同元素之间的交叉功能。但一种类似的操作也可以用在内容形式上:可见物,或可见的单元,不能与视觉元素混淆,无论这些元素是性质、事物、对象还是作用和反作用的混合。在这个方面,福柯建构了一个功能,其原创性不亚于"言说"。可见性的单元并不是对象的形式,也不是在光与物的接触(contact)中所揭示出来的形式。相反,它们就是光照的形式,光照的形式是光自身创造的,让事物和对象仅仅作为一道闪电、反射或火花存在(《雷蒙·鲁塞尔》,还有《莫奈的绘画》)。这就是考古学双重任务:从词语和语言中"提取"(extract)出对应于每一个层次的"言说",也从事物和视觉中提取出可见性的单元、可见物。当然,从一开始,福柯就标识出言说的原初地位,我们也知道为什么。此外,在《知识考古学》中,可见性的平台能接受的就是一个否定的定义,"非话语构成",其地位恰恰是对言说领域的补充。然而,尽管言说也具有原初地位,可见物仍然有着与之不可化约的区别。知识拥有两个不可化约的极,也存在着"看的考古学"。一个极的原初地位绝不意味着另一极可以还原为它。当我们忽略了福柯的可见物理论时,我们阉割了福柯对历史的概念,也阉割了他的思想,以及他对思想的概括。福柯一直沉浸在他所看到的东西当中,就像他对他所听到和读到的东西的迷恋一样。在他的概括中,考古学是视听类型的档案(滥觞于历史科学)。在我们自己的时代里,福柯从言说中秘密获得的乐趣必然与他关于看的激情联系在一起:声音与眼睛。

这是因为言说从来不是直接可读的,或者是不可道说的,尽管它们并不是隐匿的。只有在与某种让它们成为可能的条件建立关系之后,它们才能被解读和道出,这些条件在"阐释性支撑"(socle énonciatif)的基础上构成了它们的印迹(inscription)。这个条件就是"有某种语言",即在每一层都有语言存在的模式,在某种可变的方式下,语言被充实、被聚集(《词与物》)。于是,词语必须被撬开,被打破,无论是短语还是命题,都必须理解语言在每一个层次上展现的方式,理解为提供了"某些"语言的层面,而这些语言成了言说的前提条件。如果我们不可能达到这些条件的层次,我们就找不到言说,反而会撞见词语、短语和命题,似乎这些东西废除了言说(性也是如此,参看《求知之愿》)。另一方面,如果达到这个条件,我们就会理解每个时代都会用它的语言说它能说的东西,不隐藏一丝一毫,不沉默不语:即便在政治中,尤其在政治中更是如此;即便在性中,尤其在性中更是如此——这是最犬儒或最残酷的语言。对于可见物也是如此。可见性的单元从来不是隐藏的,但它们也有某些条件,没有这些条件就看不见它们,尽管它们就在平淡的视野中。那么这就是福柯的问题:不可见的可见物。在这种情况下,条件是光,

"那里"要有光,按照每一个层次或历史形态变化:光的存在方式,让可见性的单元作为一道闪电或火花出现,"第二道光"(《雷蒙·鲁塞尔》和《临床医学的诞生》)。事物和对象现在必须反过来把握光出现在每一个层次上的方式,获得可见的条件:这就是雷蒙·鲁塞尔作品的第二个方面,在更一般的意义上,这就是认识论的第二极。一个时代只能看到它能看到的东西,但它所能看到的一切,不依赖于任何审查和压制,而是从可见性的条件来说的,正如一个时代说出它能说的东西。这里没有任何秘密,尽管没有任何东西是直接可以看到的,也没有任何东西可以直接阅读。

对条件的研究构成了福柯所谈的新康德主义——福柯在《词与物》中概括了两个区别:(1) 这些条件都是真实经验的条件,而不是可能经验的条件,这样,它们站在"对象"一边,而不是站在普世性的"主体"一边。(2) 它们都将不沟通的历史形态或层次视为一种后天综合,而不是所有可能性的先天综合。但是福柯的新康德主义在于可见性的单元及其条件构成的感受能力(Réceptivité),以及可说性的单元及其条件构成的自发行为(Spontanéité)。语言的自发行为和光的感受能力。在这里感受能力不意味着被动性,因为这里有一种行为和激情,在其中,光让其变得可见。自发行为也不意味着主动性,而是一个"大他者"的活动在感受形式上所起的作用(所以在康德那里,"我思"的自发性对感受存在物产生作用,而感受存在物如同对其他物体一样,对自己再现了这种自发性)。在福柯这里,理解、认知的自发性被语言的自发性所取代("在那里存在"的语言),然而,直觉的感受能力被光的感受能力所取代(时间-空间)。现在可以十分轻松地解释言说相对于可见物的优先性:《知识考古学》事实上认为言说有一个与话语构成一样的"决定因子"的地位。但可见性的单元也是不可化约的,因为它们指向了"可决定性"的形式,不会容许将它还原为决定因子的形式。这就是康德最大的问题:他同时容纳两种有着本质区别的形式,或者两种不同类型的条件。

在福柯对康德的转化中,福柯做出了一些非常主要的论断,我相信其中一个就是:从一开始,可见物和可说物之间就存在着本质差别,尽管它们彼此交叉,而且彼此在每一个层次或知识中解释对方。或许正是在这个方面,福柯吸引了布朗肖,即"说不是看"。然而,布朗肖坚持认为作为决定因子的言说的优先地位,而福柯(尽管有着十分草率的第一印象)坚持将看解释为可决定性。在言说和观看之间,没有任何同构关系,也没有任何一致性,尽管他们有着共同的假设,即可说之物优先于可见物。《知识考古学》事实上坚持了可说物的优先性,但加上了如下的话:"我们说我们看到了什么是徒劳的,**我们看到的东西绝不在我们所说的东西中**,我们试图通过想象、隐喻和比较,让其他人看到我们所看到的东西的努力都是徒劳的,想象、隐喻和比较的地位所辐射到的范围,并不是我们眼睛所展现的位置,那个位置毋宁是由句法的连续性所界定的位置。"① 两种形式并不拥有考古学意义的"**集置**"(Gestaltung)上的同样的构成、同样的"谱系学"。《规训与惩罚》对看与说之间的差异给出了最宏大的证明,即言说"犯罪"(它依赖于一种刑事言说的体制)和作为内容的监狱(依赖于新的可见性的体制)之间的相遇的发生,两者在本质上不同,它们并不具有相同的起源,也没有相同的历史,尽管它们在同一个层次上相遇,相辅相成;尽管它们的联合能在某个时刻被打破。在这里,我们看到了福柯的方法给出的历

---

① *Les Mots et les choses*, Paris:Gallimard, 1966, p.25.

史意义和发展：在我们所见和我们所说之间，在作为言说的犯罪和作为可见性的监狱之间的"真相的出场"。正如我曾说过的，早在他的另一本著作中，福柯已经在不同情形下做出了类似的分析（《疯癫史》）：精神病院是可见的场所，而精神疾病是言说的对象，两者有着不同的起源，事实上也彻底不同，但它们在同一个层次上拥有共同的假设，即便它们的联盟在其他层次上会遭到打破。

在每一个层次上，或者在每一个历史形态中，都可以发现某种把握和坚持的现象：言说的序列和可见性的各个部分彼此交叉。诸如像监狱、精神病院这样的内容形式，产生了次要言说，这种次要言说也生产或再生产了犯罪和精神疾病，而且，像犯罪这样的表达形式也产生了次要内容，这个次要内容成为监狱的媒介（《规训与惩罚》）。在可见物和光照的条件下，言说顺口而出；在可说之物及其语言条件下，可见物以其方式在运行（《雷蒙·鲁塞尔》）。这是因为每一个条件都有共通的东西：每一个都构成了"稀缺"的空间，或"散布"的空间，到处充满着裂隙。在这种特殊的方式中，语言聚集在一个层次下（"在那里存在"），与此同时，对于那些已经在语言中分层的言说来说，这也是一个弥散空间。同样，在某种特殊方式下，光被聚集起来，但与此同时，对于诸如次要的光的"闪电""闪光"的可见性的单元来说，它又是一个弥散空间。认为福柯一开始就对监狱感兴趣是错误的。这种环境只是展现了在某种历史形态下的某种可见性的条件，而这个条件在此前并不存在，而在此后也不复存在。无论监禁与否，这些空间都是外在性的形式，要么是语言，要么是光，在其中，言说得到散布，可见物也随处可见。这就是为什么言说可以在某种看的裂隙中脱口而出。我们言说，同时我们看着并看到了，尽管二者并不是同一回事，有着两种不同的本质(《雷蒙·鲁塞尔》)。从一个层次到另一个层次,可见物和可说之物都同时发生转变,尽管不是按照同样的规则来变化(《临床医学的诞生》)。简言之,每一个层次、每一个历史形态,都是由完全异质的决定因子的言说和可决定的可见性的单元交叉组成的,尽管这种异质性并不会阻止它们彼此交叉。

2. 层次或非层次(权力):思考外部

两种形式的相互适应绝没有遭到阻碍,但是还不够。必须通过一个可以与康德的"图式论"(schématisme)相媲美的要素,积极地生产出相互适应。我们现在在一根新轴线上。前面的方向建立在这根新轴线上,只有这里才是权力和知识之间的共同预设,也是它们二者之间的本质差异,即权力的首要地位。这里不再是在知识之下的两种形式之间的关系问题。现在是权力关系问题。可以在与其他力的关系中找到某种力的本质:它能够触动其他的形式,并被其他力所触动。结果,权力并不代表阶级统治,也不依赖于国家机器,而是"在所有的点上生产出来,或者毋宁是点与点之间的所有关系"①。经过被统治者的权力不亚于经过统治者的权力,这样,阶级是权力的结果,而不是相反。国家或法律仅仅体现了权力的综合。阶级和国家也不是力,而是在层次上分配权力的主体。这些分层化的代理人预设了先于所有主体和对象的权力关系。这就是为什么在获得权力之前,权力就已经出现了:这是一个策略问题,"自治的策略","几乎无声"和盲目的策略。人们不能说社会领域是自我架构的,或者说它是自相矛盾的。社会领域的策略化,这是社会的自我策略化

---

① *La Volonté de savoir*, Paris: Gallimard, 1976, p.122.

（正如在皮耶尔·布尔迪厄的著作中一样，这里有一种策略的社会学）。这也就是为什么权力向我们引入了一种"微观物理学"或者将自身展现为一种微观权力情结。所以，我们需要将形式的分层化和力的策略分开，形式的分层源自力的策略。但从一者走向另一者，没有扩大，或者反过来说，没有缩微化：那里只有异质性。

在这个著名的福柯命题中，我们难道看不到向自然法的回归？但有一个差别：它与法无关，法是一个太过宏大的观念，也与自然无关，这是另一个宏大观念，太沉重了。相反，尼采式的灵感就是在这个命题之后，正如福柯论尼采论证的论文一样。此后，如果福柯反对他所谓的对压抑性权力太过简单和粗陋的概括的所有说辞，这是由于权力关系并不能简单地被暴力所消灭。一个力与另一个力的关系在于这样的方式，即在其中，一个力触动着其他的力，并被其他的力所触动，在这种情形下，我们可以画出一幅"力的作用"的表格：样本和抽象、枚举和控制、组成和增长等等。力本身是由双重能力来界定的，触动与被触动，这样，它与其他力的关系密不可分，在任何情况下，力都决定或实施着这些能力。这样，我们看到了某种力的感受能力（受触动的能力）和力的自发性（力的触动能力）。然而，现在，感受能力和自发性不再像它们之前相对于层次而言的那样，具有同样的意义。在层次上，看与说组成了业已成形的实体和业已形式化的功能：监狱、学生、士兵、工人都是不一样的"实体"，这正是因为关押、教学、战斗、劳动并不具有相同的功能。然而，权力关系混杂着未成形的材料和未被形式化的功能：例如，某些身体或某些人，控制和功能分化的一般作用施加在他们身上（不依赖于层次施加于它们的具体形式）。在这个意义上，福柯可以说，或者至少他曾经在《规训与惩罚》的一个关键段落中说过,"图示"展现出了力或权力的关系:"从各种障碍、抵抗或碎裂中抽象出来的功能……它抽离于所有具体功用。"[1]例如,规训图示界定了现代社会。而其他图示则在其他层次上对社会起作用:主权图示,它通过样本手段,而不是通过功能分化来起作用,还有父权图示,它面对的是一个"族群",并具有"牧领"及其功能……图示的一个更为原初的方面是它作为一个变化的位置。图示并不外在于某些层次,而是完全在层次之外。在两个层次之间,就是变化的位置,可以让其从一个层次过渡到另一个层次。于是,权力关系构成了图示中的权力,然而形式关系在档案中界定了知识。福柯的谱系学不再是一种对单一层次上出现的形式的简单的考古学,现在它变成了层次本身所依赖的力的策略。

在《知识考古学》中,福柯对知识的分层关系的分析达到了巅峰。对力或权力的策略关系的研究开始于《规训与惩罚》,并在《求知之愿》中进行了发展。在二者之间,还有一些无法化约的、相互性的假设,以及后者的强势存在。"图示论"扮演着与康德的图式论一样的角色,但方法完全不同:用力的感受性的自发作用来考察可见形式的感受能力,以及言说陈述的自发性和它们的相关性。各种力之间的关系发生在层次中,若没有层次,没有任何东西可以具现或实现。相反,如果没有实现它们的层次,力的关系仍然是过渡性的、不稳定的、漂浮不定的、几乎是潜在的,无法获得一个外形。借助《知识考古学》,我们可以理解这一点,在《知识考古学》中已经提出"规则性"是言说的属性。对于福柯来说,规则性并不决定频次或可能性,而是一道连接各个独特的点的曲线。的确,力的关系决定了这些独特的点,即作为感触的独特性,

---

[1] *Surveiller et punir*, Paris: Gallimard, 1975, p.207.

这样,图示经常不理会独特性。就像在数学中,独特性的规定(力的节点、焦点、急剧下降的方法等)与旁边通过的曲线的斜率完全不同。曲线通过将它们规则化,分配各个点,让这个系列收敛,追溯连接各个独特的点的"力的一般线条",建立了力的关系。当他将言说界定为规则性时,福柯注意到曲线和曲线图都是言说,言说也等价于曲线和曲线图。于是,在根本上,言说与"其他东西",与某种不同本质的东西有关,这些东西不可能还原为句子或从句指示的意义:它们就是图示中的独特的点,在它的旁边,在语言中追溯的曲线-言说,变得十分规则化,并可以解读。或许我们也可以用这种方法来谈可见性。在那种情况下,绘画从感受能力的角度,通过追溯让它们变得可见的光束组织了各种独特性。福柯的思想及其风格正是曲线-言说和绘画-描述(对《宫中侍女》或对全景监狱的描述,福柯引入他的文本的那些著名的描述)。这样,对于他来说,描述理论就像言说理论一样重要。这两个来自力的图示的元素,就是在它们之中实现的。

我们可以用这样的方式来表达事物:如果一个力总是与其他力有关,力必然指向一个无法化约的由各种不可分的距离组成的外部,通过这些距离,一个力对其他力起作用,或策划接受来自其他力的可变的触动,而触动只能存在于外在的距离或某种关系之中。所以,力是一种永恒的生成,让历史双重化,或毋宁说囊括了历史,按照尼采概括:"发生决定了一个针锋相对的场所。"在一篇论尼采的文章中,福柯说道,"斗争发生的地方不是一个封闭的领域",而是"一个非场所(non-lieu)、一个纯粹的距离",这个距离只在裂隙中起作用[1]。

---

[1] "Nietzsche, la généalogie, l'histoire", in *Dits et écrits*, 1970-1975, Paris: Gallimard, 1994, vol. II, p. 144.

一个外部比任何外在世界都遥远,比任何的外在性的形式都更远。图示是这样一种非场所,不断地被距离变化和力的关系变化所打断。这只是一个发生变化的场所。当看与说都是外在性的形式,都是他者所有的外部时,思想提出了一个尚不具备任何形式的外部。思考意味着达到非分层化。观看是思考,言说是思考,但思考发生在裂隙里,在看与说之间的断裂中。这就是福柯与布朗肖相遇的第二个点:思想属于外部,在某种程度上,后者,即"抽象风暴",涌入看与说的缝隙中。布朗肖的文章提到了尼采文章遗漏的地方。对外部的呼唤就是福柯恒定的主题,意味着思考不是一种能力的内在训练,而是必须发生在思想上的东西。思考并不依赖于统一了可见物和可说之物的内部,而是发生在外部侵入时,刻画出的这个间隙(intervalle):"外部思维"就像一个骰子,任由独特性不断浮现[1]。在两种图示之间,在两种图示状态之间,发生着变动,发生着力的关系的重组。这并不是因为什么东西可以与其他东西相关联。而更像是连续的抽牌,每一张牌的抽取都是偶然,但其外部条件都是由之前的抽取决定的。这就像是马尔可夫链[2]一样的随机性和彼此依赖性的结合。元素并没有发生变化,但一旦它们与新的力组成关系,组成的力就发生了变化。所以,并不是通过连续性或内在化,而是通过破裂和断裂的重新连接,实现了关联。外部的公式就是福柯从尼采那里引用的一句话:"必然性的铁臂

---

[1] "La Pensée du dehors" in *Dits et écrits*, 1954-1969, Paris: Gallimard, 1994, vol. Ⅰ, p. 518-539.

[2] 马尔可夫链的提出来自俄国数学家安德雷·马尔可夫。马尔可夫在1906—1907年间发表的研究中,为了证明随机变量间的独立性不是弱大数定律和中心极限定理成立的必要条件,构造了一个按条件概率相互依赖的随机过程,并证明其在一定条件下收敛于一组向量,该随机过程被后世称为马尔可夫链。——译注

晃动着偶然性的号子。"①

《词与物》中"人之死"的问题也可以这样来解释。人的概念消失了，这并不仅仅因为人"超越"了他自己，而且也因为人的构成的力进行了新的组合。它们并不一定组成为人，而是在很长一段时间里，在整个漫长的古典时代，它们都是以这样的方式与其他的力发生关联，组成的是上帝，而不是人，这样，无限首先是与有限的关联，思想就是关于无限的思考。随后，它们组成为人，但在这种情况下，它们与另一种类型的力发生关系，即与"生命"的组织、财富的"生产"、语言的"发生"这样的蒙昧之力之间发生关系，这些力量可以将人还原为他自己的优先性，并给予人一个由人自己创造的历史。但在第三次抽牌时的这些力量，必然会形成新的组合，人之死与上帝之死相关，为其他的闪电或其他的言说提供了空间。简言之，人仅仅存在于层次之上，这个层次依赖于发生于其上的各种力的关系。这样，外部总是会开启一个没有任何目的的未来，因为没有任何东西开始，一切都在变化之中。作为一组力的关系的规定的图示，并不会穷竭所有的力，力可以结成其他关系，形成其他的组合。图示来自外部，但外部不能与任何正在不断"抽取"新牌的图示相混淆。在这个意义上，力拥有一种与它所捕捉到的图示之间关系的潜能，就像区别于触动和被触动的力量之外的第三种力量。第三种力量就是**抵抗**。事实上，力的图示按照对应于其关系的独特性，展现出抵抗的独特性，"点、节点、焦点"反过来作用于层次，从而让变革的发生成为可能。此外，关于力的理论最后的话就是抵抗首先出现，因为它与外部有着直接关系。于

---

① "Nietzsche, la généalogie, l'histoire", in *Dits et écrits*, 1970-1975, Paris: Gallimard, 1994, vol. II, p. 148.

是，社会领域抵抗着，而不是分层化，外部的思想就是抵抗的思想(《求知之愿》)。

3. 褶皱或思想内部(欲望)

所以，我们必须区别层次上形式化的关系(知识)，图示上的力的关系(权力)和与外部的关系，即绝对关系，正如布朗肖所说，这也是一种非-关系(思想)。那么这是否意味着没有内部？福柯总是不断地对内部进行激进批判。内部要比任何内在世界更深，就像外部要比任何外在世界更远，这个内部是什么？福柯经常回到复本(double)的问题。对他来说，复本并不是一个内部的投射，而恰恰相反，是外部的褶皱，就像胚胎学上的组织的内陷一样。对于福柯来说，也对于雷蒙·鲁塞尔来说，双重总是这个词完全意义上的"衬里"(doublure)。如果思想不断地抓住外部，外部何以会不出现在内部，作为它不曾思考或无法思考的东西，即思想中的非思(impensé)，福柯在《词与物》中如是说。非思就是古典时代的无限之物，但从19世纪开始，有限性的维度开始"褶皱"外部，并发展出一个"深度"，一个"拉回到自身之中的厚度"，即生命、劳动和语言的内部。福柯用他自己的方式使用了海德格尔的褶皱(Pli)和折痕(Plissement)的概念。他将褶皱带上一条完全不同的道路。一个外部的折痕，也是无限的褶皱或有限之物的褶皱，在层次上留下了一道曲线，形成了它的内部。它成了外部的衬里，或者正如《疯癫史》中所说的那样，它是"内部的外部"[1]。

或许正如许多人所说，以及福柯自己指出的那样，他最

---

[1] *Histoire de la folie à l'âge classique*, Paris: rééd. Gallimard, 1972, p.22.

近的著作和他的早期著作之间没有断裂。这反过来可以按照这个轴线或层面(即内部)来重新评价他的所有作品。《词与物》已经追问了非思和主体问题:"即为了使我成为我所非思,为了使我的思成为我所不是,我必须是什么,这个思考着并且是我的思的自我该是什么?"①内部是外部的运作,是主体化(并不一定意味着内在化)。如果外部是一种关系,绝对的关系,那么内部也是一种关系,即成为主体的关系。《快感的用途》赋予了它名字:"自我与自我之间的关系"。如果力从外部接受了双重力量,即触动之力(触动其他力量)和被触动的力(被其他力量触动),那么如何保证力与自己的关系?或许这就是"抵抗"的元素。在这里,福柯重新发现了,自我对自我的感触是思想中最大的矛盾:与自己的关系构成了一个内部,而这个内部不断地源自外部。

再说一遍,必须要说明与外部的关系首先出现,不过与自我的关系是无法化约的,并沿着一根很特别的轴线发生。主体总是被构成的,是主体化的产物,但它在一个层面上出现,对立于所有的分层或编码。考察一下古希腊的历史形态:使用的光就是他们自己的光,使用他们自己发明的言说,他们实现了他们图示的力的关系,不仅走向城邦、家庭,也走向了修辞、游戏,无论在什么地方,都可能发生一个人对另一个人的支配。首先,是自我对自我的支配,或者说作为道德的德性是唯一的他例:"确保了某个人自我的方向,打理他的家里,参与到城邦的治理当中,是同一类型的三种实践。"②不过,与自我的关系并不会让自我按照权力的具体形式,或从

---

① *Les Mots et les choses*, Paris:Gallimard, 1966, p.335 - 336.(这里的译文参考了莫伟民老师的《词与物》中译本,参看米歇尔·福柯,《词与物》,上海:上海三联书店 2016 年版,第 328—329 页。——译注)

② *L'Usage des plaisirs*, Paris:Gallimard, 1984, p.88.

属于抽象图示功能来安排自身。我们或许可以说,在让自己远离同他者的关系之后,让自我既脱离于权力形式,又脱离于德性功能,它才能得到发展。仿佛同外部的关系的褶皱形成了一个衬里,让同自我的关系浮现出来,让其按照一个新方向来发展。**节制**(enkrateia)是"在施加在他人身上的权力中,一种施加在自我身上的权力"[1](如果一个人不能管理自身,如何能宣称管好他人?),在某种程度上,相对于政治、家庭、修辞、游戏甚至德性之类的建构性权力而言,与自我的关系成为最原初的内部监督者。对他人的治理是反思性的、双重性的或者从属性的,而对自我的治理是力与自我的关系,而不是与其他东西的关系。或许古希腊人发明了这个维度,至少将其作为自治的维度(审美式地对存在的概括)。

福柯的主题似乎是这样:在古希腊人那里,同自我的关系找到了在性之中的发展机会。这是因为性关系或感受与构成它的两极密不可分,即自发性-感受性、决定因子-可决定性、主动-被动、阳性极-阴性极。但由于其暴力和耗费,如果它只能管理自己、触及自己,那么性行为就只能在决定因一极实施。这样,性就是同自我关系的问题和考验。从这一点来看,同自我的关系有三种形式:简单的同身体的关系,如快感或感受的营养学(Diététique)(像可以治理他人一样来从性上治理自己);一个带配偶的发展起来的关系,正如家庭的家政学(Economie)一样(像治理配偶一样治理自己,为妻子获得良好的感受能力);最后是一种与青年男子的**拆分**(dédoublé)关系,这是同性恋或男色关系的情欲学(Erotique)(不仅能治理自身,而且通过抵抗其他人的权力,让男孩治理自身)。在古希腊人的这种表达中,对我来说最

---

[1] *L'Usage des plaisirs*, Paris:Gallimard, 1984, p.93.

关键的是其中没有必然连接，只有与自我关系的历史性的相遇，更多地倾向于食物模式和性关系，为其提供术语和材料。这里我们遇到了福柯需要克服的难题：他说道，一开始写作关于性的书籍，即《求知之愿》时，并没有触及自我。于是，他写了一本关于与自我关系的书，但没有谈到性。当在古希腊人那里，两种观念达到平衡时，他必须要触及那个点或要素。从那时起，他发展出整个内部理论：一旦同自我关系的值、性关系的项、经历考验的本质以及材料的性质发生变化，那么同自我的关系和性关系之间的关联如何逐渐成为"必要的"。这导致基督教用肉体代替了身体，用欲望代替了快感……古希腊人当然不缺少个体性或内部。但这是很长一段历史，主体化模式的历史，仿佛它们让欲望主体的谱系学不断重组。

　　内部具有的许多形象和样态取决于所形成的褶皱。欲望难道不是一般意义上的内部，或者说是内部与两个其他特征、即外部和层次之间的动态关联吗？如果内部的确是由外部的折痕所形成的，那么在它们之间有一个拓扑学的关系。同自身的关系等于与外部的关系，所有内部的内容也就是同外部的关系。"外部的内部，反之亦然"，《疯癫与文明》如是说。《快感的用途》谈到了同构关系。通过层次，一切都做了，相对于外部环境，所以也就是相对于内部。分层化的形态将绝对外部和源于外部的内部结合在一起，或者反过来说，它们在外部展现了一个内部。整个内部就是在层次边缘上积极地向外部展现出来的东西。思想结合了这三根轴线，它是一个不断变化的统一体。在这里，有三个类型的问题或者三种时间形象。层次钻入到过去是徒劳的，它只能从中提炼出连续的现在，它们就在当下（我们看到了什么，在这一刻我们正在说什么？）。但与外部的关系是未来，一个可能的未来取决于变革的机会。内部，从它自己出发，在并不一定连续的模式中凝缩了过去(例如,古希腊的主体性和基督教的主体性……)。《知识考古学》提出了长期绵延和短期绵延的问题,但福柯似乎最初要考察的是在知识和权力维度上的相对短期的绵延。在《快感的用途》中,福柯发现了一种长期的绵延,肇始于古希腊和基督教的教父们。这样做的理由很简单:我们并不保存那些对我们来说不再有用的知识,也不会保存不再付诸实施的权力,但我们不断地臣服于我们不再相信的道德。在每个时候,在同自我的关系中积累了过去,而在同外部的关系中,层次带来了不断变化的现在和未来。思想必须寓居于当下的层次中,当下就是一个限制。但对过去的思考被凝缩在内部,凝缩在同自我的关系之中。思考过去对抗着当下,抵抗着现在,不是为了回归,例如回归到古希腊;而是"我喜欢,我希望,一个即将来临的时间"。福柯的作品就是通过创造一种拓扑学来进行创造,这个拓扑学积极地将内部和外部在分层化的历史形态上联系起来。只有按照层次来生产的层才能说明某种新东西,但也正是通过与外部的关系来质疑位置上的权力,正是通过与自我的关系来激活一种新的主体化的模式。福柯的工作突然停止在这个终点上。福柯的访谈就是他的作品的全部,因为每一次访谈都是一个拓扑学操作,将我们卷入我们当下的问题之中。他的作品让思想发现了一个之前完全未知的全新的坐标系。他在哲学里绘制出最美妙的光的画作,追溯到史无前例的言说的曲线。他重新关联了那些曾经改变了我们思考意义的伟大作品。他对哲学的变革只是刚刚开始。

三十六、内在性区域[①]

经常有人告诉我们,整个柏拉图主义、新柏拉图主义和中世纪传统都处于这样一个观念下,即宇宙是一个"存在巨链"。宇宙来自作为超验原则的太一,并在一系列的散射和等级制的变换中展开。实体或多或少存在着,或多或少成为现实,这取决于它与超验原则的距离,或者与超验原则的近似性。然而,与此同时,另一种设定颠覆了这种宇宙观。内在性的区域似乎在不同的阶段或层次上,甚至在各个层次上的业已建立的关系上繁衍。在这个区域,存在是独一无二的、平等的。换句话说,所有的实体都是同等级的存在,在这个意义上,所有实现了其力量的东西都直接关联于第一动因。距离因不再主要:在无-序(an-archie)的主宰下,石头、花草、动物、人类都同等地分享着上帝的荣光。连续性层次的散发和转化被内在性层面上的两种运动并存所取代,即**并发**(complication)和**阐发**(explication),上帝"让万物并发",而"万物阐发着"上帝。多是并发着多的一,正如一是阐发着一

[①] 本文最初收录在《边界之弧:莫里斯·德·孔狄亚克的献词》(*L'Art des confins, Mélanges offerts à Maurice de Gandillac*, Paris: PUF, 1985, p.79 - 81)中。莫里斯·德·孔狄亚克是德勒兹的老师,也是他的博士论文《差异与重复》的指导老师。他生于1906年,1946—1977年,他在巴黎一大担任教师,专门研究中世纪思想,翻译了许多拉丁文和德文的哲学著作。他也是瑟里西拉萨勒(Cerisy-la-Salle)的国际文化中心的主席。

的多。

可以肯定,理论永远不可能达成对这两个反面或这两个宇宙的和解,最重要的是,让内在性从属于超越性,用超越性的统一体来衡量内在性的存在。无论理论如何妥协,在内在性平台上繁衍的某些东西都会降临真正的世界,或者反转它,仿佛等级制培育出一种特殊的无序,上帝之爱和内在的无神论都属于它。异端总是困扰着每一个时代。文艺复兴不知疲倦地发展和扩张他们的内在世界,唯有在重新让它泛滥的威胁之下,内在性世界才能与超越性达成和解。

对我来说,这似乎就是莫里斯·孔狄亚克历史研究的最重要侧面:内在性和超越性的出现,大地在天国等级制中繁衍,他应当让应该注意这些问题的人们关注这些问题。可惜的是,他的著作《库萨的尼古拉的哲学》(*La Philosophie de Nicolas de Cues*)①现在已经很难找到,这本书并未重印。在书里,我发现出现了一组概念,这些概念既是逻辑学概念,也是本体论概念,通过莱布尼茨和德国浪漫主义来概括"现代"哲学。一个概念就是 Possest 的观念,表达了艺术和权力的同一性。而且与内在性的近似性,内在性和超越性的竞争关系,已经贯穿埃克哈特(Eckhart)大师的著作、那些莱茵秘教(des mystiques rhénans)的著作,还有彼特拉克(Pétrarque)的著作。此外,孔狄亚克强调内在性的种子和镜像已经在新柏拉图主义的早期阶段出现。在他论述普罗提诺(Plotin)的著作中,对这位哲学家最优美的论述之一,就是孔狄亚克说明了存在来源于太一,然而,它却在自身中让所有实体并发,而与此同时,它又被每一实体阐发②。镜中影像的内在性、种

---

① *La Philosophie de Nicolas de Cues*, Paris: Aubier, 1942.
② *La Sagesse de Plotin*, Paris: Hachette, 1952.

子中树木的内在性,这两种观念,就是表现主义哲学的根基。即便在托名邓尼斯(pseudo-Denys)那里,严格的等级制也保留了一个潜在平等的、独一无二的和无序的区域。

对于发明哲学概念的人来说,或者对于知道如何试用这些概念,并赋予它们连贯性的人来说,哲学概念也是生活方式和行为方式。莫里斯·孔狄亚克的生命象征模式恰恰是在认识到等级制世界的同时,在等级制之内传达了内在性区域的意义,内在性区域能从内部动摇等级制,效果要好于面对面的直接攻击。这就是孔狄亚克的人的复兴。他那生动的幽默感也出现在他对内在性的构造中:在同一张织锦上,并发了有着最大不同的物与人,与此同时,每一个物和每一个人,都阐发了整体。托尔斯泰曾经说过,感到快乐的秘密像一张蛛网一样设下陷阱,那里没有任何规则,无论你可能是什么身份——"一个老妇人、一个孩子、一个女人、一个警官"。生活和思考的艺术就是孔狄亚克已经实践过的艺术,也是他重新发明的艺术。这具体体现在他对友谊的理解中[1]。我们发现它也体现在孔狄亚克的其他行为中:孔狄亚克是一个技艺娴熟的"论辩者"。他和热讷维埃夫·德·孔狄亚克(Geneviève de Gandillac)给瑟里希(Cerisy)的会议带来一股新鲜空气。而此后一场会议,他激发了各种讨论,指出了内在性的领域,就像同一幅织锦上的不同部分一样。孔狄亚克的阐发十分简洁到位,但也展现出内容上的丰富性,在这里,所有的内容都可以聚集在同一本书里。内容的丰富性通常来源于孔狄亚克评论的语文学(philologie)性质,在这里,我们触及了孔狄亚克的另一项能力:如果他专注于语文学,他会成为一个日耳曼学者和译者,这是因为一位作者的

---

[1] "Approches de l'amitié", in *L'Existence*, Gallimard, 1946.

原创性思想既要包含原始文本,也要包含目标文本,与此同时,目标文本用自己的方式阐释原始文本(尽管没有加上任何附属评注)。孔狄亚克的翻译,最著名的是《查拉图斯特拉如是说》①,或许不断地引发热烈讨论,但他的版本的力量意味着一种新的翻译理论和概念,直到今天,这种翻译理论也只包括孔狄亚克。哲学家、历史学家、教师、翻译家、朋友,这些追求都属于同一个人,即孔狄亚克的事业。

---

① *Ainsi parlait Zarathoustra*, tr. fr. Maurice de Gandillac, in *Œuvres complètes*, vol. Ⅵ, Paris: Gallimard, 1971.

三十七、他曾是人群中的明星[1]

有些东西他说得太晚了,在他去医院之前,他与我在一起待了很久,因为我们说了很多话。他说:"我的病越来越重了,已经无法治疗了。"夏特雷不可能说得更多,我不可能想象一种更高贵的死亡。在过去几个月里,他的病情变得越来越难以处理,处理一种疾病意味着某些事情。这是细小的日常疾病。在某种程度上,他不停地了解如何治疗。在我最早的记忆中,我见到夏特雷,他处在万众聚焦的中心。作为一名学生(战后,我们都是学生),夏特雷就像人群里的明星一样。他一直就是一颗星,不是"名流",而是一个星丛。许多人都受到他的吸引,其中既有学生,也有老师。

夏特雷的一生带有一种神秘感,因为他十分稳重。只有在几年之后,才有几个小插曲。例如,我认为他的诸多名誉来自他深厚的形式逻辑的知识。甚至他的老师认为他是一

---

[1] 曾发表于 1985 年 12 月 27 日的《解放报》的第 21—22 版。

德勒兹和夏特雷之间的亲密友谊肇始于巴黎一大的学生时代。他们形成了一个小组,小组成员还包括让-皮耶尔·邦贝格、米歇尔·布多(Michel Butor)、阿尔芒·伽蒂(Armand Gatti)、雅克·朗兹曼(Jacques Lanzmann)、米歇尔·图尼埃(Michel Tournier)、奥利维耶·雷沃·达隆尼(Olivier Revault d'Allones)等人。关于这个时期的论著,可以参看米歇尔·图尼埃的《帕拉克勒之风》(*Le vent Paraclet*, Paris: Gallimard, 1977)和弗朗索瓦·夏特雷的《遗失观念的编年史》(*Chronique des idée perdus*, Paris: Stock, 1977)。1969 年,德勒兹和夏特雷再一次在巴黎八大的实验分部相聚,夏特雷在那里担任哲学系主任。

个前途无量的逻辑学家,并有着光明的未来,一些人认为他会填补卡瓦耶斯(Cavaillès)或洛特曼(Lautman)逝去留下的空白。随后,他在逻辑学界就彻底地消逝了。

第一个插曲:他转向了历史哲学。我认为这个转向,是因为他受到了某个对他来说十分重要的人的影响:埃里克·薇依(Eric Weil),在科耶夫的延伸下,促使他的转向。埃里克·薇依就是他的黑格尔引路人,他回到了某种新黑格尔主义,我们可以称之为保守的新黑格尔主义。但夏特雷绝对认可埃里克·薇依的影响,走向了左派新黑格尔主义。

这一点非常重要,并导致了两件事情:(1)他写作了《历史的诞生》(La Naissance de l'histoire)①,(2)他加入了法国共产党。但他对党的忠诚并不是寻常的情节:热忱与欺骗,或者欺骗和叛离。他加入法国共产党是一个片段,后面有成千上万的事情会让他脱党。

他的工作的最后阶段更多地走向了逻各斯的问题,这是一种新的政治哲学,他并非回到黑格尔、回到逻各斯,而是一种新的批判:夏特雷批判逻各斯,批判历史理性或政治理性。我认为,关于夏特雷存在着某种神秘的东西,因为这个人的其他方面(他的生活和工作都不断地联系起来)包括出版了一本重要小说,这本小说在那个时代没有人关注。

或许人们现在应该重读《毁灭岁月》(Les Années de démolition)②。我读的时候会将他牢记于心。这是一本非常优秀的小说,在我看来,它完全可以与菲茨拉尔德(Fitzgerald)的作品相媲美。在夏特雷那里,有一个彻底的菲茨拉尔德的角度,我之所以这样说,是因为对我来说,菲茨拉

---

① La Naissance de l'histoire,Paris:Editions de Minuit,1961,réed. 10/18,1974.

② Les Années de démolition,Paris:Ed. Hallier,1975.

尔德就是曾经的最伟大的作家之一。《毁灭岁月》是一部关于观念的小说，任何创造性的生活也是一个自我毁灭的过程，其中孱弱的问题也就是生机勃勃的过程。我应该提到，他涉及了布朗肖关于思想和虚弱的问题，这部小说真的就是对生命和自我毁灭的关系的评论。这是一本极度凄美和婉转动人的著作。

夏特雷的书，我相信，真的十分重要。这本书被读得太少了，或者没有达到应该被阅读的频次，因为夏特雷做到了我们所有人都想做而未做的事情。我们都说过，从福柯开始，"作者"就是一个功能，不是一个姓名，最后，它并非唯一功能。在创造性的层面上，我们说，在作者功能之外还有其他功能，其他功能部分来源于电影：有制片人功能、导演功能，还有许多其他功能。夏特雷最后的话是"病变得越来越重，已经无法治疗了"，治疗真的也是一种功能。正如领导是一种功能。对我来说，他是电影意义上的优秀的制片人。这不是关于那些资助者，而是关于其他人。这是一个明显的功能。

在他敏锐的政治意识下，他也是一个伟大的谈判者。对于他来说，谈判绝不仅仅是妥协的艺术。在我看来，他不会做最低限度的妥协，但他知道如何引导谈判。你甚至可以在一些小事中看到这一点。他在巴黎八大主持哲学系。他正是管理这个富有挑战性的系的人，而通过他那绝不妥协且十分凌厉的谈判风格，他表达出他的政治意识。

当他处在几项功能的交叉口时（作家，因为他就是一位真正的作家；谈判者；生产者；管理者；等等），我首先认为，在根本上，他就是一位作者-生产者。他在引领工作上十分在行。最后，对他来说，这是一个富有创造力的工作。他自己写的书不多，赶不上他在新方向上的引领性的集体工作。有些人说过,他是一位伟大的教育家。

最著名的教育家不仅具有教育关怀和品味。显然,他是一位伟大的教授,但对他来说,更重要的是,集体工作也可以让他走向新的方向。他所创造的不是历史学,而是新的轨迹。这样,我认为我可以将他最近的书与革新的政治哲学关联起来,来评判这本书。什么样的革新?我认为我们都必须与两个目的有关。

夏特雷的出发点是一本历史哲学的优秀著作,即《历史的诞生》,在希腊,这是一本重要的书,也是他的第一本书。后来它变成了一个经典主题,但他是最早像希腊人一样来思考历史的人,后来有了大量的拥趸。此后,没有人再参考这本书,但它仍然是本重要的书。如果我们还有其他目的(我的意思是,每一次夏特雷都介入其中),例如,关于马克思主义无神论和马克思的最好的书是什么?是夏特雷的论文[1]。对于他最新的这本书,我借用一下德布雷(Debray)的标题,这是康德意义上的《纯粹理性批判》。仿佛夏特雷已经不再关注逻各斯,已经开始对政治逻各斯进行理论,批判政治理性、批判历史理性。他从事新批判的同时——这也是一项集体工作方向——也做着与语言学家相媲美的伟大工作:宏大的政治词典。这就是他的生产者-创造者的一面。他可以进行政治理性的批判,但这与他的宏大的政治词汇、政治体制的词典的集体工作密不可分。他的思想和作品的意义绝对是奠基性的。这是一位创造者的作品,他不仅仅是一位杰出的教授,也是一位创造者,他在用生产和管理进行创造。

---

[1] *Questions*, *objections*, Paris: Denoël-Gonthier, 1979.

三十八、《运动-影像》美国版序言[①]

这本书源于一个欲望,目的不是重新梳理电影史,而是揭示某种电影艺术的概念。这个概念并不是技术性的(例如,不同的镜头或不同电影运动),也不是批评性的(例如,西部片、警匪片,历史片等主要电影风格)。也不是概念的语言学,在这个意义上,像一种普世语言一样来谈电影,或者用一种特殊语言来谈电影。我的主要看法是,电影就是影像和符号的组合,一个可以识别的前语言的材料(纯粹的符号学),然而语言学家的符号学摒弃了影像,打算废除符号。我所谓的电影概念是与每一种类型对应的影像和符号类型的概念。因为电影的影像就是"自动的",首先作为运动-影像给定的。我想知道在何种条件下,可以说明不同的影像类型。最原始的影像类型就是感知-影像、情感-影像、动作-影像。这些分类十分确定地决定了对时间的某种再现,但我们不能忘记,时间仍然是间接再现的对象,在某种程度上,它依赖于剪辑,并来自运动-影像。

我们可以认为,在战后,可以创造出一种直接的时间-影像,并应用于电影中。我的想法并不是存在着更多运动,正

[①] 编者加上的标题,正式出版的标题是《英文版序言》,收录于德勒兹的《电影1:运动-影像》(Cinema 1: The Movement - Image, trans. Hugh Tomlinson & Barbara Habberjam, Minneapolis: University of Minnesota Press, 1986, p. ix - x)。

如在哲学中,存在着时间和运动的反转关系:时间不再回溯到运动、依赖于时间的异常运动。直接的时间-影像主宰错误运动。为什么战争让这种反转成为可能,在威尔斯那里、在新现实主义那里、在法国新浪潮那里出现了时间的电影?再说一遍,我想考察一下与新时间-影像对应的影像类型,以及与这种类型相结合的符号。或许所有东西都会在感觉动力(sensori-moteur)图示的爆发中出现。这个将各种感知、感触、行动等结合在一起的图示,如果电影的一般体制不发生改变的话,不会发生太大的危机。无论如何,电影中的这个变化远远比有声电影的发明所经历的东西要重要得多。

说时间-影像的现代电影比运动-影像的古典电影更"好",没有什么意义。在这里,我只关心这样的电影作品,其中不包含任何的发展的等级差别。如若电影在任何时候都能发明和创造出影像和符号,电影就会尽可能地完美。这项研究需要将对诸多影像和符号的具体分析,与关于创造了伟大电影的电影导演的专著结合在一起。

第一卷关注的是运动-影像,第二卷则关注时间-影像。在第一本书的结尾,我试图理解英国最伟大的电影人希区柯克的重要性,这仅仅是因为他似乎发明了一种特殊类型的影像:精神关系的影像。关系,作为各个项的外部,通常吸引英国哲学家的关注。当一个关系消失或发生变化,这些项会发生什么呢? 同样,在微喜剧《史密斯夫妇》(*Mr and Mrs Smith*)中,希区柯克问道:当一堆夫妇突然发现他们的婚姻不合法,即他们从未结过婚,一对男女会发生什么事情? 希区柯克的关系电影就像是英国的关系哲学一样。或许,在这个意义上,他处在两种不同电影的风口浪尖之上:他所完善的古典电影,以及他所预备的现代电影。这样,伟大的电影导演必须拿来与画家、建筑师、音乐家做对比,这些人也与伟大的思想家同行。因为电视以及现代的电子影像的压力,经常有人提到电影的危机。但它们的创造能力已经与伟大的电影导演做出的贡献密不可分了。与音乐上的瓦雷兹(Varèse)不同,伟大的电影导演呼唤着新技术和材料,让未来成为可能。

三十九、福柯和监狱①

《当代史》(History of the Present)杂志：在谈论关于知识分子和政治舞台的一般问题之前，你能解释一下你与福柯和监狱信息小组（GIP, Groupe Information Prison）②的关系吗？

德勒兹：所以你想从监狱信息小组开始。你得仔细考察我所说的话。我没有记忆，这就像描述一场梦，它相当模糊。68年之后，有许多组织，许多不同的组织，但必然会有一些有影响力的组织。68年之后，一些组织幸存下来，它们都有一段过去。福柯坚持认为68年对他来说不重要。他作为一名著名哲学家，已经有一段历史，但他不愿背负着68年以来的历史负担。这或许就是让他成立一个新组织的原因吧。对于这个组织，他就像对其他组织一样平等对待。他自己从不加入其中。GIP让他不依赖于诸如无产阶级左派之类的

---

① 编者加上的标题。这篇文章最开始的标题是《知识分子与政治：福柯与监狱》，这是由保罗·拉比瑙(Paul Rabinow)和凯特·刚达尔(Keith Gandal)组织的一次访谈，发表在《当代史》1986年的春季号上，p.1—2, p.20—21。拉比瑙将访谈翻译为英文。这里的这个版本是从原始访谈记录中笔录的版本，与最早在美国发表的版本有区别。

② 监狱信息小组在丹尼尔·德菲尔(Daniel Defert)和米歇尔·福柯的倡议下，成立于1971年2月。其目的是进行"不宽容"的研究（由家庭成员秘密引入监狱），收集和揭露囚犯的生活状态。到5月份，出版了匿名的小册子，详尽列举了各种研究成果。对于GIP更多的历史信息，可参照 *Le Groupe d'Information sur les Prisons*, *Archives d'une Lutte 1970 - 1972*, Editions de l'IMEC, 2003.

其他组织。GIP经常需要开会，交换意见，但他相对于GIP保持了独立。在我看来，福柯不仅仅是唯一度过了过去的人，而且也是唯一在所有层次上创造了新东西的人。这非常准确，就像福柯自己。GIP就是福柯的反思，一个福柯-德菲尔的创造。的确如此，他们俩的合作亲密无间，如诗如画。在法国，这是第一次成立这种类型的组织，这个组织与政党无关（有一些胆小怕事的政党，如法国无产阶级左派），也与事业无关（如改进精神病学的企图）。

其观念就是成立"监狱信息小组"。很明显，它不仅仅是为了信息。它也是某种类型的思想实验。福柯在部分层面上就是将思考过程看成实验。他的想法不是在监狱的基础上实验，而是将监狱当成一个场所，囚犯在那里有某种经验，还有知识分子也应该思考这些经验，正如福柯对于他们的看法一样。GIP几乎就是福柯一本著作的绚丽所在。我全身心地加入其中，因为我真的为之倾倒。他们俩刚开始的时候，就像是走入黑暗。你们究竟要怎么做？我认为它是这样开始的：德菲尔花了很长一段时间在那些排队等候的家庭身上。一些人会走掉，福柯有时候会和他们一起走。很快，他们会被当成"捣乱的人"。他们想要做的绝不是捣乱，而是要弄一个让家庭和囚犯能填完的调查问卷。我记得在第一版的调查问卷上，有几个关于食物和医疗保障的问题。在结构面前，福柯消除了疑虑，并受到了刺激，也感到十分震惊。我们发现一些事情会更加糟糕，显然会不断地制造羞辱。于是，观察者福柯将接力棒交给了思考者福柯。

我认为GIP是在《规训与惩罚》出版之前的一个实验论坛。他对监狱的理论地位和法律地位的差异，对作为失去自由的监狱和监狱的社会用途之间的差距十分敏感，监狱完全是另一种东西，因为监狱不仅剥夺了个体的自由，而且还系统地制造羞辱——监狱体系经常被用来打击人,监狱不仅仅是剥夺了人的自由。我们发现,正如所有人都知道的那样,监狱里面有某种不受监控的裁决形式,这种裁决采用了监狱的形式,即创造了监狱之中的监狱,监狱之后的监狱,即"禁闭忏悔"(mitaird)。高级安全区域(QHS)[①]尚不存在。囚犯被判关禁闭,而毫无可能替自己辩护。我们了解了太多东西。GIP追寻着囚犯家庭和前囚犯。像许多事情一样,有些时候很好玩,就像我们第一次会见几个前囚犯,他们每个人都比其他人更想做一个囚犯。每一个人都经历了比其他人更糟糕的经历。

《当代史》:这个组织与政治有关系吗?

德勒兹:福柯有着敏锐的政治直觉,这对我来说非常重要。对我来说,政治直觉就是一种感觉,即某种东西会发生,会在这里发生,而不会在其他地方发生。政治直觉很少出现。福柯感觉到,在监狱里有一些小型运动、小型骚乱。他并不想利用这些骚乱或促发这些骚乱。他观察着这些运动和骚乱。对他来说,思考通常是一种至死而终的实验过程。在某种程度上,他就是一位**观察者**(voyant)。他所看到的实际上都是无法容忍的事情。他是一个怪异的观察者。这就是他在喜剧和悲惨中看待人们、看待事物的方式。他观看的权力等同于他写作的权力。当你看到某种东西的时候,当你深入地去观看的时候,你所看到的就是无法容忍的东西。这些不是他在对话中,而是他在思考时使用的词汇。对福柯而言,思考就是反抗无法容忍的东西,反抗某些人经历过的无法容忍的事物。这绝不是可以看到的东西。这就是他的天

[①] QHS,即Quartier Haute Sécurité,高级安全区域常用来将犯人隔离在条件非常不方便的个人单间里面。

赋的一部分。两个部分互补了:作为实验的思考和作为观看、作为把握不可容忍的事物的思考。

《当代史》:这是一种伦理学?

德勒兹:我认为,对他来说,这是一种伦理学。不可忍的东西并不是他的伦理学的一部分。他的伦理学就是将某种东西视为不可容忍的。他并不会在道德的名义下来做事。这就是他的思考方式。如果思考不能触及不可容忍的东西,那就没必要思考了。思考总是去思考某种东西的界限。

《当代史》:人们说,因为它是不正义的,所以它才是无法容忍的。

德勒兹:福柯并没有这样说。之所以不可容忍,并不是因为它不正义,而是因为没有人看到它,因为它无法被感知。但所有人都知道这一点,这不是秘密。所有人都知道这种监狱中的监狱,但没有人看到过它。福柯看到了。但这绝不会阻止福柯将这些不可容忍的东西变成幽默。再说一遍,我们笑了好久。这不是义愤,我们都不是愤青。这只是两件事情:看到某种没有被看到过的事物,思考某种在极限处的东西。

《当代史》:你如何成为 GIP 的成员?

德勒兹:从一开始,我就十分相信他是对的,他建立了一个全新的组织类型。之所以是全新的,是因为它太特别了。就像福柯曾经做过的事情一样,事情越特别,影响力就越大。这就像他不会错失的机会一样。完全意想不到的是,这涉及的是一些跟监狱没丝毫关系的人。例如,我在想保罗·埃勒华(Paul Eluard)的遗孀,她大公无私地帮助了我们许多。还有像克劳德·莫利亚克(Claude Mauriac)这样坦诚的人,他和福柯关系很好。当我们想要关注美国监狱中的杰克逊事件时①,热奈(Genet)站了出来。他很不错。这也非常富有活力。监狱里产生了一次小运动,造反发生了。在监狱外,事情会冲击到各个方面,如监狱的精神医生、监狱的医生以及囚犯的家人。我们做了小册子。福柯和德菲尔做了无穷无尽的工作。他们俩很有想法。我们跟着他们俩。我们带着激情跟着他们俩。我记得有一天非常疯狂,这是太典型的 GIP 的一天了,好的时光和悲催的时光接踵而至。我认为,我们得去南希(Nancy)。我们从早忙到晚。早上与一位地区代表在一起,然后我们去了一座监狱,然后我们举行了一场媒体发布会。监狱里发生了一些事情,于是我们用示威结束了那一天。在那一天刚开始的时候,我就告诉自己我永远也做不到这样。我没有福柯的能量,没有他的精力。福柯拥有着用不尽的生命能量。

《当代史》:GIP 怎么散伙了?

德勒兹:福柯做了其他人正在百思不得其解的事情;之后,他就解散了 GIP。我记得福柯经常去探望利弗洛泽(Livrozet)。利弗洛泽是一个前囚犯。他写了一本书,福柯为这本书写了一个序。② 利弗洛泽太太也非常活跃。在 GIP 解散的时候,他们继续为 CAP(囚犯行动委员会,Comité d'Action des Prisonniers)工作,CAP 也是由前囚犯所运作的组织。我认为福柯只记得如下事实,即他已经迷失了,他看不到他能以何种方式获得胜利。从某种角度来看,他非常温

---

① 乔治·杰克逊(George Jackson)是索莱达(Soledad)的圣昆廷监狱中的非洲裔美国士兵,1971 年 8 月,他遭到了杀害。德勒兹与 GIP 成员密切合作了一本期刊的专号《谋杀乔治·杰克逊》(*L'Assassinat de George Jackson*,Paris: Gallimard, coll. "L'Intolérable", 1971)。

② Serge Livrozet, *De la prison à la révolte*, Paris: Mercure de France, 1973, p. 7 – 14.

和。他认为他已经迷失了,因为一切都再次停顿。他的想法是,一切都毫无作用。福柯说,这是比沮丧更糟糕的事情:某些人在说话,仿佛没有人在说话一样。三四年之后,事情又恢复如初。

与此同时,他也必须认识到他产生的影响。GIP 成就了许多事情,如形成了囚犯运动。福柯有权利认为某种东西已经发生了改变,即便这种改变不是根本性的改变。这是一种过度简化的看法,但 GIP 的目标就是让囚犯及其家人能说话,能代表他们自己来说话。之前绝不是这样。当出现了有关于监狱的展示时,你们看到的是与监狱有着紧密关系的人的代表,如法官、律师、监狱守卫、志愿者、慈善家,除了囚犯自己,甚至前囚犯的任何人都出现了。就好比你在小学里开个会,那里有除了小孩之外的所有人,即便小孩们有东西想说。GIP 的目标与其说是让他们说话,不如说是设定一个地方,在那里迫使人们聆听他们说话,这种地方不等于在监狱屋顶上的造反,但可以保障他们所说的一切能够被传达出来。需要说的,就是福柯想要带来的东西。我们知道,我们被剥夺了自由,这是一方面;但另一方面,发生在我们身上的事情却完全是另一回事。他们欠我们的。所有人都知道这一点,但所有人都任由其发生。

《当代史》:难道福柯的知识分子的作用不就是开启一个让其他人能说话的场所吗?

德勒兹:在法国,有些东西很新。在萨特和福柯之间有很大不同。福柯有一个观念,知识分子的政治立场和生活方式完全不同于萨特的方式,那完全不是理论的方式。无论萨特多么富有力量,多么光辉灿烂,他关于知识分子的看法都太过古典。他以最高价值的名义来行动,如善、正义和真。从伏尔泰,到左拉,再到萨特,我看到了一条共同线索。这条线索终结于萨特,即知识分子以真理和正义的名义去行动。福柯则更为功用,他通常是一个功用主义者。但他发明了自己的功用主义。他的功用主义就是观看与言说。在这里看到了什么?有什么可以说或思考的东西?这并不是守卫某种价值的知识分子。

我知道他后来讨论了真理的概念,但那不一样。最后,"信息"不是一个恰当的词汇。它并不是要找出监狱里的真相,而是生产出关于监狱的某些陈述,一旦这种话语被道出,无论是因犯还是监狱外的人都不能生产任何这些话语本身。他们知道如何谈关于监狱的言说,但这不是生产。于是,如果他的行动与他的哲学著作之间有任何关联的话,那么他就想像那样活着。那么,当福柯说话时,他的句子为什么会如此与众不同呢?这仅仅是因为他是这个世界上唯一这样的人,即我们从来没有听过有人像那样说话。他所说的一切都很重要,但不是在作者意义上的重要。当他进入到一个房间里,他的话就很关键。福柯认为一句陈述是非常重要的东西。不仅仅是话语或句子制造了一个陈述。两个层面都是必要的:观看与言说。它或多或少是词语和事物。词语就是陈述的生产,事物就是观看、可见的架构。观念就是在可见物之中某种无法感知的东西。

《当代史》:生产陈述是否意味着让某人说话?

德勒兹:部分是这样,也不完全是这样。我像其他人那样说话(这就是问题),我们说:需要允许其他人说话,但这不是问题。这里有个政治例子。对我来说,关于列宁最基本最重要的东西就是他在十月革命之前和之后生产出一种新的陈述。它们就像一个被标识出来的陈述,这些陈述就是列宁主义陈述。我们能够讨论一种新的陈述类型吗?或者说,我们能讨论出现在某个地方或某个被称为列宁主义陈述的环

三十九、福柯和监狱

境下的东西吗？这是一种全新的陈述。问题并不在于像萨特一样去寻找真相，而是生产出新陈述的条件。1968年生产出新的陈述。这些陈述是之前从未有人使用过的陈述类型。新的陈述可能是恶魔式的陈述、让人困扰的陈述，所有人都会与之斗争。希特勒也是新陈述的伟大的缔造者。

《当代史》：那时，你发现了这些东西在政治上是否足够？

德勒兹：这是否足够让我们去占领？当然够了。我们的日子非常充实。福柯带来一种实践，在两个方面，这是一种全新的实践。福柯会说，这不足够，因为在某种意义上，它失败了。它没有改变监狱的状况。我认为恰恰相反，这太足够了。它产生了诸多共鸣，其主要的回应就是监狱里的运动。监狱里的运动不是由福柯和德菲尔激发的。GIP扩大了运动，因为我们也写文章，花时间不断骚扰司法部和行政部的那些人。现在，关于监狱言说的类型，常规来说就是由囚犯和非囚犯来制造的，而在这之前，这一点完全无法想象。它以这样的方式成功了。

《当代史》：比起福柯，你的观点认为社会世界更加流动不居。我在想你的《千高原》。福柯使用了许多建筑上的隐喻。你同意这个说法吗？

德勒兹：完全同意。不幸的是，在他生命中的最后一年，我见他不多，当然我现在深深地感到后悔，因为他是我最喜爱也最敬佩的人之一。我记得在他出版《求知之愿》时，我们讨论了这个问题。我们对社会的看法不同。对我来说，社会就是在每一方向上都不断逃逸的东西。当你说我的社会更加流动不居时，你说的完全正确。社会在金融上流动，在意识形态上流动。真的，社会就是在逃逸线上组成的。社会问题就是如何去阻止流动。对我来说，权力后面才会到来。让福柯感兴趣的是，面对这些权力，权力所有的邪恶和伪善，我们都要去抵抗。我的兴趣点恰恰相反。权力到处流动,而政府要去阻碍它的流动。我们从完全相反的方向来接近问题。你说社会是液态的,或者更糟糕,是气态的,你是对的。对于福柯来说,社会是一个建筑。

《当代史》:你和他谈过这个吗?

德勒兹:我记得在出版《求知之愿》时,我认为,这本书就是一种知识危机的开始,他向他自己提出了很多问题。他有一种忧郁,那时,对于他对社会的看法,我们谈论很多。

《当代史》:那你们的结论呢? 你们分道扬镳了……

德勒兹:通常我对福柯的敬仰和爱戴连绵不绝。我不仅仅是仰慕他,而且他会让我开心。他非常有趣。我只有一点很像他:要么我工作,要么我说些无关紧要的东西。世界上很少有人在一起谈一些无关紧要的事情。与某人在一起花上两个小时,随便乱说些什么,这就是友谊的层次。你可以与最好的朋友谈一些琐事。与福柯在一起,更像一场审判。有一次在对谈时,他说:我真的有点喜欢佩吉(Péguy),他就是个疯子。我问道:为什么认为他是疯子? 他回答说:看看他写的东西。福柯也有非常有趣的一面。这意味着某人会发明一种新的风格,产生新的陈述,这个人就是疯子。我们各自为各自工作。我敢肯定他读过我写的东西。我也满怀激情地读过他写的东西。但我们并不经常彼此讨论。我有种感觉,不是悲哀的感觉,最后我需要他,但他不需要我。福柯是一个非常非常神秘的人。

四十、大脑即屏幕[①]

《电影手册》(Cahiers du cinéma)杂志：作为一名观众,尤其作为一名哲学家,电影如何进入你的生活?你从何时开始迷恋上电影的?你又是从何时开始认为值得从哲学上来思考电影的?

德勒兹：我一生中有两个不太相关的时期都感觉到深深地体会了电影。我小时候总是去看电影。我认为,那时有这些家庭计划,你们可以预定一些特殊的电影院,像普雷耶(Pleyel)那样的,人们经常送孩子们过去。我无法选择我想看什么。但我看过哈罗德·劳埃德(Harold Lloyd)和巴斯特·基顿(Buster Keaton)。我记得《木十字架》(*Les Croix de bois*)让我做噩梦,当他们再次放映《方托马斯》(*Fantômas*)时,真把我吓得够呛。我真的很想知道哪些隔壁的电影院在战后消失了。新的电影院拔地而起,而许多电影院消失了。

战争之后,我又开始看电影了,但这一次我是一个学哲学的学生。我没那么天真,要去做电影哲学,但给我的印象

[①] 这篇访谈最早发表在《电影手册》1986年2月号上,n°380,p. 25—32。本文经过了德勒兹的修订,访谈的缘起来自阿兰·柏伽拉(Alain Bergala)、帕斯卡·伯尼茨(Pascal Bonitzer)、马克·歇伏里(Marc Chevrie)、让·拿波尼(Jean Narboni)、夏尔·特松(Charles Tesson)、塞尔日·杜比亚纳(Serge Toubiana)等人的圆桌讨论。起因是德勒兹出版了《电影2:时间-影像》(*Cinéma 2: L'Image-temps*, Paris: Editions de Minuit, 1985)。

是电影和哲学的某种交叉或相遇：我喜欢的哲学家就是那些要求在思想中引入运动，引入"真正"的运动的哲学家（他们批判黑格尔的辩证运动是抽象运动）。难道我没有遇到一种电影，将"真正"运动引入影像的电影？这并不是将哲学应用到电影中的问题。我直接从哲学走向电影，然后再从电影返回到哲学。关于电影，有某些奇怪的东西。它打动了我，我没有预料到这一点，它所展现的不是行为，而是精神生活（包括异常行为）。精神生活不是梦和幻想（在电影里，有太多的死局），而是头脑清晰地做出生存的抉择，这是一种绝对的坚韧。电影何以用来挖掘出精神生活的财富？这可能是最糟糕的处理：将最粗俗的陈词滥调、最乏味的天主教应用到电影中。或者也有当今最好的电影处理：德雷耶（Dreyer）、斯滕伯格（Sternberg）、布列松（Bresson）、罗西里尼（Rossellini）、侯麦（Rohmer）等等。神奇的是，侯麦用他的电影来研究某个生存空间。《女收藏家》（*La Collectionneuse*）是对美学生存的研究，《美好姻缘》（*Beau mariage*）是对伦理生存的研究，而《慕德家一夜》（*Ma nuit chez Maud*）是对宗教生存的研究。这有点像克尔凯郭尔早在电影之前就感受到了用奇怪的纲要来写作的需求。电影不仅将运动引入影像，也引入心灵。精神生活就是心灵的运动。从哲学走向电影，再从电影回到哲学是非常自然的。

这里的统一就是大脑。大脑即屏幕。我并不认为精神分析和语言学会给电影留下很多东西。但分子生物学和大脑生物学（这是完全不同的故事）会这样。思想就是分子。我们是缓慢的存在物，由某种分子速度构成的存在物。米肖（Michaux）说："人是缓慢的存在物，只有通过离奇的速度才能让其成为可能。"①大脑的循环和关联并不先于刺激、血细

---

① Michaux, *Les Grandes épreuves de l'esprit*, Paris: Gallimard, 1966, p.33.

胞、追寻着它的粒子而存在。电影不是剧场:它用粒子来组成其身体。电影中的关联链通常是悖论式的,不可能还原成单纯的影像链接。通常会剩下某些东西。因为电影会让影像运动起来,或让影像自我运动,它永恒地追溯着或重新追溯着大脑循环。再说一遍,这可能会更好,或者更糟。换句话说,屏幕,我们自己的屏幕,可能是有缺陷的白痴大脑,也可能是创造性的有天赋的大脑。早期电影剪辑的力量在于新的速度、新的关联和再关联。但在电影发展出这种新的力量之前,电影会陷入笨拙的抽搐和怪相,以及随意的剪切。烂片通常是弱智大脑生搬硬套工作的结果:它表达了纯粹的暴力和性,将毫无必要的残酷同组织化的愚蠢结合了起来。真正的电影会有所突破,形成一种完全不同的暴力、一种完全不同的性,这些是分子式的,而不是可以具体化的东西。例如,洛西(Losey)的人物都是一小串静态的暴力,对于静止的存在物而言,这太暴力了。不同的思想速度——加速或僵化——与运动-影像是密不可分的。以刘别谦(Lubitsch)的电影速度为例,他的影像是真正的情节、真正的闪电、真正的精神生活。

并不是当一个学科开始反思其他东西时,它们才接触到这些东西。唯有当一个学科意识到另一个学科已经提出了相似的问题,于是,这样东西开始接触其他东西来解决这个问题,但是用自己的术语,出于自己的需要来解决问题时,才能有所接触。我们可以想象一下相似的问题,在不同时期、不同的环境、不同的条件下,这些问题产生的冲击波贯穿了诸多领域:绘画、音乐、哲学、文学和电影。震撼是一样的,但领域不同。所有的批评都是比较性的(电影批评如果只局限于电影,仿佛电影是一个隔离区,那就是最糟糕的电影批评),因为所有领域的作品已经在做自我比较。戈达尔在《受难记》(*Passion*)中面对了绘画,而在《芳名卡门》(*Prénom Carmen*)中则面对了音乐。他创造了系列电影,但他也采用了非常近似于勒内·托姆(René Thom)的数学概念的方式创造了灾难电影。所有作品都有在其他艺术中的开头或结果。我可以写作关于电影的作品,并不是因为我已经对电影有了很好的反思,而是因为某个哲学问题促使我在电影中寻找答案,即便这只会让我产生更多的问题。所有的研究,学术研究或创造性研究,都会参与到这样一个传递系统当中。

《电影手册》:在你关于电影的两部著作中,是否有某种东西也可以在你的其他著作中找到,尽管程度有所不同:分类学,对分类的挚爱。你是否很喜欢分类,或者在你研究过程中会出现分类?分类是否与电影有着某种特殊关联?

德勒兹:是的,没有比分类和列表更有趣的东西了。分类方式就像一本书的骨架,它就像一部辞典或字典。它不是最本质的东西,但是是不可或缺的步骤。巴尔扎克的作品就是建立在某些神奇的分类基础上的。在博尔赫斯的作品里,对动物的中国式分类吸引了福柯:属于皇帝的、进行防腐处理的、驯顺的、海妖、乳猪,等等。所有的分类都很简单:这些分类都很灵活,根据情况的表现,分类的标准会发生变化,分类具有一个回溯性效应,我们可以无限地提炼或重新组织分类。一些分类的区域太过拥挤,而另一些区域没什么东西。在所有的分类方式中,一些看起来差别很大的东西都可以更紧密地结合在一起,而另一些看起来很亲密的东西实际上是分开的。概念就是这样形成的。你听人们说像"古典""浪漫""新小说"或"新实在论"这样的范畴,都是十分抽象的。我认为如果这些范畴都建立在单一符号或症候基础上,而不是普遍形式基础上,这些范畴都不错。一个分类方式就是症候学,符号就是你为了提炼出一个概念而分类用的东西,它不具有抽象的本质，它是事件。在这个方面，不同学科或领域都是符号材料，或者符号标识的材料。分类经常根据材料而不同，但由于不同材料之间的亲缘关系，它们会彼此重叠。因为电影激活了影像，让影像时间化了，所以电影是非常特殊的材料，这个材料与其他材料之间有着高度的亲缘关系，如图片、音乐、文学，等等。电影不能理解为一种语言，而是要理解为符号-材料。

例如，我尝试着进行电影打光的分类。你知道某种光线，它展现了合成的物理环境，这种环境的组成给你们白色的光，一种可以在美国电影中发现的牛顿式的光，或许安东尼奥尼（Antonioni）的电影中也有，不过方式不同。那么你们也知道哥特式光线，这是一种不可摧毁的力量，它闯入阴影，将事物挑选出来（表现主义、福特和威尔士都属于这个队伍，难道不是吗？）。你们还知道另一种光，它并不与阴影相对，而是与白色的影子相对，模糊且全白（这是哥特的另一个侧面，斯滕伯格也是如此）。你们还知道另一种光，这种光既不是由组合也不是由对比来界定，而是由月亮的外形改变和生产来界定的〔这就是战前的法国学派的光，尤其是爱森斯坦（Epstein）和格雷米伦（Grémillon），或许还有今天的李维特（Rivette），也非常近似于德洛内（Delaunay）的概念化和实践〕。这个条目还可以无限列举下去，因为新的光线事件一直在发生，就像戈达尔在他的电影《受难记》中那样。你们可以对电影空间做同样的事情。你们有有机空间或周围空间（如西部片，但黑泽明给出了一个巨大范围的周围空间）。还有功能性的空间线（新西部片，以及沟口健二）。还有洛西的平直空间：台阶、悬崖、高原——在他最后两部影片中，他发现了日本空间。还有布列松的断连空间，其中的联系从来不是确定的。你在小津安二郎（Yasujiro Ozu）和安东尼奥尼那里可以找到虚空空间。还有地层空间,如在斯特劳布(Straub)的电影中,其价值来自被覆盖的东西,这样你们就必须"解读"出它们。还有雷乃(Resnais)的拓扑空间……这个分类没有尽头。正如有许多创造者一样,还有许多类型的空间。可以用不同方式将光线与空间结合起来。在每种情况下,我们看到光线和空间符号的分类是专属于电影的分类,在科学和艺术中你们还要参照其他学科——如牛顿和德洛内。在其他学科中,符号有着不同的秩序、不同的情境、不同的关系、不同的区分。

《电影手册》:在电影中出现了导演(auteur)[1]危机。现在的讨论似乎是:"没有更多的导演,所有人都是一个导演,任何一个导演都要把我们烦死。"

德勒兹:今天,在创作中,有很多不同的力量要去平衡商业型作品和创作型作品之间的差异。否认二者之间的差异,人们就会认为他们太聪明了、太前沿了、太高深了。实际上,所有表现出来的东西都是资本主义的需要:快速套现。那些广告从业人员称之为今天的现代诗学,但这种无耻的说法忘记了,没有一种艺术会为了迎合公众的口味而去销售产品。广告可以很震撼,无论其有意还是无意,但它仍然是迎合了既定的口味。另一方面,艺术必然会产生意料之外的、无法识别的、不可接受的东西。这与商业艺术完全不同。这就是用语上的矛盾。当然,的确有大众艺术。某些艺术的确需要商业投资,就像存在着艺术市场一样,但没有一种东西叫作

---

[1] 这里的 auteur 实际上是特吕弗和戈达尔以及《电影手册》杂志对导演的称呼,但是 auteur 这个词也有作者的意思,在《电影手册》的一些作者看来,导演就是一部电影的"作者",在法语中,导演还对应于 metteur en scene, réalisateur 等词汇,鉴于这里的访谈是《电影手册》和德勒兹之间的访谈,所以在这里将 auteur 翻译为导演。此外,下文中德勒兹谈到了文学,涉及文学时,auteur 肯定指的是作者,但德勒兹显然是将文学中的"作者"和电影中的"导演"这两个意思混用的。——译注

商业艺术。让事情变得很复杂的原因,就是商业型作品和创作型作品采用了同样的形式。你们已经看到了书的形式:如搞笑作品和托尔斯泰采用了同样的形式。你们也可以比较一下飞机读物和伟大的小说,飞机读物、畅销书会在迅速套现规则支配的市场上打败伟大的小说——或者,更糟糕的是,畅销书会声称具有伟大作品的品质,实际上只是绑架伟大作品。这就是电视上发生的事情,审美判断变成了"美味",就像一盘肉;或者变成了"难以置信的东西",就像本垒打。这是在最小公分母基础上的推广,是迎合大众消费的模式化文学。"作者"(auteur)是特指艺术作品的一种功能(在不同情况下,也指向了犯罪)。还有其他很体面的词汇,来形容创作其他产品的人,如制片人(producteur)、监制(rédacteur)、发行人(réalisateur)、编排(programmateur),等等。这些人会说今天没有导演(auteur)了,当他们仍然保留自己的称呼时,他们也无法承认以往的导演。这相当扯淡。为了健康发展,所有艺术都需要对这两种作品进行区分,即商业型作品和创作型作品。

《电影手册》对在电影中引入这样的区分负有很大责任,你们界定了作为一个电影导演意味着什么(即便创作电影还包括了制片人、监制、发行人、商业代理人等等)。今天,帕伊尼(Païni)[①]认为,一旦他们抹除了商业型作品和创作型作品之间的区别,他们就很聪明:这是因为他们这样做有利益。创作一部作品是很难的,但发现某些标准就简单多了。每一部作品,即便一部短片,都意味着一项伟大的任务或者会持续很长时间的事件(例如,重新考察一个家庭的记忆并不是重要任务)。一部作品通常会创造新的时空(这并不是说,在

[①] Dans un entretien des *Cahiers du Cinéma*, n°357, mars 1984.

一个既定的时间和空间里去讲故事,而是节奏、打光、时空本身就必须成为真正的特质)。可以认为一部作品带来了问题,我们发现我们自己陷入这个问题之中,而作品没有给出答案。一部作品是新的句法,句法要比措辞重要得多。作品在语言中描绘了一种外语。在电影中,句法即影像链的链接和再链接,还有视觉影像和声音之间的关联(在这两方面之间存在着紧密关联)。如果你们要定义文化,你们可以说,这不是要去把握一个艰涩的或抽象的维度,而是要认识到那些艺术作品非常具体、非常有趣,比商业作品更为动人。在创作型作品中,你们会发现情感的倍增、情感的解放以及新情感的创造,这与你们在商业片中看到的已经事先架构好的情感模式是不同的。布列松和德雷耶在这个方面是独一无二的:他们都是新幽默的大师。电影导演的全部问题当然就是要确保电影的布局,因为它无法抵挡住来自商业电影的竞争,因为创作型作品诉诸完全不同的时间性,而且它开启了创作从未存在过的电影的可能性。或许,电影还不那么资本主义。金钱上的融资有三种不同的时间段:需要认识到并鼓励存在着短期的、中期的、长期的电影投资。在科学上,资本主义时时刻刻都会在基础工作中重新发现利润。

《电影手册》:在你的书中,对一个问题进行了一些贬低。这个问题针对着所有已经写入电影的东西,它需要面对时间-影像。电影分析经常会认为,在电影中,尽管有闪回、梦境、记忆,甚至预想,里面已经蕴含了时间框架,那么在当下,在观众面前,运动已经发生了;但你认为电影影像并不在当下。

德勒兹:这很奇怪,因为对我来说,影像显然不在当下。在当下的东西是影像的"再现",但不是影像本身。影像本身就是一个时间关系串,当下从这个时间关系串中展开,要么成为公倍数,要么成为公分母。日常视角无法看到时间关系,但如果某个影像是创造性的,那么可以在这个影像中看见时间关系。影像让时间关系变得可见,富有创造性,但它不能被还原成当下。例如,影像展现了一个人在河边、在山间行走:在这种情况下,在影像中至少有三种时间绵延的"共存",这三种时间绵延都不能混同于影像再现出来的当下。这就是塔可夫斯基(Tarkovsky)拒绝了蒙太奇和镜头之间的区别时所说的东西,因为他将电影界定为镜头下的"时间压"①。我们来看一些例子,这一点会更清楚:小津安二郎的静止的生活,维斯康蒂(Visconti)的旅行镜头以及威尔士的深焦镜头。如果紧跟着那些再现的东西,你们就会看到不动的自行车或一座山,你们看到一辆车或一个人在空间里旅行。但从影像的角度来看,小津安二郎的静止生活就是一种时间的形式,它没有发生改变,但在其中的一切都在改变(在时间中的东西与时间的关系)。同样,在维斯康蒂的影片中,桑德拉的汽车回到了过去,甚至穿越了当下的一个空间。这与闪回、与记忆没有什么关系,因为记忆只是一个更早的当下,然而,在影像中的人物表面上进入更深的过去,或者从过去出现。一般来说,当空间不再是"欧几里得式空间"时,当小津安二郎、安东尼奥尼或布列松创造出空间时,空间不再考察那些诉诸事件关系的特性。当然,雷乃是这样一位导演,他的影响在当下无关紧要,因为他的影像完全建立在异质性时间绵延的共存基础上。时间关系的变化就是《我爱你,我爱你》(Je t'aime Je t'aime)的主题,这与闪回没有丝毫关系。什么是"假同步",或者,什么是视觉和声音之间的断连?如在斯特劳布的电影中,或在玛格丽特·杜拉斯

---

① Tarkovsky, "De la figure cinématographique", *Positif*, n°249, Dec.1981.

(Marguerite Duras)的电影中,或者雷乃电影屏幕上的丝绒一般柔和的景象,或者加瑞尔(Garrel)的黑白剪辑?无论如何,这是"纯粹时间的一片",而不是当下。电影并不再生产出物体,它用粒子来生产它们,这些就是时间的粒子。尤其是,有人谈到电影的死亡,这十分愚蠢,因为电影才刚刚开始探索声音和影像之间的关系,它们是时间关系,要完全重新创造出时间关系与音乐的关系。电视的粗陋就在于它跟随着当下,它让一切在当下出场,除非电视成为伟大电影人的媒介。只有平庸的或商业的作品才具有当下的影像观念的特征。这是一种约定俗成的观念,一种错误的观念,也是伪表象的例子。在我看来,只有罗伯-格里耶(Robbe-Grillet)才会这样做。他是唯一在当下进行生产的作者,但所有时间关系的情结都是他自己的情结。他就是一个活生生的证据,证明了非常难以创造影像,如果你们想要超越再现出来的东西,那么当下并非自然给定影像。

四十一、无需计算的占据：布列兹、普鲁斯特和时间[1]

布列兹经常会提出他与作家和诗人之间的关系的问题：米肖、夏尔、马拉美……如果剪辑不是连续性的对立面的话，如果连续性是由剪辑来界定的话，那么就会同样建立文学文本和音乐文本之间的连续性，并在它们之间置入一个剪辑。并没有一般性的解决方案：每一次，都必须按照不断变化的、通常是不规则的尺度来衡量各种关系。不过，现在布列兹与普鲁斯特有着一种完全不同的关系。并不是更深刻的关系，而是一种不同本质的关系，一种缄默的、隐晦的关系（即便他经常在著作中引用普鲁斯特）。仿佛他与普鲁斯特"心有戚戚"，机缘巧合，意气相投。布列兹定义了一个很重要的选择：要么计算着占据时空，要么无需计算地占据[2]。尺度用来产生关系，或者实现一种没有尺度的关系。难道他与普鲁斯特的关系不正好是第二种吗？魂系梦绕或被魂系梦绕的关系（"你想从我这里要些什么？"），没有计算、没有尺度的占据或被占据的关系。

在普鲁斯特那里，布列兹理解的第一件事就是声音和噪音如何远离那些特征、场所和名称，他们一开始接触这些特

---

[1] 本文之前收录于克劳德·萨缪尔（Claude Samuel）主编的《碎片/布列兹》(*Éclats/Boulez*, Paris: Centre Georges Pompidou, 1986, p.98 - 100)。

[2] *Penser la musique aujourd'hui* (PM), Ed. Gonthier, p. 107.

征、场所、名称,是为了创作独立的"主题",这些"主题"会随着时间而发生改变,增多或萎缩,减少或增加,加快速度或变慢下来。主旨首先与一道风景或像路标一样的特征相关联,但随后它变成了孤独变化的风景,或孤独变化的特征。普鲁斯特必然会引出一个分节:梵泰蒂尔(Vinteuil)为炼金术而做的音乐,它出现在整篇《追忆似水年华》中,并向瓦格纳献上敬意(即便人们认为梵泰蒂尔不同于瓦格纳)。布列兹反过来向普鲁斯特献上敬意,认为普鲁斯特已经十分深刻地理解了瓦格纳主题的独立的生命,在某种程度上,它经历了速度变化,向着自由改变而运动,进入了连续不断的变奏当中,而这些变奏预设了属于"音乐存在"的新时间形式[1]。普鲁斯特的所有作品都是这样写成的:连续的爱、嫉恨、蛰伏等等,所有这些都脱离了人物,以至于它们自己就变成了无限变化的角色,没有身份的个性化,嫉恨1,嫉恨2,嫉恨3……在独立的时间维度上,这种可变的发展类型被称为"时间模块"和"无穷无尽变化的声音模块"。这个独立的、并非预先存在的维度,这种与模块的变奏并存的东西被称为**斜列**(diagonal),斜列表明,它不可能被还原为和弦的垂直轴,也不可能还原为充当旋律的水平轴,将它们作为预先设定的坐标系[2]。对于布列兹来说,音乐创作的缩影就在于斜列,每一次都处在不同的条件下,从多声部结合,通过贝多芬的抉择,在瓦格纳那里融合了和弦和旋律,直到韦伯恩摒弃了垂直轴和水平轴的边界,形成了序列中新的模块,让它们按照斜列运动,仿佛分配整个作品的时间功能[3]。每一次,斜列

---

[1] *Points de repère* (PR), Ed. du Seuil-Bourgois, "le temps re-cherché", p. 236 - 257.
[2] 对于斜列和模块,可以参看 *Relevés d'apprenti* (RA), Ed. du Seuil, articles "Contrepoint" et "Webern". Et PM, p. 137,59;PR, p. 159。
[3] Sur Wagner, PR, p. 243 - 246. Sur Webern, RA, p. 372, 376 - 377.

都像是一个和弦和旋律的矢量-模块,这是一种时间化的功能。按照普鲁斯特的说法,《追忆似水年华》中的音乐创作似乎是一样的:以变化的速度和自由的改编,不断地依照斜列来改变时间模块,斜列构成了作品的唯一统一,它贯穿着所有部分。旅行的单位,并不是在风景的垂直的马路上行进,这就像和弦的切入,也不是在路线的旋律线上前进。它在斜列上前进,"从一个窗户到另一个窗户",让看到的景观连续起来,让视角运动起来,并合并成一个变化和时间的模块①。

不过,由于时间模块囊括了高速和低速、增大和减少、附录和结论而运行,那么它与距离关系和计时关系密不可分,这些关系界定了可分割性、可容纳性、比例性:"脉冲"是最小公倍数(或者单倍数),"节拍"就是对特定时间下的统一体的数量的刻画。正是在这样条理化的时空中,脉冲时间(在某种程度上其剪切是可以被确定的)成为一种理性的类型(连续体的第一方面)和有尺度的,无论其尺度是否规范,它都可以被确定为各个剪切之间的尺寸。所以,时间模块遵循着条理化的时空秩序,在那里,它们按照脉冲的速度和尺度的变量来寻找其斜列。然而,一个光滑或非脉冲的时空反过来不同于这种条理化的时空。它只在整体上来计时:其切口是不确定的,或毋宁是一种非理性的类型,距离和临近关系取代了尺度,距离和临近关系不能被打破,它们表达了出现在那里的命运或稀缺性(事件的统计学的分配)。占据的标准取代了速度的标准②。直觉是没有计算的占据,而不是用计算

---

① 参见 La Pléiade, I, p. 655 (l'unité de la *Recherche* est toujours présentée comme une diagonale).

② 对于切口、条理和光滑,可以参看《思考今天的音乐》(*Penser la musique aujourd'hui*)。似乎对我来说,戴德金(Dedekind)在非理性切口和理性切口之间的区分,以及罗素在距离和尺寸之间做出的区分,都对应于布列兹提出的光滑和条理化之间的区分。

来占据。对于这种新颖的绵延模块的形象,我们是否可以使用布列兹的"时间气泡"(bulles de temps)一词?数量不会消失,但这种数量会变得不依赖于尺度和时间尺度关系,它们变成了数字,数数的数字、游牧或马拉美式的数字,变成了音乐上的律动,而不是尺度。这绝不是按照组成模块的各个元素来区分一个封闭的时空,相反,它们在一个开放时空的气泡中配置着各个元素。从一种时间划分方式到另一种时间划分方式的过渡:不再是时间的大写序列(Série),而是时间的大写次序(Ordre)。布列兹在条理化和光滑之间的区分,与其说是分隔(séparation),不如说是持续的沟通(perpétuelle communication)。两种时空是相互轮换和重叠的,在两种时间划分方式的功能之间存在着交换,即便这种交换仅仅在如下意义上成立,即在条理化时间中的同质性划分给出了光滑时间的印象,而在光滑时间中的不平均的分配,引入了一些方向,这些方向通过相邻性的凝练或积聚,产生了条理化时间。如果我们列举出普鲁斯特描述的梵泰蒂尔的奏鸣曲与七重奏之间的所有区别,那么就会区别出一个封闭的平面和一个开放的空间、一个闭锁模块和一个气泡(沐浴在紫罗兰色的迷雾下的七重奏创造了一个整体音符,仿佛"在猫眼石中一般"),也会有某种东西将奏鸣曲的小段与速度标记(indication)衔接起来,而奏鸣曲的小段所指的是占据的标记。在更一般的意义上说,《追忆似水年华》在体系上按照双重揭示来安排每一个主题、每一个人物:一个是"盒子"中的揭示,在"盒子"中,速度的各种变奏和性质上的改变都依赖于节段和时间(计时学);另一个则是星云或多样性,它只是按照统计上的分配[两条"道路",即梅塞格丽斯(Méséglise)的道路和盖尔芒特(Guermantes)的道路,被展现为两种统计的方向]来记录浓度或稀缺的值。阿尔贝蒂娜兼有二者,有时候是条

四十一、无需计算的占据:布列兹、普鲁斯特和时间

理化的，有时候是光滑的；有时候是变化的模块，有时候则是扩散的星云，尽管她都依照这两种不同的时间划分。整本《追忆似水年华》都必须解读为光滑和条理化的时间：这就是按照布列兹的区分来进行双重解读。

相对于这个更深层的主旨，记忆问题似乎十分次要。布列兹借用了斯特拉文斯基（Stravinsky）和德索米耶尔（Désormière）的"我憎恨记忆"的表述，提出了"赞美遗忘"的主题，而从未停止过以他自己的方式成为普鲁斯特。对于普鲁斯特而言，即便不由自主的记忆也会占据一个有限的区域，艺术从各个方向在这个区域中流溢，它只能充当一个诱导剂。艺术的问题、创造的关联性问题，是**感知**问题，而不是记忆问题：音乐是纯粹的出场，将感知延伸到宇宙的极限处。延伸感知就是艺术的目的（或者说是柏格森式哲学的目的）。唯有当感知打破记忆所绑定在其身上的同一性之后，我们才能达到这个目的。音乐总是拥有这样一个对象：没有同一性的个体化，它组成了"音乐存在物"。毫无疑问，调性语言恢复了与第一个八度音和和弦的同一性原则。但模块和气泡体系导致了在界定它们的变奏和分配中，对同一性原则的普遍拒绝①。那么，感知问题变得更为强烈：我们如何感知这样的个别对象，它们的变奏是常量，我们无法分析它们的速度，甚至这些个别对象在光滑的环境下逃逸了所有的尺度？② 数字或数数的数字，同时避免了脉冲关系和尺度关系，并没有在声音现象中像这样表象出来，即便它们创造了

---

① 《思考今天的音乐》第 48 页："另一方面，在序列体系中，没有函项(fonction)将自己表现为从一个序列到另一个序列的同一项……通过它们的位置关系的变化发展，由同一绝对元素组成的对象可以得出发散的函项。"

② 《思考今天的音乐》第 44 页："当到处都出现了切口，耳朵就会迷失所有的方向，对于间歇也没有任何知识，就像眼睛必须要在理想状态下的光滑表面上来判断距离一样。"

一种真正的现象,但恰恰没有同一性。是否这些无法感知的东西、感知上的黑洞可以用写作来填补,是否可以通过一个充当"记忆"功能的阅读之眼,来让耳朵起作用?不过,这些问题发生了转向,即我们何以认为,写作"没有去理解写作的义务"?布列兹在界定第三种写作,即毗邻于光滑和条理化时空的第三种时空时,找到了答案。第三种时空理所当然是一种感知性写作:大定在的宇宙(l'univers des Fixes)。宇宙是通过不可思议的简化来起作用的,正如在瓦格纳和韦伯恩的三个声图中一样,或者像贝尔格(Berg)的十二音技法中的悬置一样,或者像贝多芬或韦伯恩的异常重音一样,它以这样的方式来自我呈现,如同一个与正式结构保持齐平的姿态,或者分离出一个基本元素的群组的包络(enveloppe)。它们之间的包络关系创造了感知的丰富性,并对感觉(sensibilité)和记忆保持警惕[①]。在梵泰蒂尔的乐章中,高音符保持了两个尺度,"就像一个声音的帘幕,隐藏了它潜伏的奥秘",这就是大定在的例子。至于七重奏,梵泰蒂尔小姐的朋友需要写下这部作品的固定的标记。这就是普鲁斯特不由自主的角色,创造了定在的包络。

这绝不意味着不由自主的记忆或定在重构了同一性原则。普鲁斯特,与乔伊斯和福克纳一样,他们在文学中都消解了同一性原则的存在。即便在重复时,定在也不是由重复元素的同一性,而是由诸多元素的性质上的共性来界定的,没有这种共性,就不能重复(例如,两个片段之间的著名的品味共性,或者在音乐中共同的音高……)。定在不是同一性,它并不能通过变奏之下的同一性来揭示。反过来才是对的。

---

① 参看这篇主要论文《音乐家的写作:聋人的目光?》("L'Ecriture du musicien: le regard du sourd?"),载于《批判》(*Critique*)杂志,n° 408,1981 年 5 月号。论瓦格纳的标线,第 249 页("固定元素")。

它容许了各个变奏之间的同一化,或者成了没有同一性的个别化。这就是它如何拓展了感知:在条理化环境下,它让变奏变得可感,在光滑环境下分配了这些变奏。这并不是将差异带入到同一性之中,它只是让像这样的差异可以被同一化。于是,在普鲁斯特那里,作为两个片段之间的性质共性的品味认为贡布雷总是与自己相异。在音乐和文学里,重复与差异的功能性作用取代了同一性和变奏的有机性作用。这就是为什么说定在并不意味着我们不得不感知到的变奏或散播能持久永存,而是**昙花一现**。这些包络本身也不断地在单一的作品中,或在一个模块中,或在一个气泡中让它们自己之间保持"运动的关系"。

　　拓展的感知意味着创造出力量,这些理论通常是感知不到的可感物、共鸣(或可见物)。当然,这些力量不一定是时间,但是这些力量会与时间的力量混杂并结合在一起。"时间并不总是可见的……"我们很容易,通常也十分痛苦地在时间中感知事物。我们也感知到计时学的形式、单位和关系,但并没有将时间感知为一种力量,或感知到时间本身,感知不到"最纯粹形式下的时间"。以声音为媒介,可以让时间变得可感,让时间的数量变得可感;用物质材料来把握时间的力量,让时间的力量变成声音:这就是梅西安(Messiaen)的计划。布列兹在新的条件(尤其是系列)上推进了他的计划。但对于布列兹来说,音乐条件以一定的方式反映了普鲁斯特的文学条件:让时间的默然的力量发出声音。在进一步发展了在声音材料中运作的时间划分功能之后,音乐家把握了时间的力量,并让之变得可感。时间的力量和时间划分的功能一并形成了**关联性时间**(temps impliqué)的诸多方面。对于布列兹和普鲁斯特来说,这些方面是多,可以简单还原为"逝去-发现"(perdu-retrouvé)。这是逝去的时间,逝去的时间不是一个否定,而是时间的圆满的功能。对布列兹而言,声音的碎片化或者消逝是一个音色事件,音色消逝了,在这个意义上,音色就像爱一样,重复了它的结局,而不是它的起源。那么,有一个"重新-追寻的时间",即**绵延模块的形成**,它们按照斜列运动:它们并不是(和谐)的和弦,而是真正的贴身肉搏,通常是带有韵律的肉搏,声音或嗓音所垂青的是摔跤手战胜对手,或被对手战胜的地方,就像在梵泰蒂尔的音乐中一样。这是时间的条理化的力量。那么,有一种"重新获得"的时间,一种被识别的时间,但只有一刹那。这就是时间的"姿态"或**定在的包络**。最后是"**乌托邦时间**",正如布列兹在向梅西安致敬时所说的那样:在穿透了数字、穿透了时间那魂系梦绕的巨大气泡、面对光滑之后,再一次发现自己——按照普鲁斯特的分析,发现了人类"在时间中占据了一个非常重要的位置,而不是在空间中为他们保留的太过局促的位置"。或者毋宁是,当他们开始计算"一个没有尺度,反而延长的位置"[①]时,他们所得到的东西。在遭遇了普鲁斯特之后,布列兹创造了一组基础的哲学概念,这些概念都来自他自己的音乐作品。

---

① *La Pléiade*,Ⅲ,p.1048. 普鲁斯特在时间的这个侧面和重新获得的时间之间做出了明确的区分,重新获得的时间是一个不同的侧面(《论"乌托邦",梅西安和布列兹》,p. 331—338)。

四十二、《差异与重复》美国版序言[①]

1. 写作哲学史和写作哲学之间有比较大的差别。在哲学史中,你研究的是伟大思想家的箭矢或工具、他的猎物和酬劳、他所发现的新大陆。在另一种情况下,你得打造你自己的箭矢,或者收集看起来像是你最好箭矢的东西,只将它们射向另一个方向,即便这些箭矢飞行的距离很短,而不是到处乱射。当你以自己的名义来言说的时候,你会发现一些专名只是用来设定你研究的结果,即你发现的概念,假如你知道如何赋予这些概念以生命,并用潜在可能的语言来表达它们的话。

2. 在写完关于休谟、斯宾诺莎、尼采和普鲁斯特的书(他们的书带着热忱鼓舞着我)之后,《差异与重复》是我第一次"做哲学"的尝试。从那时起,我所做的一切,即便是我和加塔利密切合作的那些书(至少在我看来),无非是对这本书的拓展。很难说,是什么东西让个人对某个特殊问题感兴趣。为什么是差异与重复,而不是别的什么吸引着我?为什么我将它们看成一对,而不是将它们彼此分开?我并不是处理一个新问题:在哲学史上,尤其是在当代哲学史上,这个问题就

[①] 编者加上的标题。原题为《英文版序言》,收录于德勒兹的《差异与重复》(*Difference and Repetition*, trans. Paul Patton, New York: Columbia University Press, 1994, p.ix - xiv)。打印稿署的日期是 1986 年。

不断被关注。还有,难道绝大多数哲学家不是让差异从属于同一性或同一,从属于相似性,从属于对立,或从属于类比?他们将差异纳入概念的同一性之下,他们将差异放在概念之下,他们甚至开辟出概念性差异,但他们没有开辟出差异的概念。

3. 无论我们何时思考差异,我们都倾向于让差异从属于同一性(从概念或主体的角度来看,例如,特殊差异预设了作为同一性概念的种类)。我们也倾向于让差异从属于相似性(从感知角度来看),从属于对立(从谓述角度来看),从属于类比(从判断角度来看)。换句话说,我们从来没有思考过差异本身。在亚里士多德的著作中,哲学试图提出对差异的有机表征,更不用说在莱布尼茨和黑格尔的著作中,给出了一个差异的狂野的无限的表征。但这并没有为差异本身开辟出道路。

重复的境遇或许也不乐观。尽管方式不同,我们也倾向于从同一性、相似性、相等或对立来思考重复。在这个方面,我们创造出没有概念的差异:一件事物是对另一件事物的重复,无论它们有多大不同,而它们享有同一个概念。从那时起,无论什么东西在此情景下改变了重复,都与此同时遮蔽或隐藏了它。再说一遍,和差异一样,我们无法理解重复的概念。当我们认为变化并不是在重复之上添加了某种东西,只是掩盖了它,而毋宁说变化是重复的条件或基本元素(最典型的内在元素)时,难道我们能重复概括出一个重复的概念吗?说掩盖属于重复,差不多也可以说替代属于差异:一个共同的渠道,**重复**(diaphora)。将这一点推到极限,难道我们可以说其中的一个,无论是差异还是重复吗?我们只有在多之中,才能感受到差异或重复,差异与重复才能确定多样性。

四十二、《**差异与重复**》美国版序言

4. 所有的哲学都必须提出自己思考科学和艺术的方式,仿佛必须建立哲学与它们的联盟一样。这个任务很艰难,因为哲学不可能诉诸一丁点优越性,唯有当哲学概念能够理解科学的功能和艺术的架构时,哲学才能创造和发展出自己的概念。哲学概念不能与科学功能或艺术架构相混淆,但在特殊的科学领域中或在艺术风格中,它与科学功能或艺术架构有着亲近关系。哲学的科学或艺术的内涵可以是奠基性的,因为哲学的任务不是发展科学或艺术,但哲学不提出关于特殊功能或架构(无论这些功能或架构是多么有奠基性)的专有的哲学概念,哲学自身就不可能发展。换句话说,哲学不可能脱离科学和艺术独立开展。在这个意义上,我试图构建哲学上的差异化概念,它既是一个数学函数,也是一个生物学功能,我一直在研究它们之间的关系,而它们是可以关联起来的,但这种关联不会出现在它们各自对象的层面上。艺术、科学和哲学似乎彼此间有一种动态的关系,每一项都对应其他项,但每一项都有专属于自己的术语。

5. 最后,似乎本书只有在质疑了我们留给我们自己的思想形象的前提下,才能为差异与重复的力量开辟道路。我的意思是,方法并不是唯一统治我们思想的东西,尤其是当存在着一些心照不宣的、预设的、或多或少有些明晰的思想形式时更是如此,在我们思考的时候,这些属性决定着我们思考的目的和方法。例如,我们预设了思考拥有好的本质,思想家有好的意愿(我们"很自然地"希望这是真的)。当我们将我们的能力施加在一个对象上,将这个对象预设为一样的时候,认知或共识就是我们为我们自己选择的模式。错误是已经被击败的敌人(唯一的敌人),我们预设了真理必须给出充当答案的解决方案和命题。这就是经典的思想形象。只要这种形象还没有遭到批判,我们何以能思考这样一些问题,即超越了命题的模式的问题,遭遇到逃离了认知的问题,面对的敌人不仅仅是错误的问题,抵达让思想成为必要的核心问题,或者让思想摆脱长期的蛰伏状态,摆脱其臭名昭著的恶劣信仰的问题? 新的思想形象,或将思想从囚禁它的形象中解放出来,就是我在普鲁斯特那里已经寻找过的东西[1]。在《差异与重复》中,这个计划有自己的自主性,成为发现两个概念的条件。于是,在所有的章节中,现在第三章似乎最为必要,也最为具体。这一章就是我后来的书的导论,包括我与加塔利合作的书,在那些书中,我们主张了在块茎之中的思想的植物模式,它对立于树状模式;主张了块茎思想,而不是树状思想。

---

[1] 参看我的《普鲁斯特与符号》(*Proust et les signes*, Paris: PUF, 1970)。

四十三、《对话集》美国版序言[1]

我通常感觉我像一个经验论者,或一个多元论者。这种经验论-多元论等价关系意味着什么?怀特海用两个特征来界定经验论:(1)抽象并不能解释,只能被解释;(2)研究不是为了追求永恒或普遍,而是追求在何种条件下,可以创造出某种新事物(创造性)。显然,对于所谓的理性主义哲学家来说,抽象就是用来解释的,抽象在具体中得以实现。他们谈论抽象,诸如大写的一、整体、主体等等,并寻求一个过程,通过这个过程,让抽象可以嵌入世界当中,让世界符合这些抽象的要求(这个过程可以是大写的认识、大写的德性或大写的历史……)。即便每一次它都意味着经历一场恐怖的危机,他们认识到将理性统一体或整体变成其对立面,或者认识到主体产生了怪异之物。

经验论滥觞于完全不同的说法:分析事物的状态,以便从中产生之前未曾存在过的概念。事物状态并非统一或整体的,而是多样的。它们并不是简单意味着存在着许多事物状态(每一种状态都是一个整体),或者说不意味着所有的事物状态就是多(多只是抵抗统一化的指标)。从经验角度来

---

[1] 编者加上的标题。原题为《英文版序言》,收录于德勒兹的《对话集》(*Dialogues*, New York: Columbia University Press, 1987, p.vii - x)。

看,最关键的是"多样性"(multiplicité)一词。多样性代表着一组线条或平面,它们彼此间不能互相还原。所有的"物"都是由这些线或平面组成。当然,多样性包含了统一化的点、总体化的中心以及主体化的点,但这些因素会阻止事物状态的发展,会阻碍事物状态的线条。在多样性之中,这些因素属于多样性,而不是相反。在多样性之中,这些项或元素并不比"之间"(entre)更为重要,之间即一组彼此间无法分离的关系。所有的多样性都像草或块茎一样,是在"之间"发展起来的。我们总是将块茎与树状对立起来,将它们看成不同的概念,甚至是不同的思想用途。一条线不是从一个点走向另一个点,它是在各个点之间穿过,不断地分叉,走向歧路,就像波洛克(Pollock)的线条一样。

引出与多样性相对应的概念,意味着追溯形成多样性的线条,决定这些线条的本质,看它们如何重合、链接、分叉,是否回避了各个点。这些线条是真正的生成,既不同于统一体,也不同于这些统一体发展出来的历史。多样性是由没有历史的生成和没有主体的个体化(一条河流、一个气候、一个事件、一天或一天中的一个小时都是个体化的……)所组成的。概念是多之存在(être-multiple),而不是一之存在(être-un)、大全-存在(tout-être)或主体存在。经验论基本上与一种逻辑相关,即多样性的逻辑(其关系只有一个方面)。

这本书(1977年)试图从多个不同的层面指出多样性的存在和活动。有一天,弗洛伊德告诫说,精神病患者在多样性中感受和思考:皮肤是一组毛孔,袜子是一堆针线,骨头来自骨瓮……不过他退回到在永恒抽象下的神经无意识的镇定视野[甚至梅兰妮·克莱因(Melanie Klein)一部分的对象就是回想一个逝去的统一体、一个即将来临的总体、一个分裂的主体]。很难思考这样的多,作为一个实词,在某种意义上，它不需要指向它自身之外的任何东西：作为小品词的不定冠词，作为没有主体的个体化的专用名词，作为纯粹生成的不定式动词，"一个小汉斯生成-马"(un Hans devenir-cheval)……似乎对我们来说，英美文学在接近这样的多样性时地位十分主要：正是在这样的文学中，"什么是写作？"的问题才能获得最接近生命本身(包括动物生命和植物生命)的回答。似乎对我们来说，科学、数学、物理学并没有更高的目的，集合论和空间理论一样，尚处于早期阶段。似乎对我们来说，能很好地涉入政治学，在整个社会科学领域中，在树状装置下，块茎四处拓展。本书正是由这样的想象力的搭配组成的，它既涉及无意识的形成，也涉及文学、科学和政治形式。

这本书本身在多个层面上就是"之间"。它在两本书之间，在我和加塔利完成的《反俄狄浦斯》和正着手写作的《千高原》之间，《千高原》是我们最雄心壮志的计划，也是最无序、不那么令人欣喜的著作。从我与克莱尔·巴尔内(Claire Barnet)合作写作这本书开始，在一些场合下，出现了新的在"之间"的线条。这些点(菲利克斯·加塔利、克莱尔·巴尔内、我自己，还有些其他人)都不算在内，它们只充当临时的、过渡的、飘浮的主体化的点。重要的是组成本书的各种分叉、分歧、重叠的线条的集合，它们让本书成为穿越了各个点之间的多样性，承载着这些点，而不是从一个点到另一个点。这样，一开始的计划是两个人的访谈(一个人问问题，一个人回答)，这个计划行不通了。这个布局必须包括在生成之下的各种逐渐增多的多样性的维度中，它的生成不能归属于某个人，因为没有人在不改变他们的本质的情况下介入其中。我们或许很清楚地知道，写作并不需要知道从一个人那里或另一个人那里，或者从其他什么人那里会出现什么。彼此对应的线条就像块茎的地表下的根须一样,而块茎对立于树状统一体及其植物学逻辑。真的,这是一本无主体的书,没有开头,没有结尾,没有中间部分,正如米勒(Miller)所说:"草在'之间'生长……这是一个流溢,一次道德课程。"①

---

① H. Miller, *Hamlet*, Paris: Corrêa, 1956, p. 48 - 49.

四十四、《千高原》意大利文版序言[1]

随着时间的流逝,书变得老旧了,或者说它们体验了一刹那的青春。一些书膨胀起来,一些书的外表发生了变化,展现出它们的框架,或者让新的平面浮现出来。作者无法控制整个客观命运。但署名的作者要在这个位置上进行反思,在他们计划中的一本特别的书被当作一个整体(主观命运),然而在创作这本书的时候,这本书就是整个计划。

《千高原》(1980)是《反俄狄浦斯》(1972)的续篇。客观来说,两本书的命运不同。或许有某种东西安排了它们各自的文境:《反俄狄浦斯》的写作发生在1968年兴起的风暴期间,而《千高原》出现在一个冷漠的环境之中,即我们现在发现我们自己所处的宁静当中。在我们俩的书中间,《千高原》最不受欢迎。但这本书仍然是我们最喜欢的书,我们喜欢它,与一个妈妈喜欢一个坏孩子并不一样。《反俄狄浦斯》取得了巨大成功,但这种成功伴随着一个更为根本的失败。这本书试图控诉俄狄浦斯带来的一场浩劫,即我们在精神分析中、在精神治疗(包括反精神治疗)中、在文学批评中获得的一般性的思想形象中的"父亲-母亲"情结。我们

---

[1] 与加塔利合著。序言收录于《资本主义与精神分裂(卷二):千高原》(*Capitalismo e schizophrenia 2: Mille piani*, Roma: Bibliotheca bibliographia, 1987),由吉奥乔·帕塞洛尼(Giorgio Passerone)翻译。

的梦想就是一次性地终结俄狄浦斯。但这个任务对我们来说太过庞大了。反对1968年风暴的反动派已经非常清楚地证明了俄狄浦斯式家庭依然纹丝未动,直至今日,它仍然将这个幼稚的抱怨(pleurnicherie puérile)的体制用于精神分析、文学和思想之上。实际上,俄狄浦斯成了我们的沉重负担。尽管《千高原》失败了,但是它驱使我们向前进,至少我们感觉到了道路。它让我们通向一片未知的领域,没有被俄狄浦斯触碰的领域,而《反俄狄浦斯》已经看到它的地平线。

《反俄狄浦斯》的三个主要主张如下:

(1)无意识功能像工厂,而不是像剧院(生产问题,而不是表征问题);

(2)谵妄,或小说,是世界历史,而不是家庭关系(谵妄谈的是种族、部落、大陆、文化、社会地位,等等);

(3)普遍历史真的存在,但它是连续性的历史(作为历史对象的流通过原始代码、专制君主的过度编码和资本主义的解码来开道,资本主义让各自独立的流的汇集成为可能)。

《反俄狄浦斯》的夙愿就是精神上的康德主义。对于无意识,我们试图进行类似于《纯粹理性批判》式的探索:于是确定了这些专属于无意识的合题,历史的展开就是让这些合题发挥作用,批判俄狄浦斯是"不可避免的幻觉",它让所有的历史生产变成了错误。

然而,《千高原》的夙愿是精神上的后康德主义(尽管仍然是坚定不移的反黑格尔主义)。其计划是"建构主义"的。这是多样性本身的多样性理论,在其中,多变成了实词状态,而《反俄狄浦斯》仍然考察的是合题中的多,以及在无意识条件下的多。在《千高原》中,我们对狼人的评论("一匹或几匹狼")向精神分析挥手告别,并说明多样性不能还原为意识和无意识、自然和历史、身体与灵魂之间的区别。多样性就是实在本身。它们并不预设任何类型的统一,也不会将其加入整体当中,也不会指向一个主体。主体化、总体化、统一化实际上就是多样性之中的生产和表象的过程。多样性的主要特征是:它们的元素是**奇点**(singularités),它们的关系是**生成**(devenirs),它们的事件是**个别性**(hecceties,换句话说,无主体的个体化),它们的时空是**光滑**时空,它们实在化的方式是**块茎**(对立于树状模式),它们的组成平台是**高原**(强度的连续性区域),贯穿它们的矢量是构成性的**领域**和**解域化**的值。

在这个方面,普遍历史假定了一个更宏大的多样性。无论如何,问题是:每一次相遇从何处且如何发生?正如《反俄狄浦斯》一样,我们不再按照传统的野蛮人、原始人和文明人的顺序前进。现在我们可以面对面地看到各种各样的共存形式:原始的组织,他们在奇幻般的边缘,通过序列、通过对"最后"项的评价来发挥作用;专制共同体,恰恰相反,他们构成了组织,并臣服于中心化进程(国家机器);游牧的战争机器,如果国家不能拥有一个它原本并不拥有的战争机器,战争机器就不能掌控国家;还有在一个国家中起作用的主体化的过程和战士机制。这些过程的汇集在资本主义下产生效果,并与国家相对应;还有革命行动的模式。无论如何,还有大地、领土和解域化的比较性因素。

在《千高原》中,我们看到三个自由发挥作用的因素,即在迭奏曲中的美学。小范围的歌曲,或者鸟儿鸣唱的歌曲;当大地哭泣时,大地的伟大歌曲;各个领域的强大的和弦,或者宇宙的声音……无论如何,这就是本书想要做的事情,聚集迭奏曲和抒情曲,对应于每一个高原。对我们来说,哲学就是音乐,从低的旋律到最宏大的歌声,再到一种宇宙般的

咏叹调（sprechgesang）。密涅瓦的猫头鹰（借自黑格尔）发出尖啸（cris）和它的歌声。哲学的原理就是尖啸，围绕着尖啸，概念给出了它们的歌声。

四十五、什么是创造行为？[1]

我还想问一些我自己的问题。问你们一些问题,也问我自己一些问题。这些问题是这样的:当你做电影的时候,你们究竟在做什么?当我做或希望做哲学的时候,我在做什么?

我想用另一种方式来问问题。在电影中有一种想法意味着什么?如果有人做或想要做电影,他有一个想法意味着什么?当你说"嗨,我有一想法"时会发生什么?因为,一方面,有想法是一个小概率事件,它是一种赞美,而不是司空见惯。那么,另一方面,有想法并不是一般的事情。没有人在一般时候会有想法。一个想法——就像有想法的人一样——已经献身于一个特殊领域。有时候在绘画中有想法,或者在小说中有想法,或者在哲学中有想法,或者在科学中有想法。很明显,同一个人不会同时有所有这些想法。必须要将想法看成从事一种或另一种表达模式已经具有的潜能,

---

[1] 本文是在让·拿波尼的邀请下,德勒兹于1987年5月17日在法国国立高等电影学院(FEMIS)做的一次电影讲座的誊写稿。法国电视三台(FR3)在1989年5月18日播放了这次讲座。夏尔·特松在经过德勒兹的允许的情况下,部分发表了这篇稿件,发表的标题为《在电影中有想法》("Avoir une idée en cinéma"),目的是向让-玛丽·斯特劳布(Jean-Marie Straub)和丹尼厄尔·于勒(Danièle Huillet)致敬(*Jean-Marie Straub, Danièle Huillet*, Aigremont: Editions Antigone, 1989, p.63-77)。本文的完整版本最早发表于《贸易》(*Trafic*)杂志1998年秋季号,n°27。

它与表达模式不可分割,这样,我就不能说我有一个一般性的想法。依赖于我十分熟稔的技艺,我只能在某个领域有想法,如在电影中有想法或在哲学中有想法。

我将回到我做哲学和你们做电影的原则问题。一旦这个问题得到了解决,这一点就似乎太容易了,而不会那样去说:哲学准备思考任何东西,为什么它不能思考电影呢?这是一个愚蠢的问题。哲学并不是来思考什么东西的。认为哲学要去"思考什么",似乎给了哲学太大的负担,但事实上它从中褫夺了一切。没有人需要用哲学去思考。唯一能有效思考电影的人就是电影制作人和电影批评家,或者那些喜欢电影的人。认为数学家需要哲学来思考数学的想法太搞笑了。如果哲学必须要用来思考点什么,哲学就没有必要存在了。如果哲学存在,这是因为哲学有着自己的内涵。

非常简单:哲学是一个学科,和其他许多学科一样,它具有开创性和创造性,它在于创造或发明概念。概念并不是预先在天国里存在着的,等待着哲学家来抓住它。概念需要生产出来。当然,你们不可能像这样来生产概念。你们不能在某一天这样说"嗨,我打算发明一个概念",这就相当于一个画家说"嗨,我打算像这样来画幅画",或者相当于一个电影制作人说"嗨,我打算这样制作这个片子!"在哲学和其他地方,必须有一种必然性,否则那里将一无所有。创造者不是一个牧师,为了找乐子来工作。一个创造者只能做他绝对要做的事情。仍然需要说明,这种必然性——倘若这种必然性存在,这是一种很复杂的事情——意味着一位哲学家(在这里,我至少知道他们会处理些什么问题)要去发明、去创造,而不需要思考些什么,即便是思考电影。

我认为我做哲学,我就要发明概念。如果我问道,你们这些做电影的家伙,你们要做些什么?你们并不创造概念——这并不是你们的事情——而是创造出运动/绵延的模块。有些人创造了运动/绵延的模块，或许就是在做电影。这与是否激发了一个故事或拒绝一个故事没有关系。所有东西都有故事。哲学也讲故事，带概念的故事。电影用运动/绵延的模块来讲故事。画家发明了完全不同的模块。他们的模块不是概念的模块，也不是运动/绵延的模块，而是线条/色彩的模块。音乐家发明了另一种模块，也非常特别。除了这些之外，科学的创造力也不弱。我看不出科学和诸多艺术之间有什么对立。

如果我问科学家他们在干什么，那么他们也在创造。他们不是在发现——也存在着发现，但这并不是我们所描述的那样的科学行为——他们就像艺术家一样创造。这并不复杂，一个科学家就是发明或创造某些函数的人。他们就是唯一这样做的人。一个科学家之所以是科学家，与概念没有什么关系。这就是为什么——很幸运——存在着哲学。然而，哲学家所知道的一件事就是：发明和创造函数。什么是函数？当至少在两个集合之间存在着规则的对应关系时，就产生了一个函数。科学的基本观念——并不是从昨天开始，而是有一个漫长的过程——就是集合的观念。一个集合与概念无关。只要你们将集合置于有规则的关联之中，你们就能获得函数，你们就可以说"我在做科学"。

任何人都可以对其他人说话，一个电影制作人可以向一个科学家说话，一个科学家也可以对一个哲学家说话，反之亦然，但他们只能按照他们自己的创造行为来说话。他们不会谈创造——创造是一个孤独的事情——但我会以我的创造的名义，向其他人说某些东西。如果我把所有这些学科排列起来，通过创造行为来界定它们本身，那么我会说它们有个共同局限。所有这一系列发明（函数的发明、运动/绵延的模块的发明、概念的发明)的共同局限就是时空。所有这些学科都是在某个层面上传播,这个层面绝不会出于自身而出现,但它涉及所有的学科,即时空的形成。

在布列松的电影中,我们知道,存在着一些罕见的圆满空间。我们可以将这些空间称之为断连空间。例如,这里有一个角落,牢房的角落。那么我们看到了这面墙的另一个角落或部分。一切如此发生着,仿佛布列松的空间就是由一系列小碎片组成的,这些碎片事先没有任何关联。相反,还有一些电影制作人使用了整全空间。我并不是说处理整全空间更容易。但布列松的空间是一种显然不同的空间类型。其他翻新了这种空间的电影制作人以创造性的方式再次使用了这种空间。但布列松是第一个将空间变成了断连的碎片、变成了事先没有任何关联的碎片的人。我会继续说道:所有这些创造企图的局限就是时空,也只有时空。布列松的运动/绵延的模块,在众多其他类型中,走向了这种空间类型。

那么,问题变成了这样,如果各个碎片的关联不是预先设定的,那么是什么将它们连接起来?是手连接了它们。这不是理论或哲学,也不可能像这样来演绎。我认为布列松的空间类型赋予了影像中的手以电影式的价值。布列松式空间的碎片之间的连接——因为它们都是小片,是空间中断连的碎块——只能用手工来处理。这解释了在他的影片中手的穷竭。于是,布列松的广域/运动模块将手作为创造者,作为这个空间的特殊属性,而手直接来自创造者。只有手才能实际地建立空间中的一个部分与另一个部分之间的连接。布列松当然是将触觉价值带入电影的最伟大的电影制作人。这不仅因为他知道如何给出完美的手的镜头。他还知道给出完美的手的镜头是因为他需要它们。一个创造者不是为娱乐而工作的人。一个创造者只会做他绝对需要做的事情。

四十五、什么是创造行为?

再说一遍，电影中的想法与其他东西中的想法不是一回事。不过，在电影中的想法也可以在其他学科中起作用，例如，它可以是小说中的神奇景象。但它们的表象完全不同。电影中的想法只可能是电影式的。毫无问题。即便电影中的想法可以在小说中出现，这个想法也已经卷入电影过程当中，让其为了电影而进一步展开。这就是我感兴趣的问问题的方式，例如，是什么让一个电影制作人要改编一本小说？显然，对我来说，理由是他在电影中的想法与小说所展现的想法达成了共鸣。有时候，会出现强有力的相遇。问题并不是电影制作人会改编一本非常平庸的小说。他或许需要这本不过如此的小说，这并不意味着电影也不会光辉灿烂，有趣的是看看这个问题。我的这个问题非常不同：当小说是一本优秀的小说，而某人在电影中的想法恰恰对应于小说的想法，其中的亲缘关系被揭示出来时，到底发生了什么？

一个最优美的例子就是黑泽明。为什么他与莎士比亚和陀思妥耶夫斯基如此亲近？一个日本人何以会如此亲近莎士比亚和陀思妥耶夫斯基？我给出的回答或许与哲学也有关。陀思妥耶夫斯基的人物身上会发生一些十分奇怪的事情，一些来自小细节的事情。这些事情一般都很麻烦。一个人物离开，到大街上并说道："坦娅（Tanya），我爱的女人，向我求助。我必须赶快，如果我不能及时抵达，她会死的。"然后他忘记了。他开始走着，见到另一个熟人，回家去喝茶，并突然再一次说道："坦娅在等我呢。我得过去。"这是什么意思？陀思妥耶夫斯基的人物不断地陷入突发事件当中，当他卷入这些生与死的突发事件时，他们知道还有更紧迫的问题，但他不知道这个问题是什么。这就是阻止他们的东西。一切发生了，仿佛在最糟糕的突发事件中——"不能等了，我得过去"——他们在对自己说："不，还有更紧急的事情。在我知道它是什么之前,我都不会动摇。"这就是白痴。这是白痴的名言:"你知道,还有更严重的问题。我不敢确定问题是什么。不过,让我自己待一会儿。让一切都腐烂吧……必须找到这个更严重的问题。"黑泽明并不知道陀思妥耶夫斯基的这个问题。黑泽明的人物都是如此。这是一次绝妙的相遇。黑泽明可以改编陀思妥耶夫斯基,至少是因为他可以说:"我与他有共同的关心,共同的问题,就是这个问题。"黑泽明的人物都处于不可能的情境中,但要坚持下去!有更紧迫的问题。他们必须知道问题是什么。《生之欲》在这个方面走得最远。但他所有的电影都处在这个方向上。以《七武士》为例,黑泽明的整个空间都依赖于此,即被雨水浸湿的椭圆形空间。在《七武士》中,一个突发状况集聚了所有的人物——他们必须要保卫村子——从电影的开头到结束,一个更为深刻的问题正侵扰着他们。武士头领在电影结尾处离开时提出了一个问题:"什么是武士?不是泛泛而谈,而是此时此刻,什么是武士?"没有人给出回答。统治者不需要他们,农民很快学会了自己保护自己。整篇电影,尽管存在着突发状况,但武士始终带有这个问题,一个可以与白痴相媲美的问题:我们这些武士,我们是什么?

一旦卷入电影过程,电影中的想法就是这种类型。那么你们可以说"我有一个想法",即便你的想法来自陀思妥耶夫斯基。

想法非常简单。它不是概念,也不是哲学,即便可以从所有想法中得出概念。我想过明内利(Minnelli),对于梦,他有一个非常特别的想法。这是一个简单的想法——它可以被说来——在明内利的著作中,它卷入电影过程当中。明内利关于梦的想法就是,他们最关心的是那些不做梦的人。那些做梦的人的梦关心着不做梦的人。为什么关心他们?因为只要其他人做梦,就会有危险。人们的梦总是要耗尽一切,有吞噬我们的危险。其他人梦到的东西十分危险。梦是十分吓人的权力意志。我们每一个人或多或少都是其他人的梦的牺牲品。甚至优雅的年轻女士也会是恐怖的劫掠者,这并不是因为她的灵魂,而是因为她的梦。小心他人的梦,因为如果你进入他人的梦中,你就会被毁掉。

例如,在相当晚近的电影中的一个想法是,看与说的脱节。以最著名的人为例,他们是西贝尔伯格(Syberberg)、斯特劳布或者玛格丽特·杜拉斯。他们有什么共性,如何成为将视觉与声音分开的特别的电影想法?为什么在剧院里做不到?它可以在最低层次上做到,但如果要在剧院里做到,排除任何意外,如果剧院发现有做到的方法,我们就可以说戏剧从电影中借来了这一方法。这不一定是坏事,但将视觉与声音、看与说分开的电影想法,就是对电影中的想法的典型的回应。

声音就是关于某物的言说。某人谈论某物。与此同时,我们也看到了其他某种东西。最后,他们所谈到的东西,就是我们所看到的东西。第三点非常重要。你们可以看到戏剧何以在这里行不通。戏剧建立在两个基本命题的基础上:某人告诉我们某事,但我们看到的是别的东西。但某人告诉我们的事情,如何同时就是我们看到的东西——这是必然的,否则这两个基本命题就没有意义了,也没有一点兴趣。我们可以换个方式:飘浮在空中的词语,就降落在我们看到的地面上;或者当这些词语飘浮在空中时,他们所谈论的事情降落在地上。

如果电影可以做到这一点,它会是什么呢?我没有说电影必须做到这一点,电影已经这样做过两三次了。我可以简单地说,伟大的电影制片人都会有这个想法。这就是电影的想法。它很特别，因为它确保了电影层次上各种元素的真正转变，一个循环突然间让电影与各种元素的质性物理学产生共鸣。它产生了一种转变，在电影中的滥觞于空气、土地、水和火的各种元素的巨大循环。我们正在说的一切并没有消除它的历史。电影的历史依然在那里，但让我们吃惊的是，为什么历史如此有趣，除非是因为它在背后已经拥有了这一切。在循环中，我已经非常快地界定了——当声音正在谈论的东西掉落在大地上时，声音升起——你们或许已经知道绝大多数斯特劳布的电影，这些电影作品中的各种元素的大循环。我们只能看到抛荒的土地，但这片荒地似乎沉重地担负着位于它之下的东西。你们或许会问：我们何以知道有什么位于它之下？这正是声音告诉我们的东西。仿佛大地已经被声音告诉我们的东西所压弯，当一切就绪，声音告诉我们的东西取代了地下的一切。如果声音告诉我们有尸体，那么尸体的线索就会在那一刻取代了地下的位置，随后你们眼前的那片抛荒的土地，那片空寂的空间传来了风声的低唱，大地上最细微的孔籁将会完全占据意义。

我认为，无论如何，一个想法并不在传播秩序之上。这就是我的要旨所在。我们所谈论的一切，都不可能还原为任意的传播。这并不是问题。什么意思？首先，传播是信息的传递和宣传。什么是信息？它并不复杂，所有人都知道信息是什么。信息是一套律令、口号、导向，这是秩序-用词（mots d'ordre）。当你们被告知的时候，有人告诉你们你要相信什么。换句话说，告知意味着让秩序-用词得到流通。可以十分恰当地将治安的宣告称为公报（communiqués）。信息被传播给我们，他们告诉我们我们要准备去，或者必须去，或者坚持去相信什么。不仅仅是去相信，而且是装作我们很相信。没有人要求我们去相信，但我们要做起来像是我们很相信。

这就是信息,这就是传播。在这些秩序以及它们的传递之外,就没有信息和传播可言。这等于说信息就是控制体系。这十分明显,尤其是在今天,这关乎我们所有人。

的确,我们今天进入一个可以被称为控制社会的社会。米歇尔·福柯之类的思想家分析了与我们相关联的两种社会类型。一种被他称为君权社会(sociétés de souveraineté),另一种被称为规训社会(sociétés disciplinaires)。从君权社会向规训社会的过程与拿破仑相一致。规训社会(福柯的分析非常著名,也的确如此)是由拘禁场所的建立来界定的,这些拘禁场所包括监狱、学校、工厂、医院。规训社会需要这些东西。一些读者对他的分析给出了一些模棱两可的解释,因为他们认为这就是福柯的终极词汇。显然不是这样。福柯从不相信这些东西,他曾十分清楚地说过,规训社会不是永恒的。他十分清楚地认为,我们正在进入一个新型社会。当然,在一段时期内,规训社会还有各种各样的残余物,但我们已经知道我们存在于不同的社会类型下,他用了伯勒斯(Burroughs)的话(福柯对伯勒斯非常敬仰)来说,即控制社会(sociétés de contrôle)。我们正在进入控制社会,控制社会的界定非常不同于规训社会。那些关心我们的繁荣的人不再需要,或者说将会不再需要拘禁场所。监狱、学校、医院已经成为经常被讨论的场所。难道医生登门造访不更好吗?是的,这当然就是未来。车间和工厂同样也消失了。难道在家里分包工作不更好吗?难道没有其他地方能比监狱更好地惩处人们?控制社会不再求助于拘禁场所。即便学校也是如此。我们应该更紧密地关注这些问题,它们将在下一个四五十年里得到发展。它们会解释追求学校和职业是多么神奇的事情。十分有趣的是,学校和就职的同一化将会成为持续的培训,这就是我们的未来。我们不再需要将孩子们聚

两种疯狂体制:文本与访谈(1975—1995)

集在一个拘禁场所里。控制不是规训,你们不需要用高效的方法来限制人们。但为了创造途径,你们需要加倍创造出更多的控制。我并不是说这就是唯一的目标,但人们将会无限地和"自由地"旅行,一旦得到完全的控制,就不需要把他们限制起来。这就是我们的未来。

让我们来说说什么是信息,信息就是一个既定社会所使用的秩序-用词的控制体系。艺术作品要用它来做什么?我们不要谈艺术作品,但至少可以说,存在着反-信息(contre-information)。在希特勒的时代,来自德国的犹太人最早告诉我们,集中营正在充当反-信息。我们必须要认识到,反-信息从来都不足以做任何事情。没有反-信息会困扰希特勒。除非一种情况。什么情况?这就是最重要的事情。只有当反-信息(在本质上)是或成为抵抗行为时,反-信息才能变得真实有效。抵抗行动不是信息或反-信息。唯有当反-信息变成抵抗行动时,反-信息才有效。

在艺术作品和传播之间有什么关系?完全没关系。艺术作品并不是传播的工具。艺术作品与传播毫无关系。艺术作品不包含一丁点信息。相反,在艺术作品和抵抗行动之间存在着基本的亲缘关系。它拥有着作为抵抗行动的信息和传播。当抵抗的人们既没有时间,也没有文化必要性,与艺术没有丝毫关系时,艺术作品和抵抗行为的神秘关系是什么?我不知道。马尔罗(Malraux)提出了一个非常重要的哲学概念。对于艺术,他说出了某种十分简单的东西。他说艺术是唯一能抵抗死亡的东西。让我们回到开头:做哲学的人究竟在干什么?他们在发明概念。我想这就是一个令人瞩目的哲学概念的开始。思考一下它……什么在抵抗死亡?你们需要看看公元前三千年的一个雕像,看看马尔罗的回答是多么的巧妙。那么我们可以说,也并非如此,从与我们有

四十五、什么是创造行为?

关的角度来看,艺术抵抗着,即便艺术并不是唯一抵抗的东西。于是,抵抗行动和艺术作品之间形成了紧密的关系。所有的抵抗行为并不都是艺术作品,即便在某种意义上,它也可以是艺术作品。所有的艺术作品也不全是抵抗行为,不过,在某种意义上,它也可以是抵抗行为。

例如,以斯特劳布为例,他实现了声音与视觉影像的脱节。在如下意义上,它们实现了这一点:声音升起,它升起、升起,它所谈论的东西在赤裸的、荒废的大地之下流动,而这就是视觉影像给我们看的东西,视觉影像与声音影像没有丝毫关系。当物体在地下流动的时候,这种升起到空中的言语是什么?抵抗。抵抗行为。在斯特劳布的作品中,言说行为就是抵抗行为。从《摩西》(Moïse)到最后的卡夫卡——我并没有按顺序引述它们——《没有和解》(Non réconciliés)或巴赫。巴赫的言说行为就是他的音乐,他的音乐就是抵抗行为,反对世俗和神圣之分的抵抗斗争。音乐中的抵抗行为终结于一声喊叫。正如在《伍采克》(Wozzeck)中的喊叫一样,在巴赫那里也有一声喊叫:"出去!出去!滚出去!我不想看到你!"当斯特劳布强调这声喊叫,强调巴赫的喊叫,或强调《没有和解》中得了分裂症的老妇人的喊叫时,它考察双重方面。抵抗行为有两张脸。一张是人脸,一张是艺术行为的脸。只有抵抗行为才抵抗着死亡,要么作为艺术作品抵抗,要么作为人的斗争来抵抗。

人的斗争和艺术作品之间有什么关系?非常紧密的关系,对我来说,也是最神秘的关系。当保罗·克利(Paul Klee)说"你知道,人们在失去"时,这就是他说的意思。人们在失去,与此同时,他们也没有失去。人们在失去意味着艺术作品和尚未存在的人之间的基本关系不存在,也从未清晰过。没有一件艺术作品不会召唤那些从未存在过的人。

四十六、当声音被带入文本[1]

一个文本,尤其是哲学文本,会期望从演员的声音中得到什么?当然,哲学文本采取了对话的形式:那么,概念对应于支撑着概念的人物。不过,更深刻点说,哲学就是发明概念本身的艺术,创造新概念,创造出我们需要用来思考我们的世界和我们的生活的概念。从这一点来看,概念有在整个文本中扩张和收缩的速度、缓慢程度、运动和动力学。它们不再对应于人物,而是对应于人物本身、有韵律的人物。它们像角斗士和爱侣一样,彼此默契或分离、冲突或拥抱。演员的声音追寻着韵律,追寻着空间和时间之中的心灵运动。演员就是文本的实现者:他让概念具有戏剧效应,即最精确、最朴实也最径直的戏剧化。几乎就是中文的台词,声乐的台词。

声音说明了概念并非抽象的。概念剪切或合并事物,以不同的方式,或总是以新的方式来对应于它们。不可能将概念与感知的事物分开:概念迫使我们以不同的方式来看事物。哲学上的空间概念若是无法给我们一种新的空间感知,那么它就什么也不是。概念与感触(affects)、与新的观看方

---

[1] 收录于《国民剧院:阿兰·坎尼的"阅读"》(*Théâtre National Populaire*: *Alain Cuny "Lire"*, Lyon: Théâtre National Populaire, 1987)。

式、与一种彻底的"情感"(pathos),即快乐与愤怒亦不可分割,这种情感构成了思想的感觉。哲学的三位一体,即概念-感知-感触,激活了文本。演员的声音带来了新的感知、新的感触,它们萦绕着被解读、被言说的概念。

演员的声音就是阿兰·坎尼(Alain Cuny)的声音……或许这就是给阅读剧场带来的最优美的贡献。

斯宾诺莎的《伦理学》的一个梦想就是被阿兰·坎尼所朗读。风中传递的声音驱动着明证的声波。强有力的缓慢的韵律在这里被打破了,那里有着一种前所未有的沉淀。声波,也是火焰的线条。它们带动了感知,通过这种感知,斯宾诺莎让我们理解了世界,而所有的感触都抓住了灵魂。巨大的缓慢节奏可以衡量所有思想的速度。

四十七、与迪翁尼·马斯科罗通信集[①]

1988年4月23日,巴黎

亲爱的迪翁尼·马斯科罗(Dionys Mascolo):

十分感谢你送给我的《围绕记忆的一次努力》(*Autour d'un effort de mémoire*)。我已经阅读又重读了这本书。从我开始阅读《共产主义》[②](*Le Communisme*)时,我已经认为你是重新思考了思想和生活之间强烈关系的作者之一。你可以通过它们的内在反响来界定极限情形(situations-limites)。你所写的一切似乎对我来说都十分重要、十分严密,像这样的句子"一般感性的突变只能导致新的思想布局……"[③]在其纯粹性之下,似乎包含了某种奥秘。如果你接受的话,我的朋友,让我表达对你的崇敬。

吉尔·德勒兹

[①] 本文发表于《路线》(*Lignes*)杂志1998年3月号,n°33,p.222—226。
这几封简短的通信起源于迪翁尼·马斯科罗的《围绕记忆的一次努力》(*Autour d'un effort de mémoire*,Paris:Maurice Nadeau,1987)一书的出版。这本著作的起因是罗贝尔·安泰勒姆(Robert Antelme)写给迪翁尼·马斯科罗的一封信,而从他活着从纳粹集中营返回后,有力地写下了第一篇文章。

[②] Dyonis Mascolo, *Le Communisme*,Paris:Gallimard,1953.

[③] *Autour d'un effort de mémoire*, p. 20.

1988 年 4 月 30 日

亲爱的吉尔·德勒兹：

我昨天收到了你的来信。

我无法相信我配得上你的信中的赞誉，在此之外，我并不希望只是感谢你所展现出来的慷慨，我必须告诉你，你的文字多么打动我。一个真正快乐的时刻，也是最美妙的惊喜，就是在别人的言语中自己得到了赞许，而且是以一种发现的方式，或者说令人惊异的方式得到赞许。这涉及你所引述的那个句子（即"一般感性的突变"），你说这个句子包含了某种奥秘。这让我（当然！）向我自己问道：这个奥秘会是什么？我很想用几句话告诉你我的回答。

似乎对我来说，这个奥秘不过（那么总有着将其从阴影中拽出来的风险）就是思想的奥秘，一种怀疑思考的思想奥秘。它并不是没有自己的关怀。奥秘——如果它关怀的东西不会让它躲藏在时常会发生的羞耻或有感触的幽默之中——在原则上总是可以甄别的。一个没有奥秘的奥秘，或者在任何情况下，没有亟须了解的奥秘。这样，如果认识到其奥秘（或者在另一个人那里找到这个奥秘），它足以作为所有可能友谊的根基。我的假设可以成为我感觉到的问题的回答，我希望我的假设不会太过简约。

在思想的友情之下，我向你献上我的祝福，以及我的感谢。

迪翁尼

1988年8月6日

亲爱的迪翁尼·马斯科罗：

几个月之前，我曾写信给你，因为我很喜欢你的《围绕记忆的一次努力》，因为我感受到了文本中很少会被发现的"奥秘"。你的回答非常友善，也富有思想深度：如果存在着奥秘，那也是怀疑思考的思想奥秘，这样，如果在另一个人那里也找到了这种"关怀"，这种"关怀"就是友谊的基础。现在我再次写信给你，不是为了叨扰你，或是向你寻求另一个答案，而恰恰是(继续)一种无声的、潜在的对话，信件不能打断这样的对话，或者是关于反复让我内心悸动的一本书的内心独白。难道我们不能把秩序颠倒过来？友谊对你来说是首要的。很明显，友谊并非可有可无的外在环境，而是相反，当友谊变得极为具体时，它只能是这样的思想的内在条件。不要与你的朋友说话，或不要记起他们，恰恰相反，要与那些像是失语症或健忘症的人一起尝试，这对于任何思考来说都是必要的。我记不得哪位德国诗人写过黄昏时分，那时我们应当当心"寻常的朋友"(même de l'ami)①。我们如果走得够远，担心一个朋友，那样会在友谊之下，在根本上，思想中会带有"痛苦"。

在我所景仰的作者中，我想用多种方式来引入具体的范畴和情境，作为纯粹思想的条件。克尔凯郭尔使用了未婚妻与订婚的范畴。而对于克洛索夫斯基(或许还有萨特，其方

---

① 德勒兹提到的这首诗出自艾兴多夫(Eichendorff)，舒曼(Schumann)的《黄昏》(*Zwielicht*)引用了这句诗："如果你在大地上有一个朋友，不要在这一刻相信他，他的友谊似乎在眼中和嘴里，但他会以骗局式的和平来策动战争。"德勒兹和加塔利在《千高原》中也引用了这句诗(*Mille Plateaux*, Paris：Editions de Minuit, 1980，p. 420)。

式不同)来说，是配对(couple)。普鲁斯特使用了嫉妒的爱，因为它构成了思想，且与符号有关。对于你和布朗肖来说，是友谊。这意味着对"哲学"的彻底重新评估，因为你是唯一从字面上来理解"爱"(philos)一词的人。你并不是要回到柏拉图。柏拉图的这个词的意思相当复杂，并未得到完全的解释。我们轻易地感觉到，你的意思完全不同。从雅典到耶路撒冷，philos 或许已经被取代，但在文艺复兴时期，从网络中它也得到了提升，这个网络是思想的感触，不亚于历史与政治的情境。在哲学史上有一段相当漫长的 philos 的历史，你已经成为其历史的一部分，或者说，通过各种各样的分叉，你成为 philos 的现代代表。在具体的预设中(预设了人的历史与独特的思考的结合)，它处于哲学的核心处。这就是我回到你的文本的理由，再次表达我对你的敬仰，献上我的关怀，而不至于叨扰你自己的研究。你非常忠实的朋友，请你原谅我写了这么长一封信。

吉尔·德勒兹

1988 年 9 月 28 日

亲爱的吉尔·德勒兹：

我回家的时候看到了你的信和你的书。谢谢你！

你的思考深深地打动了我。尽管我十分相信你的判断，坦白来说，这让我感到有点窘迫，我得承认这一点。如果在谈论独白时，你并没有给我留下太大自由，或许我那不适当的耻感就让我不能做出回答。

为了回复你的上一封信(你的评述导致了如此情形)，我想说的是，如果在走向思考自身的思想中存在诸多"小心"，那么只有在**思想共享**的情况下，才能出现信念(说得太多了，但至少试图降低某人的戒心）。思想共享也只能发生在同样的不信任或对形成友谊的同样的"痛苦"基础之上。（如果一个人在不同观点上"赞同"某人，如果这个人在理智上确信他在情感上与之保持着无限的距离，那么又会怎样？正如苏格拉底探讨真理时一样，在对话中，这太容易获得空洞的赞同了）。

你将这个命题颠倒过来，将友谊置于首位。那么，友谊会导致思想中的"痛苦"。再一次由于不信任，但这一次是对朋友的不信任。但在那时，友谊又从何而来呢？对我来说，这太玄妙了。我不能想象，一旦和某人成为朋友，我们可以对这位朋友不信任（当然，偶然情况下有，相反——这种不信任是完全不同意义上的不信任，它排除了恶意）。

过去，我称之为**思想的共产主义**。我将之置于荷尔德林的征兆之下，荷尔德林或许是唯一逃避思考的人，因为他不能生活于其间："朋友之间的精神生活，在写作或私下交流中形成的思想，对于那些寻找的人来说是必要的。没有这种精神生活，我们就只能依靠自己走出思想。"［我想加上布朗肖先生的译文，这篇译文匿名发表在《公社》(*Comité*)杂志1968年10月号上。］

向你献上最完美和最诚挚的友谊。请原谅我在回复中的过于粗浅的方面。

迪翁尼·马斯科罗

附：

最后，我仅限于让自己说：倘若由于在思想上的共同的不信任，友谊就是思想共享的可能性，又会如何？倘若自身都不信任的思想，来寻求朋友之间的共享，又会如何？已经很幸福的事物,毫无疑问,寻求着几乎无法命名的其他东西。可以大胆地说,有一种朦胧的意愿,需要触及一种清白无瑕的思想。去跟随着"抹除原罪的痕迹",这就是波德莱尔唯一可能的进步。

当然,我谈这一点时,略带微笑。你的问题迫使我肯定了一些半-思想,就像你做出了一个业已在你梦中完成的动作一样。请原谅我。

1988 年 10 月 6 日

亲爱的迪翁尼·马斯科罗:

谢谢你如此丰富的回信。我的问题是:在不丧失独特性的情况下,一个朋友何以能作为思想的条件?你的回答令人惬意。这就是我称之为并体验为哲学的东西。问更多问题会让你回信,你已经给我太多东西了。

献上我的尊敬和友谊。

吉尔·德勒兹

四十八、石头①

欧洲欠着它的犹太人的无尽的债务,欧洲甚至还没有开始偿还。相反,一群无辜的人却在还债,他们就是巴勒斯坦人。

犹太复国主义从他们过去遭受的大屠杀中建立了以色列国——还有另一群人的苦难,使用了另一群人的石头。伊尔贡(Irgun)被贴上了恐怖主义组织的标签,不仅仅是因为他们炸弹袭击了英国的邻居,也是因为他们摧毁村庄,杀害无辜的人②。

美国人不惜血本实现一次好莱坞式的超级生产。我们相信以色列国已经在一片空白地上建国了,多个世纪之后,这片空地等候着古代希伯来人的回归。少数阿拉伯人的幽灵在周围游荡,守卫着那些沉睡的石头。巴勒斯坦人被遗忘了。他们被要求承认以色列国存在的权利,而以色列人否认巴勒斯坦人存在的事实。

从一开始,巴勒斯坦人就代表自己,发动了一场持续至今的战争来保卫他们的土地、他们的石头、他们的生活方式。

---

① 原文署的时间是1988年6月。1988年,该文的阿拉伯语版本发表在《卡梅尔》(Al-Karmel, n°29, p.27-28)。原初的标题是《从哪里还能看见大地?》,这篇文章是应《卡梅尔》杂志的编辑的邀请写作的,那时,刚刚爆发1987年12月的第一次巴勒斯坦大起义。

② 参见本书第三十四篇的注释。

没有人提到第一次战争,因为这场战争太关键了,会让人们相信巴勒斯坦人是来自其他地方的阿拉伯人,他们会回去的。谁能让这些约旦人离开?又有谁会说,一个巴勒斯坦人和其他阿拉伯人之间的联系很紧密,但紧密度不会超过欧洲两个国家之间的关系?巴勒斯坦人在遭受他们的阿拉伯人邻居带来的苦难的时候,他们会忘记什么?更不用提那些以色列人了。这笔新债的关键是什么?巴勒斯坦人,从他们的土地上被逐出,在至少可以看到这片土地的地方安置下来,让可以看到这片土地作为与他们那幻觉般的存在的最后的关联。以色列人不会驱逐他们,不会彻底抹除他们,而是将他们抛入遗忘的夜晚之中。

摧毁村庄、炸毁家园、驱逐、暗杀——在新的无辜的人的背后,又开始了一个恐怖的故事。他们说以色列特工得到全世界的钦佩。但一个国家的政治如果与特工的行动没有分别,这会是什么样的民主?"他们都叫作阿布(Abou)",在暗杀了阿布·吉哈德(Abou Jihad)①之后,以色列官员如是说。他是否记得那些可怕的声音曾经说过:"他们都叫列维……"

以色列何以会成功地吞并土地、占领土地、安置居民和定居点?通过占领,无限期的占领:抛出的石头来自内部,来自巴勒斯坦人,这提醒我们世界上有一个地方,无论这个地方多么狭窄,其债务都已经反转。从巴勒斯坦人手中扔出的石头就是他们的石头,他们国家的活生生的石头。不能在一天之内用一个、两个、三个、七个、十个凶手来偿还债务,也不能用第三党的协议来偿还债务。最终,无法找到这个第三

---

① 阿布·吉哈德与阿拉法特关系紧密,他是法塔赫的创建人之一,是巴解组织主要代表,也是历史上巴勒斯坦抵抗运动的领袖之一。他在巴勒斯坦大起义中担当了重要角色,成为一名政治领袖。1989年4月16日,他在突尼斯遭到以色列特工的暗杀。

党,所有的死者都召唤着活着的人,巴勒斯坦人变成了以色列灵魂的一部分。巴勒斯坦人听到了灵魂的深度,用他们锐利的石头来惩罚它。

四十九、《回到柏格森》美国版后记[①]

看看他生活和社会中的变化,以及科学中的变迁,"回到柏格森"并不仅仅意味着对一个大哲学家的重新仰慕,而是在今天对他的事业的延宕和拓展。柏格森本人认为,已经让形而上学成为一门严肃的学科,可以按照一些世界上出现的新路径前进。我相信,用这种方式来回到柏格森,依赖于三个主要特征:

(1) **直观**:柏格森并没有将直观视为一种玄妙莫测的召唤、一种情感性的分有或者同一性的经验——而是看成一种真正的方法。这种方法首先旨在确定问题的条件,去指责错误的问题或没有设定好的问题,发现变量,通过这些变量,一个问题可以表述为问题。直观所使用的手段,一方面会在既定的领域中按照不同本质的线条来进行分区或分配,另一方面,让汇聚在一起的不同领域中的线条交叉。这种复杂的线性运算一方面会按照关联进行分区,另一方面按照汇聚进行交叉,这种运算可以好好地提出问题,而解决问题本身就依赖于问题的提出。

[①] 编者加的标题。本文首先发表于德勒兹的《柏格森主义》(*Bergsonism*, New York: Zone Books, 1991, p.115-118),由休·汤姆林森(Hugh Tomlinson)翻译,当时的标题是《回到柏格森》。打印稿署的日期是1988年7月,有一个标题,《〈柏格森主义〉后记》。

（2）**科学和形而上学**：柏格森自己并不满意于批判科学，仿佛科学已经与空间、固态和固定性一起停滞。他认为绝对之物拥有"两面"，即科学和形而上学。思想一次性地将自己划分成两条路径：一条走向物质、物体和运动，另一条走向心灵以及心灵的性质和变化。于是，从古希腊开始，正如物理学与运动相关，优先讨论时间的时刻和空间的位置，而形而上学构成了超验的、永恒的形式，作为这些空间位置的根源。但恰恰相反，一旦运动关系到"所有的瞬间"，现代科学就开始了：它诉诸一种新的形而上学，只考察内在的和不断变化的绵延。对于柏格森来说，绵延构成了与现代科学相对的形而上学部分。我们知道他写作了《绵延与同时性》（*Durée et Simultanéité*）一书，在书中，他处置了爱因斯坦的相对论。围绕这本书的误解来自如下事实，即一些人认为柏格森试图驳斥和修正爱因斯坦。他只是试图给出相对论的形而上学，认为它没有使用新的绵延的方面。在他的代表作《材料与记忆》（*Matière et Mémoire*）中，柏格森从科学的大脑概念之中得出了新的记忆形而上学的结论，在大脑问题上，他给出了很多自己的研究。对于柏格森而言，科学从来不是"还原论"的。科学经常要诉诸形而上学，没有形而上学，科学就是抽象的，没有意义或直观。例如，在今天继续柏格森的事业，意味着发展出一种思想的形而上学形象，来对应于对大脑的分子生物学中的新的线条、新的开端、新的跳跃、新的动力学：思想中的新链接和再链接。

（3）**多样性**：在《论意识的直接材料》（*Essai sur les données immédiates de la conscience*）①中，柏格森将绵延界

---

① 此处是对法文书名的直译，此书的中文版书名被改为《时间与自由意志》，吴士栋译，北京：商务印书馆，1997年版。——译注

定为一种多样性、一种多样性的类型。这是将多（multiple）从形容词变成一个真正的名词之后的唯一的词。这样，柏格森认为一与多的传统问题是一个假问题。这个词的词源是物理-数学的（黎曼）。很难相信柏格森不知道这个词的科学起源及其在形而上学使用上的新意。柏格森关心的是两种不同类型的多样性之间的区别，第一种是离散的和不连贯的多样性，第二种是连续的多样性：前者是空间的，后者是时间的；前者是实在的，后者是潜在的。这就是柏格森在面对爱因斯坦时的最基础的主题。在这里再说一遍，柏格森旨在给出多样性的形而上学，而对多样性的科学思考需要这种形而上学。他所建构的多样性的逻辑或许是他思想中的一个最不为人知的方面。

我们发现了柏格森从这三个方向来推进和追求着他的研究。我们会注意到，现象学也表达了三个主题：作为方法的直观，作为严格科学的哲学，作为多样性理论的新逻辑学。的确，在二者那里，对这些观念的理解非常不同。然而，它们有可能有所汇集，正如我们在受柏格森影响的曼可夫斯基（Minkowski）的著作[《真实的时间》（*Le Temps vécu*）[①]]中看到的精神病学，以及宾斯万格研究精神病学中的时间-空间[《苏珊娜城市案例》（*Le Cas Suzanne Urban*）[②]]的现象学。柏格森主义让绵延的病理学成为可能。在一篇论错误认知的代表论文中，柏格森用形而上学来说明记忆不可能在当下感知之后形成，记忆是严格的同时性的，因为在每一个瞬间，绵延都被分成了两种同时发生的趋势，一个指向未来，

[①] Eugène Minkowski, *Le Temps vécu*, Neuchâtel, Delachaux & Niestlé, Paris; PUF, 1995.

[②] Ludwig Binswanger, *Le Cas Suzanne Urban*, Bruges, Desclée de Brouwer, 1957.

另一个指向过去①。他也用心理学来说明适应性的错误会导致记忆占据此时此刻的当下。对于柏格森来说,科学假说和形而上学问题不断地结合在一起,构成了一个完整的经验。

---

① In *L'énergie spirituelle*, Paris: PUF, p. 110 - 152.

五十、什么是装置？[①]

福柯哲学通常被说成具体"装置"（dispositif）或设备的分析。但什么是装置？首先，它是一束错综复杂的团簇（écheveau），一个多线条的整体。它由不同性质的线条组成。在装置中，这些线条不会围绕或环绕着本身就是同质性的体系、对象、主体、语言等等，但会依循着不同方向，追寻着过程，这些过程通常不太平衡，有时候会彼此接近，有时候会彼此疏远。每一条线都是碎裂的，在方向上变化不定，分叉、不断地派生。可见的物体、可说的言说、使用的力量、位置上的主体，就像各种矢量（vecteur）或张量（tenseur）一样。于是，福柯区分出三种不同的装置，即知识、权力和主体性，但这绝不意味着他已经勾画出一次性地界定的轮廓，而是一个变量的链条，这些变量彼此撕裂。福柯通常会在危机中发现一个新的层面或一个新的线条。伟大的思想家或多或少会带来震撼，他们在危机和震撼中，不会改头换面，只会前进。在变动不居的线条下思考是哈曼·梅尔维尔（Herman Melville）的操作：捕鱼的线，潜水的线，危险的甚至会带来死

[①] 本文收录于《哲学家米歇尔·福柯：国际会议》(*Michel Foucault philosophe: Rencontre international*, Paris: Seuil, 1989, p.185-195)。该文的一部分曾发表于《文学杂志》1988年9月号，n°257, p.51—52。1987年之后，德勒兹都处于离群索居的状态，这次会议是他参加的最后一次公共活动。这里并不包含后来讨论的记录（编者以非常简要的方式加以呈现）。

亡的线。福柯说，存在着沉淀下来的线，也存在着"分裂"和"破裂"的线。解开一个装置的线条意味着，在任何情况下，都要准备一张地图、一个制图（cartographier），探索未开发领土，这就是他所谓的"田野工作"。我们必须在这些线条本身之上找到位置，这些线条并不仅仅组成了装置，而且也穿透了它，带着它从北走到南、从东走到西，或者做斜列运动。

装置最先的两个层面，或者福柯最先提出的两个层面是可见性的曲线和言说的曲线。因为诸如福柯分析过的雷蒙·鲁塞尔的机器之类的装置，这种机器就是让人们看到，让人们可以言说。可见性指的并不是照耀既定对象的普遍的光，它是由这样一些光线组成的，这些光线组成了与一种装置紧密相连的可变的外形。所有的装置都有着它的光的秩序，有着光的洒落、舒缓和延展的方式，配置了可见与不可见，产生或消除了一个对象。没有这些光线，这个对象就不存在。这不仅仅是绘画式的真实，也是建筑式的真实：作为光学机制的"监狱装置"，就是不被看见的看。如果装置具有历史性的话，这就是光的秩序的历史，也是言说秩序的历史。言说反过来指向了阐释的线条，在阐释的线条中，配置着不同的言说的要素。曲线本身就是言说，因为阐释就是分配这些变量的曲线，在一个既定时刻上的科学或文学风格，法律状态或社会运动，都恰恰是由它们所产生的言说秩序所界定的。它们既不是主体，也不是对象，而是一种秩序，对于可见物和可说之物来说，必须要用它们的衍变、变形、变化来界定这些秩序。在每种装置中，跨越门槛的线条让这些线条要么是美学的，要么是科学的，要么是政治的，等等。

第三，装置包含了力的线条。我们或许可以说，在之前的线条上，它们从一个点移动到另一个点。在某种情况下，它们"物化"了之前的曲线，做出了切线，包围了从一条线到另一条线的路径,往复于看与说之间,像一支箭一样,不断地将言辞与物体贯穿起来,并不断地将它带向战场。力的线条是在"一个点到另一个点的所有关系之中"生产出来的,在装置中,它穿越了所有的地方。不可见之物和不可说之物的线条完全与其他东西紧密相连,但是可以解开的。福柯拉出了这根线,并在鲁塞尔、卜丽塞(Brisset),以及画家玛格丽特和贺贝罗(Rebeyrolle)那里找到了它的轨迹。这就是"权力的层面",权力就是空间的第三个维度,内在与装置随着装置变化而变化。和权力一样,它是由知识组成的。

最后,福柯发现了主体化的线条。这个新层面已经产生太多误解,以至于很难澄清其来源。无论如何,这个发现源自福柯思想中的一次危机,仿佛他需要重新开启各种装置的图谱,从中找到一个新方向,避免让它们在无法贯穿的力的线条背后被封闭起来,而这些无法贯穿的线条给出了明确的轮廓。莱布尼茨用十分显著的方式表达了这种危机的状况,一旦一切都仿佛解决了,那就需要重新开启思想:你认为你已经抵达了彼岸,但实际上被重新抛入大海。对于福柯来说,他感觉到他所分析的装置,如果没有其上以及其下的其他矢量,就不可能被一根涵括性的线条彻底勾勒出来。"穿过线条",他说道,就像"到达另一边"[①]?一旦线条开始完全,变得蜿蜒曲折,开始走入地下,或者毋宁说一旦力不再与其他的力构成线性关系,而是转向自身,作用于自身,或感触自身时,它就超越了力的线条。这个大写自我(Soi)的维度并不是一个既定存在的、唾手可得的规定。在这里再说一遍,主体化的线条是一个过程,在装置中生产主体性的过程:

[①] In "La vie des hommes infâmes" in *Dits et écrits*, Ⅲ, Paris: Gallimard, 1994, p.241.

它只能在如下条件下生成，即装置塑造了它，或者说装置让其成为可能。它是一条逃逸线。它逃出了之前的线条，它逃离了它们。自我并不是认识或权力。它是对组织或人们产生作用的个体化过程，它逃离了既定的所有力的线条和既定的知识。它是一种剩余价值。不是所有的装置都有主体化线条。

福柯将古希腊城邦视为主体化创造的第一个场所：按照他的原初定义，城邦发明了力的线条，贯穿了自由人之间的对立。在这个线索上，自由人可以对其他人施加命令，有一条不同的线区分了自身，按照这根线条，能命令自由人的人，必须也是自己的主人。自主的规则导致了主体化、一种自律的主体化，即便后者给出了新的知识，激发了新的权力。我们或许想知道主体化的线条是否就是装置的最边缘处，它们是否能刻画出从一个装置到另一个装置的过渡：在这个意义上，它们会给出"破裂线"。与其他线条一样，主体化的线条也没有一般化的公式。福柯的研究被十分残忍地打断了，他准备去说明在古希腊模式之外实际上发生的主体化构成，例如基督教的装置、现代社会的装置等等。

难道我们无法引出这样一些装置，即它们不再通过贵族化的生活或自由人的审美化的生存来主体化，反而通过"被排斥者"的边缘化的生存来主体化？汉学家杜克义（Tökei）解释了得到自由的奴隶如何失去了他们的社会，发现他们自己陷入孤独的、悲怆的、哀怨的生存之中，他们必须从这种生存状态中引出新的权力和知识的形式。对主体化过程的各种变化的研究，似乎就是福柯留给那些后继者们的一个任务。我相信这个研究成果会非常丰硕，今天的努力会走向一个部分与之重叠的私人生活的历史。有时候主体化的人是贵族，按照尼采的说法，他们会说"我们很优秀……"但在另一些时候,主体化的是那些被排斥的人、坏人、罪人、离群索居之人、隐修会或异教徒:这就是整个变化装置下的主体形成的拓扑学。在各个地方,会解开各种组成形式:逃离了一种装置的权力和知识的主体性的生产,将会在另一种创造出来的形式之中重新发明它们自己。

所以,装置是由可见的线条、言说、力的线条、主体化的线条,碎裂、破裂和断裂的线条组成的,所有这些线条都相互交织、彼此缠绕,在那里,一些线条增长了其他线条,或者通过装置的各种变动,甚至变化来引出其他线条。装置的哲学引出了两个结果。第一个是拒绝了普遍性。普遍性解释不了任何东西,另一方面,普遍性需要被解释。所有的线条都是变化的线条,它们甚至没有连贯的坐标系。大写的一(Un)、大整全(Tout)、大真理(Vrai)、对象、主体都不是普遍性的,而是内在于一个装置的独有的统一化、总体化、真理化、客观化、主体化的过程。所以,所有的装置都是一个多样性,其中生成的某些过程在运作,与其他装置下的运作有所不同。这就是为什么说福柯的哲学是实用主义的、功能主义的、实证主义的、多元主义的哲学。理性或许会带来最大的问题,因为理性化过程可以在上述所有线条的部分或区域上运作。在理性的历史性上,福柯向尼采致敬。他注意到对知识中不同的理性形式(柯瓦雷、巴什拉、康吉莱姆)的认识论研究的价值,以及对权力下的各种理性模式(马克斯·韦伯)的社会学研究的价值。或许他为自己留下了第三条线,他研究了潜能主体中各种"合理性"的类型。但是,他在根本上拒绝在最卓越大写理性之下来认识这些过程。他拒绝恢复任何的反思、交往或一致赞同的普遍性。在这个意义上,我们可以说,福柯与法兰克福学派的关系,以及他的后辈与该学派的关系就是一系列的误解的历史,这与福柯没有关系。并不仅仅存在着奠基性的主体或典范性的大写理性的普遍性，这种普遍性成为人们对装置的评判，也存在着理性被异化或理性一次性全部崩溃的普遍性。正如福柯对格拉尔·霍勒（Gérard Raulet）所说的那样，存在着不止一种理性的分化，理性在不断地分化，在其建立时期就有许多分化和分支，在通过装置导致的切口来构建理性的时候，也有着诸多理性的崩溃，"理性有着漫长的历史，而如今它终结了，这样说没有任何意义"①。从这个角度来看，如果不存在着一个所谓的普遍坐标系的超验价值，如何来评价某个装置的相对价值？福柯对这个认识提出了反对意见，即认为这个问题会让我们倒退，并失去自身的意义。我们是否应当说，所有的装置都是平等的（虚无主义）？诸如斯宾诺莎和尼采这样的思想家在很早以前就说明了需要按照内在性的标准，按照它们在不诉诸超验价值的"可能性"、自由、创造下的内涵，来衡量各种实存的样态。福柯甚至提到了"审美"的标准，可以理解为生命的标准，在任何时候，它都用内在性的评价取代了超验性的价值。当我们读福柯最后的那些作品时，我们必须竭尽全力去理解他为他的读者提供的范式。那么，各种实存样态的内在审美是否就是装置的终极维度？

装置哲学的第二个结果是方向上的改变，它不再通向永恒，而是去把握新事物。不能认为新就是去设计时尚，恰恰相反，新是装置的多样化的创造力：它与20世纪开始出现的问题相一致，即在世界上生产出一件新事物是可能的。的确，福柯显然拒绝了言说的"原初性"，认为言说的"原初性"是不相干的、可以忽略的标准。他只想考察言说的"规律性"

---

① In "Structuralisme et poststructuralisme", in *Dits et écrits*, Ⅳ, Paris: Gallimard, 1994, p.431-458.

(régularité)。但他所说的规律性是:一条曲线通过一个奇点的斜率,或者一组言说的微分值(他将力的关系界定为社会场域中的奇点配置)。由于拒绝了言说的原初性,福柯的意思是,两种言说之间的潜在矛盾不足以将它们区分开来,或者不能认为一种言说相对于另一种言说是新的。一种阐释体制之所以是新的,是因为它包含了矛盾性的言说。例如,我们可以问,在法国大革命或俄国十月革命中会出现什么样的言说体制?体制上的新,所考察的不仅仅是言说的原初性。所以,每一种装置都是由它的新和创造力来界定的,与此同时,这也说明为了一个未来的装置,它可以改变一切,甚至打破一切,除非力量发展到最艰难、最顽固、最坚固的线条的地方。由于主体化的线条逃离了知识和权力的层面,它尤其有可能追溯到创造的路线,这些创造的路线经常被抛弃,不过,这些路线可以再一次被采纳、被修正,直到旧的装置被打破。当然,基督教的过程会在这个方面开启许多方向。不过,我们不要相信,只能由宗教来进行主体性的生产。反宗教的斗争也是创造性的,正如光线、阐释和统治的体制一样,它们会穿过诸多不同的层面。现代的主体化更像是古希腊的主体化,而不是基督教的主体化,光线、阐释和权力的真理亦如此。

我们都属于这些装置,都是装置下的行动。相对于之前的装置,一个装置的新奇就在于我们称之为潮流的东西,即我们的潮流。新就是潮流。潮流并不是我们所是,而是我们的生成,在生成过程中的我们。换句话说,潮流是大他者,我们生成为他者。在所有的装置中,我们都必须在我们所是(我们已经不再是)的东西和我们正在生成的东西之间做出区分,即**历史的部分和潮流的部分**。历史是一份档案,决定了我们是什么和我们不再是的东西,而潮流则是我们正在生成的东西的轮廓。这样,历史或档案也就是将我们与我们自己分离开来的东西,而潮流是大他者,我们已经与之亲密无间。一些人会认为福柯将现代社会的肖像描绘为与古老的主权机制对立的规训机制。情况并非如此:福柯所谓的规训是"我慢慢地不再是"的历史,我们的潮流机制在开放和不断控制下成型,而控制与近来封闭的规训则大相径庭。福柯同意伯勒斯的说法,伯勒斯认为我们的未来受到了控制,而不是被规训。问题并不是那种情况更糟。因为我们也号召进行主体性的生产,来抵抗这种新的统治,这是非常不同于过去的统治,它反对规训。这是一种新的光芒、新的言说、新的权力、新的主体化形式吗?在所有的装置中,我们将最近的过去的线条与不久的将来的线条分离开来:将档案与潮流区别开来,将历史的部分与生成的部分区别开来,将**分析的部分**与**诊断的部分**区别开来。如果福柯是一位伟大的哲学家,这是因为他从其他东西上来使用历史:就像尼采所说的一样,反对时间的行动,于是,就是我希望的那样,去追求即将到来的时间。福柯视为潮流或新的东西,也就是尼采所谓的不合时宜,即"非潮流"、彻底与历史撕裂的生成、以完全不同的方式悬置了分析的诊断。这并非预言,而是留心着那个敲响大门的未知之物。任何其他文字都不比《知识考古学》(Ⅱ,5)中的一个重要段落更清楚地揭示了这一点,而这个段落适用于他的所有著作:

> 所以,档案分析包含着一个非常重要的地方:这个地方与我们非常接近,但与我们的潮流又有所不同。这就是围绕着我们当下、忽略了我们当下并给出了另一种状态的时间的边缘,档案就是在我们之外为我们划定界限的东西。档案的描述揭示了它的肇始于话语的可能

性（并掌控着这种可能性），这些话语已经不再是我们的话语，它存在的门槛开始于一次断裂，即将我们与我们不再说的话语，沦落到我们话语实践之外的话语之间的断裂；它肇始于我们语言的外部，它的位置与我们的话语实践距离相当遥远。在这个意义上，它可以给我们提供诊断。这并不是因为档案可以描述我们话语特征的轮廓，从而进一步概括出未来我们所拥有的方面。档案让我们从我们的连续统一体中走出来，它消解了时间的同一性，而我们在时间的同一性中审视我们自己，避免走向历史的断裂；它打破了先验神学的线索，而人类学思想会考察人类的存在或主体性，它展现出他者，即外部。在这个意义上，诊断并不会通过各种区分来建立对我们身份同一性的承认。它所建立的是我们的差异，我们的理性是各种话语之间的差异，我们的历史是各个时代之间的差异，而我们的自我是我们各种面具之间的差异。

一个装置的各种不同的线条可以区分成两组：一组是分层线或沉淀线，另一组是实现的线或创造力的线。这种方法的最终结果涉及福柯所有著作。在他绝大多数著作中，他认为一种类型的特殊档案具有非常新的历史意义，即17世纪的医院、18世纪的诊所、19世纪的监狱，以及古希腊和基督教时期的主体性。但是，这仅仅是他一半的任务。在严格的意义上，为了避免各种东西的混淆，以及对他的读者的信任，他并没有提出另一半的任务。他仅仅在一次关于他的主要著作的出版的访谈中清楚地概括了那个任务：今天的疯癫、监狱、性是什么？我们今天看到的表象出来的主体化模式当然不是古希腊和基督教的模式，这种新模式是什么？最后一个问题一直到最后都困扰着福柯(我们不再是古希腊人,甚至不是基督教时期的人……)。福柯在法国甚至国外的访谈中谈如此重要的东西,并不是因为他喜欢访谈,而是因为在访谈中,他追溯到了实现的线条,而这种线条需要在他的主要著作的同化线条之外的其他表达模式。访谈就是诊断。就像尼采一样,如果没有与尼采同时代的**遗产**(Nachlass)的话,尼采的著作非常难读。正如德菲尔和埃瓦尔德所想象的那样,福柯的全部著作都不能将著作(这些著作留给我们印象)与访谈(让我们走向未来、走向生成)分离开来:它们分别是分层和潮流。

五十一、关于主体问题的回复[①]

在由一些内在变量所界定的思想领域中,哲学概念起到一种或更多种功能。在与内在变量和功能的复杂关系之中,也存在着诸多外在变量(事物的状态、历史的时刻)。这意味着概念不是立马就能创造出来,也不会眨眼间就消失,在某种程度上,某个新领域中的新功能只能相对地消解概念。这也就是为什么说批判一个概念不会太有趣:更重要的是构建新的功能、发现新的领域,让这些概念变得无用或不足。

主体概念也没有逃脱这个规律。长期以来,它有两个功能。首先,它有普遍化的功能,在这个领域中,普遍性不再由客观本质而是由抽象或语言行为来表达。在这个意义上,休谟是主体哲学上的关键人物,因为他谈到了超越既定之物的行为(当我说"总是"或"必然性"的时候,会发生什么?)。那么,这个对应的领域不是知识的领域,而是"信仰"的领域,"信仰"成为新知识的基础:在何种条件下,一个信仰是合法的信仰,通过这种合法的信仰,我说的不仅仅是给予我的那些东西?其次,主体实现了个体化的功能,在这个领域中,个

[①] 原始的打印稿署的时间是 1988 年 2 月,朱利安·德勒兹(Julien Deleuze)将其翻译为英文,并发表在《论题》(*Topoi*)杂志的 1988 年 9 月号上,p.111—112。原标题为《一个哲学概念……》。后来该文被重新翻译为法文,发表在一个法国杂志上(那时,最原初的文本已经散佚了)。

体不再是一个东西或一个灵魂,而是一个人、一个生命、活生生的人、言说的人以及对话的人["我与你"(Je-tu)]。主体这两个方面,即普遍性的主我(Je)和个体化的宾我(Moi)是必然地关联在一起的吗?即便它们是关联的,难道它们就不会彼此冲突?如何解决这一冲突?所有这些问题就是在休谟和康德那里的所谓的主体哲学。康德认为主我是时间的决定项,而宾我是时间中的被决定项。胡塞尔在他的《笛卡尔式的沉思》的末尾也问过类似的问题。

我们能设定一个可以带来变化的新功能和变量吗?由于时空中的新变量的出现,独特化(singularisation)的功能已经进入知识领域。不应该将独特性理解为与普遍性对立的东西,这样可以得到一个关联:数学意义上的独特性(奇点)。这样,知识甚至信仰都有可能被诸如"装置"或"布局"(dispositif)的观念所取代,这些概念代表着奇点的流射(émission)和配置。比如"骰子一掷"型的流射,构成了一个没有主体的超验领域。多变成了名词,多样性、哲学变成了多样性的理论,这种理论没有作为预先给定单元的主体。真与假不再重要,独特与常规、显著与平庸取代了这个区分。独特性的功能取代了普遍性的功能(在这个新领域中,不需要普遍性)。我们可以在法律上看到:由于独特性的流射和外延功能,"案例"或"判例"的法学观念消解了普遍性。建立在判例基础上的法律概念,可以不需要任何权利的"主体"。相反,一种没有主体的哲学展现出判例基础上的法律概念。

相对来说,或许个体化的类型已经没有强加在它自身之上的人格。一些人想了解,是什么组成了一个事件的个体性:一个生命、一季闲暇、一阵清风、一次战斗、傍晚五点……我们将这些东西称为个体化,它们并不构成一个人或一个我。于是,出现了这样的问题,即如果取代了我(moi),我们是否还是在此性①(heccéité)的我。盎格鲁-撒克逊文学和哲学对这个方面特别感兴趣，因为他们经常通过是否能为"我"这个词找到明确意义来将他们自己区别开来，而不是考察这个词的语法功能。事件带来了关于组成与解体、快与慢、经度与纬度、力量与感触的复杂问题。与心理学上和语言学上的人格主义不同，他们走向了第三人称，甚至是"第四"人称的独特的非人格或"它"(Il)，在空洞的"我与你"的交流中，我们认识了我们自己，认识了更好的共同体。我们相信，由于前个体的独特性和非人格的个体化，已经让主体观念失去了它的大部分光环。仅仅将概念与最优秀的知识对立起来是不够的，我们必须将它们对应的问题域与迫使这些问题发生改变、需要新的概念形态的发现对立起来。没有大哲学家关于主体的作品能够亘古永存，不过正是由于他们，才说明了为什么我们能拥有新发现的问题，而不是"回到"过去，"回到"过去只能说明我们没有能力走出他们的道路。在这里，哲学的状况与科学和艺术根本没有任何区别。

---

① 法语的 heccéité 来自拉丁语的 haecceitas，最开始由中世纪神学哲学家邓·司各脱所使用，司各脱用这个词来表示组成个别事物的在这里的离散的性质或特征。这样，heccéité 一般在哲学上理解为"此性"或"在此性"，代表人或事物在世界中存在的个体化特征。德勒兹曾高度评价了司各脱的 heccéité 的概念。——译注

五十二、《时间-影像》美国版序言[①]

从古希腊到康德的多个世纪里,哲学发生了一场革命:时间从属于运动的关系被颠覆了。时间不再是正常运动的尺度,渐渐地,时间变成了自为的表象,并创造了矛盾运动。"时间已经天翻地覆"[②],哈姆雷特的话意味着时间不再从属于运动,但运动从属于时间。可以说,电影正在经历这样一种经验,在更快捷的条件下,自身发生着颠覆。所谓的"古典"电影的运动-影像在战后已经被直接的时间-影像所取代。为了适用于新的例子,那些一般观念显然就需要得到形成、修正和改造。

为什么二战代表着断裂?因为在战后欧洲,在许多地方,我们不知道如何来回应一系列的新状况,我们不知道该如何去描述这些状况。它们就是"日常生活"的场所、有人居住的荒漠、被摒弃的卖场、空荡荡的土地、被摧毁或被重建的城市。在这些日常生活的场所里,一些新角色的种族,几乎

[①] 编者加上的标题。原稿署的时间是1988年7月,最早的标题是《英文版序言》,参看德勒兹的《电影2:时间-影像》(*Cinema 2: Time-Image*, Minneapolis: University of Minnesota Press, 1989, p.xi-xii)。由休·汤姆林森和罗伯特·伽莱塔翻译为英文。

[②] 这句话出自莎士比亚的《哈姆雷特》第一幕的最后,朱生豪译本给出的翻译是:"这是一个颠倒混乱的时代",因为德勒兹强调的是时间不再从属于运动,运动与时间的关系被颠倒过来。所以这里不采用朱生豪译文,而是按照德勒兹的上下文译为"时间已经天翻地覆"。——译注

是突变的角色,开始行动。事实上,与其说他们在行动,不如说他们在看,他们就是看客(Voyants)。以罗西里尼的三部曲《欧洲51年》《火山边缘之恋》《德意志零年》)为例:在废墟般的城市里的孩子,在小岛上的陌生人,开始围绕着她"看"的资产阶级妇女。情况非常极端,或者恰恰相反,非常平庸、非常普通,或者两者都有:让它自己分崩离析或失去资格的东西就是感官-运动图示,在更早期的电影中,这种图示构成了动作-影像。由于感官-动力关联的消逝,时间,即"一点点纯粹时间",开始在屏幕上浮现出来。时间不再跟随着运动,它让自己呈现出来,并带出了**错置-运动**(faux-mouvements)。这就产生了现代电影中的**错置-关联**(faux-raccord)的价值。连接影像的不再是理性的剪切和关联,而毋宁是按照错置-关联或非理性剪切来重新连接,即便身体不再只是动力,不再是运动和动作工具的主体。它肇始于对时间的揭示,通过疲劳和等待(安东尼奥尼)来见证时间。

电影的影像就是当下,这个说法并不太准确。影像所"再现"的是当下,但并非影像本身,因为无论在电影还是在绘画中,影像与它所再现的东西总是有所不同。影像本身就是各种要素关系的体系或一整套时间关系,而变化的当下不过是它的结果。我认为,这就是塔科夫斯基所说的东西,塔科夫斯基挑战了剪辑和镜头之间的区别,将电影界定为一个镜头下的"时间压"[①](pression du temps)。当影像是一种创造性的影像时,影像的特长就在于创造出时间的可感和可见的关系,这种关系不能在再现的对象中表现出来,也不能被还原为当下。以威尔斯的场景深度或维斯康蒂的跟踪镜头

---

① Tarkovsky, "De la figure cinématographique", *Positif*, n°249, décembre, 1981.

为例：他们更多地是深入时间，而不是深入空间。在维斯康蒂的电影开头，桑德拉的汽车已经在时间中运动，而威尔斯的人物角色已经在时间中占据了巨大位置，而不是在空间中转来转去。

这意味着时间-影像与倒叙甚至记忆没有什么关系。记忆只是之前的当下，而现代电影中的缺失记忆的人物角色只是在表面上回到过去或从过去浮现出来，来说明什么在记忆中被隐藏了。倒叙只是一个路标，许多著名电影人使用倒叙只是为当下提供更复杂的时间结构［例如，曼凯维奇（Mankiewicz）的"分叉"时间：它重新经历了这样的时刻，在那一刻，时间可以走向不同的方向……］。无论如何，十分清楚的是，我所谓的直接的时间-影像的时间结构超越了纯粹经验的时间，即时间上的过去—当下—未来的连续。例如，存在着不同绵延或绵延层次的共存，因为单一时间可以在多个层次上发生：在非时间顺序上共存的过去的多重层次。在威尔斯对大地的强烈的直观中，在雷乃从死亡国度返回的人物角色中，我们都能看到这种情况。

还有其他各种时间结构。本书的目的是说明这一点，即电影影像已经可以经历和揭示出这些东西，而且它可以作为对科学的教导、对其他类型艺术的升华，或者对哲学需要我们理解的东西的回应，而这些东西都是彼此完全独立的。当一些人谈电影之死时，他们是错误的，因为电影才刚刚开始它的探索，即创造出可感可见的时间关系，而这种关系只能出现在影像的创造中。电影没有电视的需要，电视影像只能惨淡地停滞在当下，除非电视能借用电影艺术。视与听之间、看与说之间的关联和断裂仍然会继续产生这样的问题，并让电影具有了一种新的权力，去经历时间中的影像［皮耶尔·佩罗（Pierre Perrault）、斯特劳布、西贝尔伯格都以不同方式实现了这一点……]。是的,除非你用暴力来摧毁它,否则电影已经获得了开启一个新的开端的全部权力。相反,我们应该已经看过了战前的电影,甚至默片,那些纯粹时间-影像的作品,纯粹时间-影像总是贯穿着、支撑着或者包络着运动-影像:小津安二郎的寂静的生活是否就是一种无法改变的时间形式?我想感谢罗伯特·伽莱塔(Robert Galeta),他为翻译这次运动和时间的历险付出了太多心血。

五十三、里韦特的三个圈[1]

第一个圈出现了(或一个圈的部分)。我们称之为 A,因为它首先出现,尽管它在整个电影中不会停歇。第一个圈是一个老戏剧,可以放在学校里,在康斯坦斯的导演下(布勒·奥基耶),一些年轻女孩子可以排练她们想要扮演的角色(马里沃、高乃依、拉辛)。对于女孩子们来说,这里不同的是,用一些并非她们自己的,而是作者的词语来表达真实的感觉(愤怒、爱、沮丧)。这是戏剧的第一层意思:角色。

其中一个女孩,塞西尔(Cécile),将一座郊区的房子给了另外四个女孩。她要与她相爱的男子一起去其他地方生活。而四个女孩还要一起生活,在这座房子里,她们还要经历她们各自角色的碰撞、白天结束后的个人的情绪和姿态、她们各自爱情故事(她们都很隐晦地说爱情)的后果,还有她们彼此间不同的态度。仿佛女孩们都尝试在戏剧的边界下过着生活,而这种生活就是她们在一座房子里的共有的生活,她们们各自角色所承载的点点滴滴,会延续到她们自己的生活当中,每一个女孩都只在意她自己的事情。你们不再拥有由一个范式所主导的各种角色的连续过程,几个同时发生且彼此

---

[1] 本文最初发表于《电影手册》1989 年 2 月号,n°416,p.18—19。雅克·里韦特的电影叫《四人帮》(*La Bande des quatre*)。

没有交集的故事,随机地形成她们的态度和姿态的关联。这就是第二重意义上的戏剧:在日复一日的生活中彼此关联的**态度和姿态**的戏剧。不断激发出里韦特灵感的就是四个女孩的族群和她们各自的个体化:喜剧和悲剧的类型,忧郁和乐观的类型,优雅和笨拙的类型,但首先是月与日的类型。这就是第二个圈,B,这个圈在第一个圈之内,因为它部分依赖于第一个圈,接受着第一个圈的后果。圈 B 以自己独有的方式重新分配着各种后果,这个圈远离了戏剧,不停地回归自己。

一个身份不明的男人(一个骗子、间谍或警察)追逐着四个女孩,试图寻找塞西尔的恋人(或许他是个罪犯)。难道是被偷的身份证、被偷的艺术品、贩卖军火,或者一桩司法丑闻?这个人在找一把打开被锁住的箱子的钥匙。他挨个引诱着四个女孩,并成功俘获了一名女孩的芳心。另外三个女孩想要杀了他:第一个做了戏剧性的尝试,第二个冷酷,第三个冲动。第三个女孩用一根藤条快把他打死了。这三个场景是里韦特最伟大的篇章:无比的华丽。这就是戏剧的第三重意义:面具,在我们遥不可及但任何人都无法逃离的政治或警方阴谋下的面具,这是一种整体性的阴谋。这就是第三个圈,C,它与另两个圈有着十分复杂的关联。它延长了第二个圈,与第二个圈紧密地缠绕在一起,因为它不断让女孩们

的态度变得极端,为她们提供了一种共同的尺度,仿佛施加在她们身上的魔法。它也延伸到整个戏剧之外,覆盖着戏剧,或许它将一个无穷大的范围里的所有离散的碎片都统一了起来。导演康斯坦斯似乎从一开始就是阴谋中的一个极其重要的因素。(难道在她的生活中没有一个长达几年的空白时间段?她是否曾离开过戏剧,是她隐匿了塞西尔淘气的儿子,而这个儿子就是康斯坦斯的情人?)这些女孩自己又如何呢?一个女孩有一个美国男朋友,与这个警察同名,另一个女孩与她神秘失踪的姐姐同名,葡萄牙女孩露西亚(Lucia)是月的类型的缩影,她会突然找到钥匙,拥有一幅或许是真品的名画……简言之,三个圈相互交织、相互作用、相辅相成,而不会丧失它们各自的奥秘。

我们自己都没有察觉到我们就是整个排练的部分(即我们的角色)。我们进入我们自己并不掌控的角色当中(我们的态度和我们的姿态)。我们成就了一个我们完全不知道的阴谋(我们的面具)。这就是里韦特版的世界观,这完全就是他自己的世界观。里韦特要戏剧为了电影而存在:年轻女孩的态度和姿态构成了电影的戏剧性,它对立于戏剧的戏剧性,与之截然相反,与之有着霄壤之别。倘若政治的、司法的、警方的针对我们的阴谋足以说明真实的世界变成了一部烂片,那么电影就有责任给我们一个真实的片段、世界的片段。里韦特的计划——电影将自己的戏剧性对立于戏剧的

五十三、里韦特的三个圈

戏剧性,将自己的真实对立于世界的真实,世界的真实越来越不真实——从戏剧中拯救电影,从可以毁灭它的威胁中拯救电影。

如果三个圈是彼此沟通,那么它们在里韦特自己的场所里沟通,这就像戏剧的背面,或一座位于郊区的房子。存在着没有大自然存在的地方,但它会在一种神奇的恩泽下存活:郊区那些再无发展的地方、城市街道向农村的延伸、与世隔绝的角落和巷陌。时尚杂志试图在这些地方拍摄完美而凝固的画面,但所有人都忘了这些都是出自里韦特的地方,浸润着他的梦想的地方。在这些地方,阴谋被昭示出来,年轻女孩生活在一起,建立起了学校。但也正是在这些地方,梦想者抓住了日与夜、日与月,就像是**主宰其他这些圈的最外部的大圈**,将它们的光与影分开。

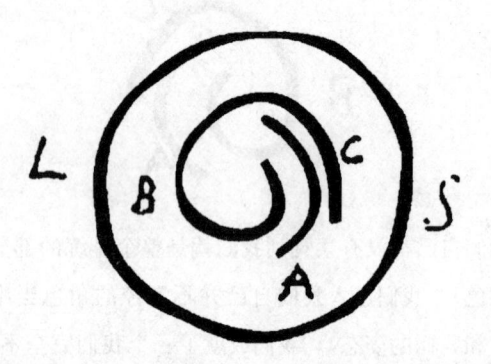

在某种程度上,里韦特仅仅拍摄了月(露西亚)与日(康斯坦斯)的电影。露西亚和康斯坦斯都不是人,而是力。这种二元性不能分成善与恶。然后里韦特进入这样的地方,在那里,大自然试图验证月与日持存的状态。里韦特的电影与杰拉尔·德·奈瓦尔(Gérard de Nerval)的诗歌很相似,里韦特游离了法兰西之岛的幻象的残余,讲述了他自己的火之女

儿的故事,朦胧地感受到了无法掌控的疯狂手段的阴谋。这并不是关于影响的问题。但这种相遇让里韦特成为最具有启发性的电影导演之一,也是最伟大的诗人之一。

五十四、暴力升级[①]

《解放报》:对于在公立学校里佩戴伊斯兰面纱的权利的争论范围,你会感到好奇吗?

吉尔·德勒兹:整个面纱问题,还有学校里爆发的佩戴还是不佩戴头巾的争斗,有一个不可理喻的荒谬之处。自从斯威夫特和"从大的一头还是从小的一头敲破蛋"的争论之后,我们就再没有看到过如此荒谬的争论动机。和平常一样,年轻女孩们的自发性愿望总会遭受来自反世俗的父母们的压力。我无法确定年轻女孩是否强烈感觉到了这一点。这里就不再那么有趣了。

《解放报》:除了一些轶闻之外,你是否想过这个问题会有一个潜在的后果?你是否认为这是一个值得严肃对待的问题?

德勒兹:关键在于,要知道伊斯兰组织在多大程度上来诉诸他们的要求。第二阶段是否会寻求在教室里进行伊斯兰祷告的权利?随后,第三阶段会不会要求重新评价教室里讲授的内容,会不会申诉拉辛或伏尔泰的文本冒犯了伊斯兰

[①] 编者加的标题。原题为《吉尔·德勒兹十分警惕暴力升级》,发表于1989年10月26日的《解放报》。访谈者为弗朗西斯·桑博尼(Francis Zamponi)。这篇文章起源于一些争论,在这一学年初,一些人提议,暂时不要让那些拒绝在上学期间摘掉她们的"伊斯兰面纱"的女孩们来上课。

的尊严？这样，重要的是，要知道这些伊斯兰组织究竟要走多远，他们在世俗公立学校里会拒绝或接受哪些东西。实际上，他们应该十分清楚地说明他们在这个问题上的要求。如果非要说的话，在阿拉伯人自己内部也有一个世俗化运动。所以没有理由相信阿拉伯人或法国的阿拉伯裔只会用宗教来构筑他们的身份。相对于激励他们的无神论的荣耀和勇气，宗教并不那么具有价值。

《解放报》：你似乎将这个问题看成了宗教对公民社会的攻击。

德勒兹：这个问题是否是更大战略的第一阶段呢？最后，他们会认为由于世俗公立学校不可能尊重穆斯林的权利，国家必须资助古兰经学校，正如国家资助基督教学校一样。但我同意那些反对国家资助宗教学校的人的立场，他们拒绝任何资助宗教学校的理由，所以我会毫不犹豫地反对未来资助古兰经学校。各种宗教组织绝非不可能联合起来指摘踯躅不定的世俗主义。当然，除非这仅仅是关于面纱的小争论而已。

五十五、致让-克雷·马丁的信-序言[1]

在读你的书的时候,我非常感谢你对我的作品的关注,尤其是感谢你的严格和理解。我会对你的一些评价给出回答。我们俩之间的区别只是个别的措辞问题。

1. 我相信哲学是一个体系。我不喜欢体系的观念,体系的坐标系是同一性、相似性和类同性。我认为,莱布尼茨是第一个将体系和哲学等同起来的哲学家。在这个意义上,他给出了术语,我很喜欢。这样,"哲学的死亡"或"超越哲学"之类的问题,我从来就不会有兴趣。我认为我是一个古典哲学家。对我而言,体系不仅仅在于永恒的异质性(hétérogénéité),而且也是**异质生成**(hétérogenèse),这是我的叫法,而尚未尝试过这样的体系。

2. 在这个方面,你所说的隐喻,或者毋宁说反隐喻,似乎完全为我做出了辩护,而且十分深刻。我只需要加上一点,这不会让你所说的有丝毫矛盾,但是其意义与你所说的大致相仿:背叛的或双重的"适应",在我看来,是展现出一种彻底的内在性的操作。它就是内在性的展现——它与领土和大

---

[1] 编者加的标题。原来的题目是《吉尔·德勒兹的信-序言》,收录于让-克雷·马丁(Jean-Clet Martin)的《变奏——吉尔·德勒兹的哲学》(*Variations—La philosophie de Gilles Deleuze*, Paris: Payot & Rivages, 1993, p. 7-9)。这封信署的日期是 1990 年 6 月 13 日。

地有着根本的关系。

3. 你完全理解了我将哲学界定为发明和创造概念的价值,换句话说,哲学既不是反思行为,也不是冥思活动,而是创造行为。我相信哲学常常如此,但我还是无法在那个问题上表达出我自己的东西。这就是为什么我写的下本书就是关于这个问题的一个短篇文本:《什么是哲学?》。

4. 同样,你也理解了我的多样性观念的价值,这很重要。正如你所说,多样性和独特性在根本上是关联在一起的("独特性"区别于"普遍性"和"个别性")。"块茎"是用来界定多样性的最恰当的词语。另一方面,似乎对我来说,我已经完全放弃了拟像(simulacre)的观念,这个概念完全没有任何价值。《千高原》就是专门用来讨论它们本身(生成、线条等等)的多样性的著作。

5. 如果不说明其前提,超验的经验主义事实上就是无意义的。但正如在康德那里一样,超验"领域"并不是经验领域的副本。必须用它自己的词汇来进行研究:"经验"或"尝试"(这是一种非常特别的经验类型)。这种类型的经验可以用来发现多样性,来践行我在第三点里说的思想。

6. 最后,我希望你允许我给出一点点建议:在对概念进行分析时,通常最好从简单而具体的情况开始,不要从哲学逻辑前提开始,甚至不要从这样的问题开始(如一与多,等等)。以多样性为例。你可以从"什么是群体(meute,不同于孤独的动物)""什么是藏尸罐(ossuaire)"这样的问题开始。或者你可以问:什么是圣骨(relique)? 以实践为例,凌晨五点是什么? 例如,一种对模仿的批判可以在人与动物的关系中来理解。我要告诉你一件事:尽量具体一点,也尽量经常回到具体问题。多样性、迭奏曲、感觉等等,这些东西都发展成了纯粹概念,但严格来说,它们与从一个概念到另一个概念的过渡过程密不可分。这就是为什么我尽量避免将一个概念抬高到凌驾在其他概念之上:每一个概念都引导着其他概念,反过来其他概念也引导着这个概念……我相信,越天才的哲学家,越会将具体情形抛在一边,至少一开始时是这样。为了始终不断地抵抗这种趋势,我们就需要不时地回到感知、回到情感,这些东西会增强你的概念。

请原谅我的这些评论中的无礼。我只想直截了当一些。我希望你的书进展顺利,也请你真诚地相信我。

五十六、《经验主义与主体性》美国版序言[1]

有时候我们会希望有这样的哲学史,它仅仅罗列了一位伟大的哲学家所创造的新概念,以及他的创造性贡献。在休谟那里,我们可以说:

1. 他强调了**信仰**(croyance)的概念,用信仰概念取代了知识概念。他将知识变成一种合法的信仰,从而将信仰概念世俗化了。他问道:在何种条件下,信仰会成为合法的信仰?这样就开启了一种**或然性**(probabilités)的理论。其结果非常重要:如果思考行为是一种信仰,那么思想本身反对的是**幻象**(illusion),而不是错误。围绕着思想的不合法的信仰,就像一簇无法逃避的幻象。在这个意义上,休谟为康德开辟了道路。整个艺术以及各种各样的规则都需要将合法的信仰与相伴随的幻象分开。

2. 他让观念关联(l'association des idées)具有了真正的意义,观念的关联并不是人类心灵的理论,而是文化和习俗(习俗而非契约)形式的实践。这就是法律、政治经济学、美学等的观念联系。例如,存在这样的问题,即向某物射出一

---

[1] 编者加的标题。本文最先的题目为《英文版序言》,由康斯坦丁·V.波恩达斯(Constantin V. Boundas)翻译,收录于德勒兹的《经验主义与主体性:论休谟的人性论》(*Empiricism and Subjectivity: An Essay on Hume's Theory of Human Nature*, New York: Columbia University Press, 1991, p.ix-x)。

支箭,或者我们用手触摸它,这样是否足够拥有它。这个问题就涉及某人和某物的关联,让某人拥有某物。

3. 通过说明所有的关系(不仅是"事实问题",而且也有观念关联)都外在于诸项,从而奠定了第一种关系逻辑的基础。这样,按照关系的外在性原则,他给出了一个截然不同的经验世界:除了原子的诸部分之外,还有从一个部分到另一个部分的传递、过渡、"趋势"。趋势产生了**习惯**(habitudes)。这难道不是如下这个问题的答案:我们是谁？我们是习惯,仅仅是习惯。言说我(Moi)的习惯……或许这就是我的问题的最不太离谱的回答。

我们可以继续列举这一清单:这就是对休谟天才的证明。

五十七、序言:新风格主义[①]

本书肇始于对法国和意大利文学的反思。其根源在于两个国家边界上的某处,尽管它的含义很难把握。吉奥乔·帕塞洛尼(Giorgio Passerone)在这里表达的不仅仅是一种普通的风格,而且也是对文学中的某种程式或操作的研究。这些一点点小发展的程式和操作,很可能变成其他形式移植到其他学科中。不过帕塞洛尼对文学的关注,让这种转变更加轻松。所以,本书是围绕着两个文学观念来组织的。首先,风格并不是一种修辞现象,而是一种句法的生产,一种句法的并通过句法实现的产品。所以,我们需要了解帕塞洛尼关于句法的想法,了解他关于句法的观念与乔姆斯基的观念有着多大的不同。其次,按照普鲁斯特的著名的说法,风格就像语言中的外语。因此我们想要了解帕塞洛尼如何思考语言,如果普鲁斯特的说法不仅仅是隐喻,那么它就是一种纯修辞的形象。相反,我们应该从字面来理解这个观念。

[①] 收录于吉奥乔·帕塞洛尼的《抽象线——风格的语用学》(*La Linea astratta—Pragmatica dello stile*, Milano: Edizioni Angelo Guerini, 1991, p. 9 - 13)。吉奥乔·帕塞洛尼翻译了法文原稿,原稿署的日期是 1990 年 9 月。帕塞洛尼是一位年轻的意大利研究人员,在巴黎八大(早期在樊尚,后期在圣但尼)听过德勒兹的课。帕塞洛尼是德勒兹的朋友兼《千高原》的意大利文译者。《抽象线》在根本上起源于这样一个主题,即帕塞洛尼在巴黎八大坚决捍卫德勒兹和热内·谢雷(René Scherer)的领导。

在语言学上，任何特殊时段下的语言，通常都被认为是一种同质性的体系，接近于平衡。帕塞洛尼受社会语言学的影响很大，这并不是因为他诉诸外在的语言因素的行为，而是因为他将每一种语言都看成一种不平衡的和在感觉上分叉的异质性群组。所有的语言都是一种黑人英语或墨西哥人的英语。但我们不会从一种语言跳跃到另一种语言，就像双语或多语言言说者那样。相反，任意一种语言中都会有另一种语言。这并不是混合，它是异质生成。被广为认可的是，**自由间接引语**（在意大利语、德语和俄语中更丰富）是一个独特的句法形式。它将一个表达主语塞入另一个已经具有表达主语的陈述句中。"我意识到她准备离开。她每次都小心翼翼地确保她并没有被跟踪……"第二个"她"是在已经将"我"作为表达主语的陈述句中出现的新的表达主语。这仿佛就是所有的表达主语都包含着他者，包含着另一个言说不同语言的人，一个在另一个之中。自由间接引语让巴赫金走向了小说中的复调式或对位式语言概念，也促成了帕索里尼对诗歌的反思。但帕塞洛尼并不涉足理论：他直接走向那些伟大的作者，从但丁到加达（Gadda），从实践中来把握自由间接引语的程式。这些程式或操作可以隐藏在语言中，作为一种统一形式，被概括为法语。然而，它与所有语言是共存的，它就是句法的决定性因素。自由间接引语刻画出诸多彼此分叉且互相保持和谐的语言。即便在法语中，巴尔扎克也将语言打碎成为多种语言，因为那里有多个人物角色、类型、环境。因此我们或许可以说："并不存在风格这样的东西。"非风格就是最伟大的风格、最纯粹的风格创造。

语言学家会反对说，准确来说，那些东西不是语言。但我们回到了最初的问题上：语言是一个同质性的体系，还是一个永恒不平衡的异质性装置？如果后者是对的，一种语言就不能分成各种要素,它只能无限地分成各种不同语言,这些语言不是外语,其风格(或非风格)构成了一门语言之中的另类语言。语言学常常认为风格论和语用学是非常次要的方向,现在却变成了语言中的主要因素。在其他地方也出现了同样的问题:语言学家考察了语言中的常量、普遍因素和关系。但对帕塞洛尼以及他著作中提到的理论家们来说,语言没有常量,只有变量。风格改变着变量。所有的风格都是一个需要具体界定和理解的特殊变体。深刻而怪异的语言学家古斯塔夫·纪尧姆(Gustave Guillaume)就是第一个用微分语素学立场来代替不同语音学对立(常量)的人:这是一些沿着一根线条前进,或思想上的一个可决定运动的变量的点。例如,不定冠词"un"就是一个变量,它展现了对一个特殊化运动的切片或管窥。定冠词"le"就不是一回事,这一次它是一般化运动。对于普通动词,纪尧姆发现了发生运动(incidence)和衰减运动(decadence)[我们还要加上"支撑运动"(procadence)],相对于这些运动,动词时态就是切片、管窥或微分的立场。例如,福楼拜对未完成时的使用。毫无疑问,所有的东西都包含着活力或者特殊轨迹,动词时态和样式就是在其活力和轨迹上建立了各种位置和后果的切片。所以,变量贯穿了有限或无限、连续或不连续的变化区域,它不断地将风格变成语言的调制(modulation)。

布丰(Buffon)的名言"风格就是人本身"并不是说风格指的是作者的人格。布丰是一个亚里士多德主义者:风格是语言材料中被实现的形式,它是一个模板(moule)。但正如布丰的有机论所指出的那样,一个模板拥有一个矛盾的属性。一个模板不仅仅构成了表面或外层,它也填充了整个形式("内在模板")。这不仅仅是一个模板,而且是一个调制。换句话说,这是一个带时间转换和内在行动的模板。帕塞洛

五十七、序言:新风格主义

尼用调制的观念说明了一种风格的旋律概念是如何发展的：在卢梭的著作中，他试图恢复纯粹旋律的单调实践，不过在巴洛克时代，以及后来的浪漫时代里，复调和和弦、谐音和不谐音的旋律构成了一个日益简练和自律的调制，直到尼采的后浪漫主义时期，而尼采或许是最伟大的哲学家-风格论者。在这里，我们或许获得了调制的奥秘：它用永恒分叉的方式来追溯一根破裂之线、一根韵律之线，就如同可以产生出和弦和旋律的新维度。这就是帕塞洛尼最出彩的地方。当然，语言让某种东西**在我们眼前**浮现出来，我们看到的就是修辞的形象。它们仅仅是表达主语和构成风格的陈述调制的复调式的表面现象。正如普鲁斯特所说，形象或隐喻不过就是通过"美丽风格的必然性的透镜"来把握不同的对象。想象力在很大程度上依赖于句法。

语言的变量就像观看思想运动、动力、一条线条的位置或点。每一个变量都通过一条特殊的调制线条上的不同位置不断地变来变去：那么风格就构成了进程和重复。帕塞洛尼分析了法国文学中的三个著名案例：马拉美的折叠线，克洛岱尔的展开线，以及阿尔托的振动的螺旋线。一般来说，我们可以说风格**拓展了**语言，让语言中的真正的张力可以径直走向其界限。这就是因为线条或思想运动在任何情况下就像所考察的所有变量位置的界限。这个界限并不在特殊语言之外，也不在普通语言之外，而是在语言本身之外。同样，当我说风格就像外语一样时，它就是我们正在说的语言——它是我们所说的语言之中的外语。风格拓展了语言的内在界限，走向了这种语言的外部，语言开始变得支支吾吾，变得结结巴巴，开始尖叫，开始低声细语。换个说法再说一遍，风格表象为非风格，它成为语言的疯狂，变成了谵妄。曼德尔斯塔姆（Mandelstam）说过："从一开始，口吃就严重影响着我和我的同伴,我们并没有学会如何说话,但我们学会了谵妄,只有借一个耳朵来聆听这个世纪日益喧嚣的噪音,它就像海浪那泡沫式的峰顶触摸着我们,我们需要我们自己的语言。"①整个语言在调制中都向着它延伸的峰顶的线条是否有一个名称?正如托尔斯泰和贝克特所说,最接近于它的语言、最"素净"的风格变成了"非-风格"。伟大的作家不会喜欢恭维他们过去或当下的作品,因为他们知道,他们仅仅知道,他们离他们所渴望的东西、所追寻的东西还十分遥远。赛琳娜说,这是一根"抽象线",它没有轮廓、没有梗概,但如果所提供的形象是敞开的,我们就可以在任何形象中找到它,这是被萃取出来的线条:"这条著名的线条,可以在自然、树林、花海、日本的奥义……中找到。"②或在白天的特殊时刻(洛尔卡、福克纳),或在将要发生的事件中,或者在更多地期盼已经发生的事情中,或者在身体的姿态中,或者在舞蹈的动作中——语言延伸到绘画、音乐,音乐和绘画就在语言之中,它们仅仅属于语言。

语言是一个异质性的群组,作为与语言共存的自由间接引语,被调制的和改变的变量,贯穿语言的张力或延伸,外在于语言的抽象线条——恐怕我或许把帕塞洛尼的著作弄得太抽象了。读者也许会发现,在帕塞洛尼考察的各种不同的案例中,这本书是多么的具体。事实上,这就是对一个艰涩概念的最新的也是绚丽多彩的分析:这个概念就是风格。

---

① *Le Bruit du temps*, Lausanne: L'Age d'Homme, p.77.
② Marc Hanrez, *Céline*, Paris: Gallimard, 1969, p.219.

五十八、序言：时间的速度[①]

埃里克·阿里耶（Eric Alliez）并没有打算解释时间的概念，甚至没有分析时间的结构。他写的是时间的**导向**(conduites)。我们或许可以说，思想只能通过几种不同的速度来把握时间，事实上，速度成为时间的导向，如同我们可以根据不同的可以识别的环境来更换移动的速度。此外，我们在不同环境下，在不同的时间段上（这些时间段与历史时间和时间的思想有关），从一种导向变成另一种导向。简言之，时间有多重导向，每一种导向都有多种速度。在每一种导向中，一些速度变成了奇异的、异常的、几乎病态的速度。但在下一个导向中，这些速度会变成正常速度，或找到之前没有的新节奏。这就是将深刻的节奏带入到思想之中，与事物和社会保持关联，或许这就是启发了阿里耶著作的东西。例如，我们已经读到了那些分析宇宙（Cosmos）和魔域（Mundus）之间历史区分和理智区分的十分精彩的篇章。

将时间的导向当作世界扩张运动的数量。显然，速度改变依赖于所考察的流动和运动的本质。时间将依赖于时间

[①] 编者加的标题。本文是为埃里克·阿里耶的《资本时间：征服时间的叙事》(*Les Temps capitaux: Récits de la conquête du temps*, Paris: Editions du Cerf, 1991, p. 7-9)所写的序言。阿里耶诞生于1957年，他是加塔利的好友，也是德勒兹的学生。埃里克·阿里耶坚持让德勒兹担任他在巴黎八大的博士论文的导师。《资本时间》一书重述了德勒兹的许多观点。

的完美流动、物质的重量，以及将物质运动还原为循环结构的原初之物和衍生之物。根据物质是遭遇偶然事件还是线性事件，时间也会发生错位。异常时间会被消解，成为更笔直的、更独立的、与其他速度相抽离的时间，有时候，时间会轻舞飞扬，或一落千丈。计量学不正是将这种时间带入事物之中吗？货币和"理财学"不正是将这种时间带入共同体之中吗？

毫无疑问，世界拥有一种精神，而这种精神本身就是一个世界。但它将思想变成一种明确的时间，这种时间就是精神强烈运动的整数值。这是带有不同速度的时间的新导向。原初时间是精神所展现出来的综合，这种精神在任何时候都会区分出过去、现在、未来。时间的分化意味着精神的双重运动，一方面它走向随后发生的事情（进程），另一方面它回溯到之前的事情（折算）。这种导向与其说是球形运动，不如说是螺旋运动。我们可以说时间在观念上流逝了，正如光的流逝一样（离开一个时刻的强度值或零距离），而在回溯到源头时可以不断地来把握住它的流逝。与它的距离越趋近于零，速度就变化得越快，流逝也越来越变成真实：一旦螺旋线消逝在泡沫之中，新的异常时间就形成了，这是一种源于无法再被折算的膨胀的时间。

或许我们应该颠倒一下次序，从抵达源头的衍生线开始，它使用了一种不同的导向，其强度变成一种意向。它重新恢复了异常，在某种程度上，罪恶建立了膨胀、转移、异轨（détournement）的时间。制定一个回溯到源头的"意向"的可能性依赖于新的速度，它能安排精神的各种能力，并赋予它们新的节奏：不仅仅是记忆的节奏，也是感知、想象和理解的节奏。新的异常会产生什么？

哲学史就是螺旋式的旅行。阿里耶的著作的原创性就在于，他说明了在旅行的每一个阶段上的导向和速度的变化。旅行有个临时的地平：康德的时间。他并不是把康德的时间当作某种可以预测的东西，或者当成一个目标，而是看成一根线条，一开始我们只能看见这根线条流逝的点滴和碎片，它只有在最后才能揭示出自己。纯粹的时间线成为一根独立的线条……时间摆脱了它对所有扩张运动的依赖，这些运动不再决定对象，而只是描述空间。我们必须抽离于这样的空间，去发现作为行动条件的时间。时间同样不依赖于灵魂的强度运动。相反，意识在某一刻上的强度值的产生依赖于时间。通过康德，时间不再是原初的或衍生的，它变成了一个刻画出我们自己的内在性的纯粹形式，在抛弃了形成时间的变化不定的振动之后，我们分裂了我们自己。由于将时间作为一个无法跨越的异常，时间的综合改变了它的意义。"脱轨的时间"：难道这就是一个新的城市，仅仅参照日常生活瞬间的新的线性时间的兴起？阿里耶从来不会分离思想、事物和共同体的各个过程（如农村社区、商业城镇、帝国、城邦、国家）。或者事物、社会、思想被纳入一个过程当中，如果没有这个过程，导向和速度就会一直任意武断下去。他的书的力量就是发现和分析了这些扩张、强度化、资本化、主体化的过程……这些过程就是时间的历史的前提条件。

五十九、海湾战争：一场卑鄙的战争[①]

这场战争是卑鄙的。难道美国人真的相信他们可以发动迅速而精准的战争，而没有任何无辜的受害者吗？或者说难道他们将联合国当作摆设，让他们自己有时间去准备，并煽动发动一场灭绝战争的公众意见吗？在解放科威特的借口下推翻萨达姆·侯赛因（他的制度和他的军队），美国人正在摧毁一个国家。在打击战略目标的借口下，他们用大轰炸杀死平民，远离前线的通讯设施和桥梁道路被摧毁了，历史遗迹遭到毁灭性的威胁。五角大楼今天正在下达命令。这是一个测试自己武器的国家恐怖主义的分支机构。冲击波和火焰炸弹点燃了空气，并烧死了地下防空洞里的人：他们就是用来行动的化学武器。

我们的政府的措辞依然漏洞百出，他们冲入一场他们有实力反对的战争之中。布什总统感谢我们充当了他们忠实的奴仆。

我们的最高目标是承担一场战争，以便我们有权利参与和平会议……几个新闻记者将自己视为美国的士兵，并与热情洋溢而犬儒十足的宣言相抗争，并没有人向他们问及这些

[①] 与热内·谢雷合著，原题为《卑鄙的战争》，发表于1991年3月4日的《解放报》的第11版。他们所指的海湾战争是1991年1月16日由美国发动的针对伊拉克的第一次海湾战争。

宣言。我们看到，有这样一些人，他们并不希望远离这场战争，并认为和平的希望是一场灾难。许多知识分子的沉默令人感到不安。难道他们真的相信联合国同意授权这场战争？以色列突然发现了联合国的好处，甚至当它认为任何和平会议都会将巴勒斯坦人纳入等同于纳粹"终极解决"的方案之下时，有谁相信新建立的以色列是纯洁的？如果不通过各种努力（法国尤其没有参与到努力当中）来阻止这场战争，那么中东会公然遭到奴役，而且美国的霸权威胁将没有任何与之抗衡的力量。如果无法阻止这场战争，欧洲的复杂性以及社会主义的否定意愿的逻辑会再一次冲击我们自己政府的良心。

六十、我们发明了迭奏曲[1]

迪迪耶·埃里蓬(Didier Eribon):你的哲学定义太挑衅了。难道你没有考虑过,坚持恢复传统上留给哲学的特权会遭到批评吗?

德勒兹:我曾思考几个不那么挑衅的哲学定义——自我认识、好奇、反思、正确的思考……这些定义都不太挑衅,因为它们太过模糊,不能界定明确的界域。我将哲学界定为创造概念。我们的责任就是说明科学在其自身的立场上,是通过功能而不是通过概念来起作用。但哲学并没有从此获得特权。概念并不优先于功能。

埃里蓬:我问你这个问题,是因为你将哲学与科学艺术对立起来,尽管并不是与人文科学相对立。例如,你的书基本上不谈历史问题。

德勒兹:我谈过很多历史。这恰恰是生成不同于历史的地方。在二者之间有许多关联和对应。生成在历史中开始,并回归历史,但它并不是历史。历史的对立面是永恒,而不是生成。历史考察某些功能,历史事件按照这些功能展开。但就超越其展开过程的事件而言,这就是作为概念实质的生

---

[1] 由迪迪耶·埃里蓬主持的与德勒兹和加塔利的访谈,最先发表在《新观察》的1991年9月12—18,p.109—110。访谈的缘由是德勒兹和加塔利刚刚出版了《什么是哲学?》(*Qu'est-ce que la philosophie?*, Paris: Editions de Minuit, 1991)。

成。生成总是哲学的任务。

埃里蓬：在将哲学界定为创造概念的过程中，你尤其攻击了这样的观念，即哲学是或者应当是一种"交流"。难道你攻击哈贝马斯和他的"交往行动"理论吗？

德勒兹：我们并不是攻击哈贝马斯或其他人，哈贝马斯并不是唯一喜欢将哲学指向交往的人。这是一种交往伦理学。哲学最初将自身思考为沉思，这个观念有一些伟大的著作，如普罗提诺的著作。随后将哲学理解为反思，如康德的著作。然而，在两者那里，对概念的沉思或反思都得创造概念。我们并不能确定交往已经找到了一个好的概念，一个真正批判性的概念。无论是"一致同意"还是理查德·罗蒂的"民主对话的规则"都无法创造出一个概念。

埃里蓬：与交往的概念或作为对话的哲学相反，你提出了"思想的形象"，随后你将这个概念整合到更宏大的框架之中。这就是你所谓的"地理-哲学"。这一章是你著作的最核心的章节。它既是一种政治哲学，也是一种自然哲学。

德勒兹：这就是为什么说哲学在古希腊城邦中兴起，并在西方资本主义社会中持续下来。但这些理由太过偶然，理性原则就是偶然理性之一，它不是必然理性。这是因为社会形态就是内在性的温床，它将自身表象为"朋友"的社会（竞争、斗争），这样就促进了意见的产生。这三个基本特征只能界定哲学的历史条件。生成的哲学与它们有关，但不可能还原为它们。其本质不同。它会不停地追问它自己的前提。如果地理-哲学很重要，这是因为思考并不是发生在主体和对象的范畴上，而是发生在与领土和大地的变量关系上。

埃里蓬：在这种"地理-哲学"中，你呼唤着"革命"哲学家，并呼唤着"革命"的必然性。这种潜在的革命宣言或许与当下的气候有点格格不入。

德勒兹：当下的政治状况非常混乱。人们搞不清楚对自由的诉求和对资本主义的追求。一个非常可疑的说法是，资本主义的快乐足以解放人民。社会主义在欧洲的失败就是许多人的谈资，但没有人看到资本主义全球化的失败，尽管血腥的不平等已经限制了市场，有很多人被资本主义全球化所排斥。美国革命在苏联革命之前就失败了。革命情况和试验都是由资本主义自己来实施的，不幸的是，它也没有消失的迹象。哲学仍然与革命性的生成紧密相连，它与革命史已经没有太多瓜葛。

埃里蓬：让我感到震惊的是你的书中的一件事：你说哲学家并不是在讨论中出现的。哲学家的创造性行为只能在与世隔绝中出现。这彻底打破了传统上对哲学家的表述。难道你相信在与朋友的讨论中就不会出现哲学家吗？那么读者呢？

德勒兹：理解某人想说些什么，已经是非常困难的事情了。讨论只是一个所有人用来炫耀自己的自恋的练习。很快，你就无法理解正在讨论中的东西了。但更困难的是，判定一个特殊命题对应的问题。现在，如果你理解了某人提出的问题，你就不想去讨论它：要么你提出同样的问题，要么你决定提出另一个问题，继续先前的那个方向。你如何对于一个没有共同来源的问题进行讨论？当你有了共同来源的问题时，你在那里要说些什么？你已经对你提出的问题给出了答案。对于不确定的问题，讨论就是浪费时间。对话完全是另一回事。我们需要对话。但最浅层次的对话都是一个伟大的发生在两个有着共同来源和有着简略与简洁表达的共同品味的人之间的精神分裂症实验。对话充满着长期的沉默，它可以给你观念。但讨论在哲学工作中没有地位。"让我们讨论讨论"的说法是一种很恐怖的行为。

埃里蓬:在你的看法中,哪些概念是二十世纪哲学家创造出来的?

德勒兹:柏格森用来很奇怪的词"绵延",因为他并不想将之与生成混淆。他创造了一个新概念。对于记忆来说也是一样,他将记忆理解为过去的诸多层的共存。或者生命的冲动(élan vital),这是他关于差分化的概念。海德格尔创造了新的存在概念,其两个主要元素是遮蔽与去蔽。有时候,一个概念需要一个神奇的词语,带着痴狂的词源学,有时候需要一个当代的词汇,但很长时间才会有所回应。当德里达用字母"a"创造了新词"延异"(différance)时,他也十分清楚地提出了一个新的差异概念。在《知识考古学》中,福柯创造了言说的概念,这个词不能与短语、命题、言说-行为等混淆。概念的首要特征就是对事物进行重新分配。

埃里蓬:说说你自己,你认为你创造了哪些概念?

德勒兹:你知道迭奏曲吗?我们创造了哲学上的迭奏曲的概念。

六十一、纪念菲利克斯[①]

(董树宝 译)

直至最后,我和菲利克斯的工作对我来说都是发现与快乐的源泉。不过我不想谈我们一起撰写的著作,而想谈谈他独自撰写的著作。因为,在我看来,他的著作是一笔用之不尽的财富。这些著作横贯了它们开启创造之路的三个领域。

首先,在精神病学领域,菲利克斯从建制性分析的角度引进了两个主要的观念:主体群体和横贯的(非等级化的)关系。人们注意到这些观念是政治的,也是精神病学的。因为作为精神病现实的谵妄是一种直接萦绕着社会政治领域的潜能,远非局限于精神分析的爸爸-妈妈,谵妄使大陆、种族和部落漂移。同时谵妄是有待治疗的病理学过程,但也是以政治的方式加以确定的治疗因素。

其次,菲利克斯或许渴望一种系统,其某些部分可能是科学的,其他部分可能是哲学的、生活的或艺术的……

菲利克斯达到了一个包含科学功能、哲学概念、生活经验、艺术创造之可能性的奇特层次。恰恰这种可能性本身是同质的,而种种可能发生的东西是异质的。因此就有了《精神分裂分析制图学》[②]所构建的四象限的奇妙系统——"界域、流、

[①] 发表于《喀迈拉》(Chimères)杂志 1992—1993 年的冬季号,p.209—210。这篇文章写于 1992 年 8 月 29 日菲利克斯·加塔利逝世之后。

[②] Félix Guattari, *Cartographies schizoanalytiques*, Paris: Galilée, 1989.

机器与宇宙"。最后,如何完全不受菲利克斯的某些艺术分析的影响——关于巴尔蒂斯(Balthus)、弗洛芒热(Fromanger)的分析,或他的文学分析,例如论普鲁斯特的叠歌功能的基本文本(以樊特伊的短句喊出的商人的叫卖声),或者论热内(Genet)和《爱的囚徒》(*Captif amoureux*)的悲怆文本。

菲利克斯的著作有待发现或有待重新发现。这是让菲利克斯活着的最好方式之一。在对亡友的回忆中,令人心碎的是那些还让我们感动的、即便他去世后我们有时仍想起的姿态和目光。菲利克斯的著作向这些姿态和目光提供了能够传递它们的力量的新实体、新对象。

六十二、内在性：一个生命……[①]

什么是超验领域？它区别于经验领域，在某种程度上，它不指向任何对象，也不属于任何主体（经验性表达）。这样，它是纯粹的非主观的意识流，是一种非人格的意识，或者说是没有自我的意识的质性绵延。奇怪的是，我们可以发现，可以用直接的给予物来定义超验，但我所使用的超验的经验主义（empirisme transcendantal）不同于塑造了主体和对象的世界上的一切东西。在这样的超验的经验主义之下，存在着某种原始而强大的东西。当然，它并不是感觉的元素（单纯的经验主义），因为感觉只是在绝对意识的连续流中切下了一个切片。相反，它是从一个感觉到另一个感觉的过程，无论这两个感觉多么相近，它是生成，是权力（潜在的量）的增长或衰减。难道我们必须按照没有对象也没有自我的纯粹的直接意识来界定超验领域，将它界定为一个没有开头也没有结尾的运动吗？（即便斯宾诺莎也是在意识基础上来概括这个过程，概括力量的数值。）

但超验领域与意识的关系仅仅是概念性的。唯有当主

[①] 最初发表于《哲学》（*Philosophie*）杂志的 1995 年 9 月号，n°47，p.3—7。这是德勒兹在他 1995 年 11 月 4 日自杀之前公开发表的最后一篇文章。这篇文章的姊妹篇曾出现在《对话集》第二版的附录中（与克莱尔·巴尔内合作）。这都属于一个题为"集合与多样性"的计划。德勒兹希望充实他的潜在概念，他认为自己之前对这个问题研究相对较少。

体与它的对象一起被生产出来，意识才能成为一个事实，而主体及其对象都外在于这个领域，即它们都是作为"超越项"（transcendant）被给定的。另一方面，只要意识以无限的速度穿透了超验领域中的离散的各处，那么意识就绝无可能被揭示出来。① 事实上，只能通过一个指向其对象的主体，意识才能表达它自身。这就是为什么说不能用意识来界定超验领域，意识并非与超验领域共存，意识逃避了揭示。

超越项并不是超验之物。没有意识，超验领域可以被界定为纯粹内在性平面，因为它逃离了所有的超越性，包括主体和对象②。绝对的内在性就是自在存在（en elle-même）：它不在其他东西之中，也不归属于任何东西，它不依赖于一个对象或属于一个主体。在斯宾诺莎那里，内在性并不内在于一个实体，相反，实体及其样态都在内在性之中。无论何时，一旦内在性被归属于主体和对象，它们本身就会滑出内在性平台之外，主体被当成普世主体，而对象成为任意对象，我们看到超验之物失去了本性，现在它仅仅表达的是双重经验（这就是在康德那里发生的事情）。我们看到了内在性的扭曲，现在，它被囊括在超越项当中。内在性不可能回溯到作为优先于其他事物的统一体的大写对象（Objet）那里，也不能回溯到作为让诸多事物综合的行为的大写主体（Sujet）那里。唯有当内在性仅仅内在于自己的时候，我们才能谈论内在性平台。超验领域不可能由意识来界定，而内在

---

① 柏格森在《材料与记忆》中说过："我们若反映了从表面射出的光，那么光就是自我传播的，它不需要被揭示"。*Œuvres*, PUF, p.186.

② 参看萨特的《自我的超越性》：萨特提出另一种无主体的超验领域，指向非人格的、绝对的、内在意识的超越领域，相对于这种意识，主体与对象都是"超越项"。对于詹姆斯的讨论，可以看看大卫·拉普雅德（David Lapoujade）的《威廉·詹姆斯的意识的强度流》（"Le Flux intensif de la conscience chez William James", *Philosophie*, n°46, juin 1995）。

性平台也不可能用一个包含它的大写主体和大写对象来界定。

我们所谈的纯粹内在性就是大写的生命(UNE VIE)。它并不是内在于生命，而是不属于任何东西的内在性就是生命。生命就是内在性的内在性，绝对内在性：它是彻底的权力，最完善的至福。在某种程度上，费希特在其晚期的哲学著作中克服了主体和对象的谜题，将超验领域表达为一个生命，一个不依赖于存在也不从属于行动的生命，它是一种绝对直接的意识，它的行为并不指向任何存在物，而是不断地在生命之中奠基①。于是，超验领域变成了真正的内在性平面，重新将斯宾诺莎引入到哲学最基本原理之中。事实上，当梅恩·德·比朗(Maine de Biran)在超验之下发现了绝对和内在的生命时，在他的"晚期哲学规划"(这个规划太过全面，而无法很好地完结)中，难道不是发生了类似的事情吗？超验领域是由内在性平台和生命之下的内在性平台来界定的。

什么是内在性？一种生命……没有人能比查尔斯·狄更斯更好地说清楚生命是什么，狄更斯将一篇不太明确的文章作为超验之物的索引。遭到所有人蔑视的一个恶棍、一个坏蛋，被人发现处于死亡的临界点上，突然，那些受过他的关照的人急着救他，他们尊重甚至稀罕这个将死之人的最后残留的生命气息。所有人都竭尽全力去救他。最后，这个坏蛋自己，在深度晕厥之中，感受到了某种柔软而甜蜜的东西穿透了他的灵魂。但一旦他恢复过来，他的恩人们又再次对他

---

① 参看《科学原理》(*Doctrine de la science*)第二篇导论："纯粹行为的直观没有任何可确定的东西，它是一个过程，它不是存在物，而是生命。"(*Œuvres choisies de philosophie première*, Vrin, p.274)费希特关于生命的讨论，可以参看《幸福生命的邀请》[*Initiation à la vie bienheureuse*, Aubier, 圭卢勒(Gueroult)的评论, p.9]。

六十二、内在性：一个生命……

表示冷漠,他自己再次回到了他的恶棍习气和卑鄙行径。在生与死之间,有那么一个时刻,生命与死亡一起游戏①。个人的生命让位于非人格的独特的生命,它奠基了一个从内在和外在生命的偶然事情中,即从主观性和客观性下解放出来的纯粹事件,变成了一个"**纯粹的人**"(homo tantum),人们都会对它表示同情,"纯粹人"变成了一种至福,或一种在此性(hecceité),它不再是个体化,而是独特化,一种纯粹内在性的生命,中立的、超善恶的生命,因为只有在事物之中道成肉身的主体才能让其或好或坏。这样的个体性的生命被独特的人的内在性生命所消除,他再也没有名字,尽管他可以混同于任意的他者。一个独特的本质,一个生命……

不过当个体生命面对普遍性的死亡的时候,在那一刻生命不会封闭。一个生命存在于任何地方、任何时候,活生生的主体贯穿了那个时刻,可以用经验到的对象来衡量那个时刻,内在性的生命承载着事件或独特性,而事件或独特性只能在主体和对象中得到实现。这种不明确的生命本身并不拥有一个时刻,然而,无论它多么紧凑,都只能处于时间之间、时刻之间。它并没有抵达,也不会随后而至,它只展现出在直接意识的绝对性之下,人们看待即将来临事件或业已成为过去的事件的空洞时间的广度。在勒讷-奥勒尼亚(Lernet-Holenia)的小说中,他将事件定位在之间的时间之中,这个之间的时间可以吞噬掉整个内容。独特性和事件构成了一个与生命相对应的事实共存的生命,但它们的安排和布局并不一致。它们以完全不同于个体的方式彼此关联。仿佛独特的生命根本不需要任何个体,甚至不需要任何让生命得到个体化的与之伴生的任何事物。例如,婴儿彼此都很

---

① Dickens, *L'Ami commun*, Ⅲ, ch.3, Pléiade.

像,很难分出各个个体,但他们都是独特的,一个笑容、一个姿态、一个鬼脸,这些事件都不是主观特征。婴儿被内在性生命所穿透,那是一种纯粹的力量,在孱弱或受难的时候,他们获得了至福。生命的不确定性并没有明确的规定,在某种程度上,它们占据了一个内在性的平台,或者说它们等于是一回事,在某种程度上,它们构成了超验领域的基本元素(然而,个体生命仍然与经验上的规定密不可分)。这样的不确定性并不是经验上的不明确性的标志,而是内在性的规定或超验上的可确定性。不定冠词并不是不具备独特规定的人的不确定性。一(un)并不是超越项,这些超越项可以包含内在性,但内在项(immanent)包含在超验领域当中。一并不总是多样性的指标:一个事件、一个独特性、一个生命……总是会出现一个超越项,它外在于内在性平台,或者将内在性平台还原为它本身。然而,所有的超越性都只能在专属于内在性平台的内在意识流中来建构①。超越性通常就是内在性的产物。

  一个生命只包含潜在物(virtuels)。它是由潜在性、事件、独特性组成的。我所谓的潜在物并不是缺少实在性的东西。相反,潜在物会进入实在化的过程中,根据它所在的平台,潜在物获得了它特有的实在性。内在性事件在具体的事物状态和鲜活的经验状态中得到了实现,这些状态产生了事件。内在性平台本身就是在对象和主体中实现的,内在性将自身归为对象和主体。但是,一个可分的对象和主体或许来自内在性平台的实现,而内在性平台本身是潜在的,因为设

---

  ① 甚至胡塞尔会说:"世界的存在必然超越于意识,即便在最原初的意义上,它也必然超越意识。但这并不会改变如下事实,即所有的超越性都是在意识的生命中建构起来的,正如它与这种生命存在着密不可分的关联……"(*Méditations cartésuennes*, Vrin, p.52)这就是萨特的文章的出发点。

定内在性平台的事件是潜在的。事件或独特性为内在性平台带来了完全的潜在性。事件被视为一个未被现实(不明确)的东西,它并不缺少任何东西。我们足以将事件与它的伴生物关联起来:超验领域、内在性平台、生命、独特性。在事物状态和鲜活的经验状态中道成肉身或实现的就是创伤(blessure)。然而,创伤本身就是赋予我们生命的内在性平台上的纯粹的潜在物。我的创伤在我之前就已经存在着了……①创伤的超越性并不是更高阶的实现,而是创伤的内在性就是一个环境(领域或平台)下的潜在性。一边是界定了超验领域的内在性的潜在物,另一边是实现它们并将它们变成某种超越项的可能形式,这二者之间有着霄壤之别。

---

① Joe Bousquet, *Les Capitales*, Le Cerrcle du livre.

总文献目录（1975—1998 年）

这篇文献目录是由提摩太·S. 墨菲编订的，略微有些增加和修改。每一篇文章我们都会标明它在哪本书中经过了修订和再版。那些没有收录在任何作品中、包括没有收录在本书内的文章，我们会在前面标上星号。这里不包括任何讲座或声音记录的誊写稿。也不包含那些插到文章中的对话短篇，以及那些不允许出版的文本。

1975 年

《两种疯狂体制》收录于阿尔曼多·弗蒂格里奥尼主编的《精神分析与符号学》（*Psychanalyse et sémiotique*，Paris，10/18，1975，p. 165 - 170）。

《分裂症和社会》收录于《环球百科全书》（*Encyclopedia Universalis*，vol. 14，Paris：Encyclopaedia Universalis，1975，p. 692 - 694）。

《普鲁斯特圆桌会议》由德勒兹与罗兰·巴特、塞尔日·杜博洛夫斯基、吉拉尔·热奈特、让·里卡杜、让-皮耶尔·理查德合著，本文收录于《马塞尔·普鲁斯特手册》（*Cahiers Marcel Proust*）新系列的第 7 期（Paris：Gallimard，1975，p.87 - 116）。

《论巴黎八大精神分析系》由德勒兹与利奥塔合著,参见《现时代》(*Les Temps moderns*)1月号,p.862—863。

《作家无:新制图学者》("Écrivain non: un nouveau cartographe")发表于《批判》(*Critique*)杂志1975年12月号,n°343,p.1207—1227。修订的版本收录于《福柯》(*Foucault*, Paris: Éditions de Minuit, 1986)。

1976 年

《语言学的未来》收录于亨利·葛巴的《语言学的异化》(*L'Aliénation linguistique*, Paris: Flammarion, 1976, p.9-14)。

《关于〈6×2〉的三个问题》("Trois questions sur *Six fois deux*"),发表于《电影手册》(*Cahiers du Cinéma*),n°271, p.5—12。修订版收录于《访谈录》(*Pourparlers*, Paris: Éditions de Minuit, 1990)。

《吉尔·德勒兹沉迷于〈厌女症〉》收录于《文学半月报》(*La Quinzaine littéraire*)1976年3月号,n°229,p.8—9。

《〈意义的逻辑〉意大利文版作者笺注》收录于《意义的逻辑》(*Logica del senso*, Milan: Feltrinelli, 1976)。由阿尔曼多·弗蒂格里奥尼翻译为法文。

1977 年

《精神分析四论》收录于《精神分析与政治》(*Psychanalyse et politique*, Alençon: Bibliothèque des mots perdus, 1977, p.12-17)。

《言说的解释》由德勒兹与加塔利、克莱尔·巴尔内、安德烈·斯卡拉合著。本文收录于《精神分析与政治》

(*Psychanalyse et politique*, Alençon：Bibliothèque des mots perdus，1977，p.18－33）。

《社会的兴起》是写给雅克·董泽洛的《家庭治安》(*La Police des familles*，Paris：Éditions de Minuit，1977，p.213－220）一书的后记。

《犹太富人》最初发表在1977年2月18日的《世界报》(*Le Monde*)的第26版上。

《论新哲学家,以及一个更一般的问题》是午夜(*Minuit*)杂志1977年5月的第24期上的附录。

《欧洲错误的道路》发表在1977年11月2日的《世界报》的第6版上。

1978 年

《药品二问》收录于弗朗索瓦·夏特雷、德勒兹、埃里克·热奈瓦、加塔利、鲁道夫·安戈尔德、努马·缪萨尔、克劳德·奥利文斯坦合著的《药品上瘾的问题在哪里?》(*Où il est question de la toxicomanie*，Alençon：Bibliothèque des mots perdus，1978）。

《尼采与圣保罗,劳伦斯与拔摩岛的约翰》("Nietzsche et Saint Paul, Lawrence et Jean de Patmos")收录于D. H. 劳伦斯(D. H. Lawrence)的《启示录》(*Apocalypse*，Paris：Balland-France Adel，p.7－37）。修订后的版本收录于《批判与诊断》(*Critique et clinique*，Paris：Éditions de Minuit，1981）。

《斯宾诺莎和我们》("Spinoza et nous")发表于《综合评论》(*Revue de Synthèse*，Ⅲ，n°89－91，1978年1—9月，p.271－278）。修订后的版本收录于《斯宾诺莎的实践哲学》

(*Spinoza，philosophie pratique*，Paris：Éditions de Minuit，1981)。

《哲学与少数派》发表于《批判》杂志1978年2月号，n° 369，p.154—155。修订后的版本收录于《千高原》(*Mille Plateaux*，Paris：Éditions de Minuit，1980)。

《搅局者》发表在1978年4月7日的《世界报》第2版上。

《痛楚和身体》发表在1978年10月13日的《世界报》第19版上。

《让本身无法听到的力量被听见》发表于法国音响音乐研究所(IRCAM)的一次综合会议上。

1979年

《哲学何以对数学家或音乐家有用》收录于德勒兹、雅克琳·布吕奈、贝尔纳、卡桑、弗朗索瓦·夏特雷、皮耶尔·梅兰、玛德琳娜·雷碧雄合著的《八大和学习之愿》(*Vincennes ou le désir d'apprendre*，Paris：Editions Alain Moreau，1979)。

《致奈格里的法官的公开信》发表于1979年5月10日的意大利的《共和报》(*La Repubblica*)的第1版和第4版。

《这本书就是清白的文字证据》发表于1979年12月13日的《巴黎晨报》(*Le Matin de Paris*)的第32版。

1980年

《八年以后：1980年访谈》发表在《拱顶》(*L'Arc*)杂志上(1980年第49期，p.99—102)。

*《为什么到那里?》("Pourquoi en être arrivé là?",德勒兹与夏特雷合著)发表于 1980 年 3 月 17 日的《解放报》(*Libération*)的第 4 版。

*《为了研究的使命》(" Pour une commission d'enquête",德勒兹与夏特雷和利奥塔合著)发表于 1980 年 3 月 17 日的《解放报》的第 4 版。

《〈千高原〉并不会成为一座山,它开启了千条哲学道路》("*Mille plateaux* ne font pas une montagne, ils ouvrent mille chemins philosophiques")由德勒兹与克里斯蒂安·德斯冈(Christian Descamps)、迪迪耶·埃里蓬、罗伯特·马乔里(Robert Maggiori)合著,发表于 1980 年 10 月 23 日的《解放报》的第 16—17 版。修订后题目改为《论〈千高原〉》,收录于《访谈录》(*Pourparlers*, Paris：Éditions de Minuit, 1990)。

1981 年

《画出哭泣》("Peindre le cri")发表于《批判》杂志 1981 年 5 月号,n°408,p.506—511。后收录于《弗朗西斯·培根：感觉的逻辑》(*Francis Bacon*：*Logique de la sensation*, Paris：Éditions de la Différence, 1981)。

《点燃了写作的绘画》是德勒兹与埃尔维·圭贝尔的访谈,发表于 1981 年 12 月 3 日的《世界报》的第 15 版。

《〈曼弗雷德〉：一个特别的重生》收录于卡尔梅洛·贝内的《奥泰罗或女性的不足》(*Otello o la deficienza della donna*, Milan：Feltrinelli, 1981, p.7-9)。由让-保罗·曼伽纳罗翻译为法文。

1982 年

《序言》收录于安东尼奥·奈格里的《野蛮的异端:斯宾诺莎的力和权力》(*L'Anomalie sauvage*: *puissance et pouvoir chez Spinoza*, Paris: PUF, 1982, p.9 - 12)。

《巴勒斯坦的印第安人》是德勒兹与埃里亚斯·桑巴尔的访谈,发表于1982年5月8日的《解放报》的第20—21版。

《致宇野邦一,论语言》发表在日本的《现代思想》(げんだいしそう)杂志的1982年12月号上,p.50—58。

《展现根茎诗学》("Exposé d'une poétique rhizomatique",德勒兹与宇野邦一合著)发表在日本的《现代思想》杂志的1982年12月号上,p.94—102。修订后的版本收录于《千高原》(*Mille Plateaux*, Paris: Éditions de Minuit, 1980)。

1983 年

《抒情抽象》("L'abstraction lyrique")发表于《国际变革》(*Change international*)杂志,n°1, p.82。修订版收录于《电影1:运动-影像》(*Cinéma 1: L'image-mouvement*, Paris: Editions de Minuit, 1983)。

《英文版序言》收录于德勒兹《尼采与哲学》(*Nietzsche and Philosophy*, trans. Hugh Tomlinson, New York: Columbia University Press, 1983, p.ix - xiv)。

《摄影已经在事物中被画出》("La photographic est déjà tirée dans les choses"),发表于《电影手册》1983年10月号,n°352, p.35—40。修订版收录于《访谈录》(*Pourparlers*,

Paris：Éditions de Minuit，1990）。

《〈电影1〉首次登场》是德勒兹与塞尔日·达内的访谈，发表于1983年10月3日的《解放报》的第31版。

*《木匠哲学家》（"Le Philosophe menuisier"，德勒兹与迪迪耶·埃里蓬的访谈）发表于1983年10月3日的《解放报》的第30版。

《作为电影观众的哲学家的肖像》是德勒兹与埃尔维·圭贝尔的访谈，发表于1983年10月6日的《世界报》的第17版。

《戈达尔与里韦特》（"Godard et Rivette"）收录于《文学半月报》（La Quinzaine littéraire）1983年11月号，n°404，p.6—7。修订版收录于《电影2：时间-影像》（Cinéma 2: L'Image-temps，Paris：Editions de Minuit，1985）。

《今天的和平主义》是德勒兹与让-皮耶尔·邦贝热的访谈，由克莱尔·巴尔内记录，首次发表于《新文学》1983年12期，p.15—21。

1984年

《1968年的五月风暴不曾发生》由德勒兹与加塔利合著，发表于《新文学》1984年5月号，3—9，p.75—76。

《致宇野邦一：我们如何以二的方式进行工作？》发表在日本的《现代思想》杂志的1984年9月号上，p.8—11。

《阿拉法特的重要性》发表于《巴勒斯坦研究评论》1984年冬季号，n°10，p.41—43。

*《保卫一种不可分割的政治避难权》（"Pour un droit d'asile politique un et indivisible"）由德勒兹与夏特雷和加塔利合著，发表于《新观察》1984年10月19日，n°1041，p.18。

1985 年

《内在性区域》收录于安妮·卡泽娜芙和让-弗朗索瓦·利奥塔主编的《边界之弧:莫里斯·德·孔狄亚克的献词》(*L'Art des confins, Mélanges offerts à Maurice de Gandillac*, Paris: PUF, 1985, p.79-81)。

《代言人》("Les intercesseurs")是德勒兹与安特瓦尼·杜劳尔(Antoine Dulaure)和克莱尔·巴尔内的访谈,发表于《他刊》(*L'Autre Journal*)1985 年 10 月号, n°8, p.10—22。修订版收录于《访谈录》(*Pourparlers*, Paris: Éditions de Minuit, 1990)。

《哲学家与电影》("Le philosophe et le cinéma")是德勒兹与吉尔贝·卡拉索(Gilbert Callasso)和法布里斯·雷沃·达隆尼(Fabrice Revault d'Allones)的访谈,发表于《电影》1985 年 12 月号, n°334, p.2—3。修订之后题目改为《论〈时间-影像〉》,修订版收录于《访谈录》(*Pourparlers*, Paris: Éditions de Minuit, 1990)。

《他曾是人群中的明星》发表于 1985 年 12 月 27 日的《解放报》的第 21—22 版。

*《失去声音的哲学》("La philosophie perd une voix")发表于 1985 年 7 月 8 日的《解放报》的第 34 版。

1986 年

《英文版序言》收录于德勒兹的《电影 1:运动-影像》(*Cinema 1: The Movement-Image*, trans. Hugh Tomlinson & Barbara Habberjam, Minneapolis: University of

Minnesota Press，1986，p.ⅸ-ⅹ)。

《无需计算的占据：布列兹、普鲁斯特和时间》收录于克劳德·萨缪尔（Claude Samuel）主编的《碎片/布列兹》（*Éclats/Boulez*，Paris：Centre Georges Pompidou，1986，p.98-100）。

《乐观主义、悲观主义和旅行：致塞尔日·达内》（"Optimisme，pessimisme et voyage：lettre à Serge Daney"）发表于《电影杂志》（*Ciné-Journal*），《电影手册》出版，p.5—13。修订版收录于《访谈录》（*Pourparlers*，Paris：Éditions de Minuit，1990）。

《最伟大的爱尔兰电影》（"Le Plus grand film irlandais"）发表于《美学评论》，p.381—382。修订版收录于《批判与诊断》（*Critique et clinique*，Paris：Éditions de Minuit，1993）。

《大脑即屏幕》是德勒兹与阿兰·柏伽拉、帕斯卡·伯尼茨、马克·歇伏里、让·拿波尼、夏尔·特松、塞尔日·杜比亚纳等人的访谈，发表在《电影手册》1986年2月号上，n°380，p.25—32。

《知识分子与政治：福柯与监狱》，这是由保罗·拉比瑙和凯特·刚达尔组织的一次访谈，发表在《当代史》1986年的春季号上，p.1—2，p.20—21。

《论凝固的体制》（"Sur le régime cristallin"）发表于《越界》（*Hors Cadre*）杂志，n°4，p.39—45。修改后的题目为《关于想象力的疑问》，收录于《访谈录》（*Pourparlers*，Paris：Éditions de Minuit，1990）。

《拆分事物，拆分词语》（"Fendre les choses，fendre les mots"），这是德勒兹与罗伯特·马乔里的访谈，发表在1986年9月2日的《解放报》的第27—28版上。修改后收录于《访谈录》（*Pourparlers*，Paris：Éditions de Minuit，1990）。

《第三维度上的米歇尔·福柯》("Michel Foucault dans la troisième dimension"),这是德勒兹与罗伯特·马乔里的访谈,发表在 1986 年 9 月 3 日的《解放报》的第 38 版上。修改后收录于《访谈录》(*Pourparlers*, Paris：Éditions de Minuit, 1990)。

《作为艺术作品的生命》("La vie comme une oeuvre d'art")是德勒兹与迪迪耶·埃里蓬的访谈,发表于《新观察》1986 年 9 月 4 日,n°1138,p.68—88。修改时进行了扩充,收录于《访谈录》(*Pourparlers*, Paris：Éditions de Minuit, 1990)。

《可以概括康德哲学的四个诗学表达》("Sur quatre formules poétiques qui pourraient résumer la philosophie kantienne"),发表于《哲学》(*Philosophie*)杂志,n°9,p.29—34。修订版收录于《批判与诊断》(*Critique et clinique*, Paris：Éditions de Minuit, 1993)。

1987 年

《英文版序言》,收录于德勒兹的《对话集》(*Dialogues*, New York：Columbia University Press, 1987, p.vii-x)。

《〈千高原〉意大利文版序言》由德勒兹与加塔利合著。序言收录于《资本主义与精神分裂(卷二):千高原》(*Capitalismo e schizophrenia 2: Mille piani*, Roma：Bibliotheca bibliographia, 1987)。由吉奥乔·帕塞洛尼翻译。

《当声音被带入文本》收录于《国民剧院:阿兰·坎尼的"阅读"》(*Théâtre National Populaire：Alain Cuny "Lire"*, Lyon：Théâtre National Populaire, 1987)。

1988 年

《符号与事件》("Signes et événements")是德勒兹与雷蒙·贝鲁尔和弗朗索瓦·爱华德的访谈,发表于《文学杂志》1988 年 9 月号,n°257,p.16—25。修改后的标题是《论哲学》,收录于《访谈录》(*Pourparlers*,Paris：Éditions de Minuit,1990)。

《巴洛克的标准》("Un critère pour le baroque"),发表于《喀迈拉》杂志,n°5—6,p.3—9。修订后收录于《褶子：莱布尼茨与巴洛克》(*Le Pli-Leibnitz et le baroque*,Paris：Éditions de Minuit,1988)。

《一个哲学概念……》,朱利安·德勒兹将其翻译为英文,并发表在《论题》(*Topoi*)杂志的 1988 年 9 月号上,p.111—112。

《褶子中的思想》("La pensée mise en plis")是德勒兹与罗贝尔·马乔里的访谈,发表于 1988 年 9 月 22 日的《解放报》。修改后的标题是《论莱布尼茨》,收录于《访谈录》(*Pourparlers*,Paris：Éditions de Minuit,1990)。

《福柯,当代的历史学家》("Foucault, historien du présent")发表于《文学杂志》1988 年 9 月号,n°257,p.51—52。(会议提交的论文《什么是装置?》于次年发表)

《石头》,发表在《卡梅尔》(*Al-Karmel*),n° 29,p.27—28。

1989 年

《什么是装置?》收录于《哲学家米歇尔·福柯：国际会

议》(*Michel Foucault philosophe：Rencontre international*，Paris：Seuil，1989，p.185-195)。该文的一部分曾以《福柯，当代的历史学家》为题发表于《文学杂志》1988年9月号，n° 257，p.51—52。

《英文版序言》，收录于德勒兹的《电影2：时间-影像》(*Cinema 2: Time-Image*，Minneapolis：University of Minnesota Press，1989，p.xi-xii)。由休·汤姆林森和罗伯特·伽莱塔翻译为英文。

《后记：巴特比或表达》("Postface：Bartleby ou la formule")，收录于厄尔曼·梅尔维尔(Herman Melville)的《巴特比，魔幻岛，钟楼》(*Bartleby，Les Iles enchantées*，*Le Campanile*，Paris：Flammarion，1989，p.171-208)。修订版收录于《批判与诊断》(*Critique et clinique*，Paris：Éditions de Minuit，1993)。

《里韦特的三个圈》发表于《电影手册》1989年2月号，n° 416，p.18—19。

《马佐赫的再现》("Re-présentation de Masoch")，发表于1989年5月18日的《解放报》第30版。修订版收录于《批判与诊断》(*Critique et clinique*，Paris：Éditions de Minuit，1993)。

《吉尔·德勒兹十分警惕暴力升级》，发表于1989年10月26日的《解放报》。

《致蕾达·邦斯玛娅》("Lettre à Réda Bensmaïa")，发表于《明天》(*Lendemains*，XIV，n°53，p.9)。修改后的标题为《致蕾达·邦斯玛娅：论斯宾诺莎》，收录于《访谈录》(*Pourparlers*，Paris：Éditions de Minuit，1990)。

*《致吉安·马可·曼泰斯萨诺》("Lettre à Gian Marco Montesano")，收录于德勒兹、阿基里·波尼托(Achille

Bonito)、安东尼奥·奈格里主编的《吉安·马可·曼泰斯萨诺:守望天空,1989 年 6 月 21 日》(*Gian Marco Montesano: guardando il cielo, 21 giugno* 1989, Roma: Monti)。

1990 年

《革命成为政治创造》("Le devenir révolutionnaire et les créations politique"),发表于《过去的未来》(*Futur antérieur*), n°1, p.100—108。修订后的标题为《控制与生成》,收录于《访谈录》(*Pourparlers*, Paris: Éditions de Minuit, 1990)。

《后记,论控制社会》("Post-scriptum sur les sociétés de contrôle"),发表于《他刊》1990 年 5 月号, n°1。收录于《访谈录》(*Pourparlers*, Paris: Éditions de Minuit, 1990)。

《问题的条件:什么是哲学?》("Les conditions de la question: qu'est-ce que la philosophie?")发表于《喀迈拉》杂志 1990 年 5 月号, n°8, p.123—132。修订后收录于《什么是哲学?》(*Qu'est-ce que la philosophie?* , Paris: Éditions de Minuit, 1991)。

*《信-序言》("Lettre-préface"),收录于米雷伊·布伊当(Mireille Buydens)的《撒哈拉:吉尔·德勒兹的美学》(*Sahara: l'esthétique de Gilles Deleuze*, Paris: Vrin, p. 5)。

*《致法国政府》("Adresse au gouvernement français"),由德勒兹与皮耶尔·布尔迪厄、哲罗姆·兰登(Jérôme Lindon)、皮耶尔·比达尔-纳奎(Pierre Vidal-Naquet)合著,发表于 1990 年 9 月 5 日的《解放报》。

《在电影中有想法》("Avoir une idée en cinéma"),目的是向让-玛丽·斯特劳布(Jean-Marie Straub)和丹尼厄尔·

于勒(Danièle Huillet)致敬(*Jean-Marie Straub, Danièle Huillet*, Aigremont: Editions Antigone, 1989, p. 63 - 77)。本文的完整版本最早发表于《贸易》(*Trafic*)杂志1998年秋季号, n°27。

1991 年

《回到柏格森》发表于德勒兹的《柏格森主义》(*Bergsonism*, New York: Zone Books, 1991, p. 115 - 118), 由休·汤姆林森翻译。

《英文版序言》, 由康斯坦丁·V. 波恩达斯翻译, 收录于德勒兹的《经验主义与主体性: 论休谟的人性论》(*Empiricism and Subjectivity: An Essay on Hume's Theory of Human Nature*, New York: Columbia University Press, 1991, p. ix - x)。

《序言》收录于埃里克·阿里耶的《资本时间: 征服时间的叙事》(*Les Temps capitaux: Récits de la conquête du temps*, Paris: Editions du Cerf, 1991, p. 7 - 9)。

《序言:新风格主义》收录于吉奥乔·帕塞洛尼的《抽象线——风格的语用学》(*La Linea astratta—Pragmatica dello stile*, Milano: Edizioni Angelo Guerini, 1991, p. 9 - 13)。

《卑鄙的战争》, 发表于1991年3月4日的《解放报》的第11版。

*《制造的秘密:我们俩》("Secret de fabrication: Nous Deux")是德勒兹与加塔利一起接受的迪迪耶·埃里蓬的访谈, 发表于1991年9月12日的《解放报》的第17—19版。

《我们发明了迭奏曲》是由迪迪耶·埃里蓬主持的与德

勒兹和加塔利的访谈,最先发表在《新观察》的 1991 年 9 月 12—18,p.109—110。

1992 年

《评论》("Remarques"),收录在芭芭拉·卡桑(Barbara Cassin)主编的《我们的古希腊人及其现代人:当代人对古代的挪用策略》(*Nos Grecs et leurs modernes：Les Stratégies contemporaines d'appropriation de l'Antiquite*, Paris：Seuil, 1992, p. 249 - 250)。修订后的标题为《柏拉图,古希腊人》,收录于《批判与诊断》(*Critique et clinique*, Paris：Éditions de Minuit, 1993)。

*《穷竭》("L'épuisé"),收录于塞缪尔·贝克特的《游走四边形》(*Quad*, Paris：Éditions de Minuit, 1992)。

1993 年

《纪念菲利克斯》发表于《喀迈拉》杂志 1992—1993 年的冬季号,p.209—210。

《吉尔·德勒兹的信-序言》,收录于让-克雷·马丁的《变奏——吉尔·德勒兹的哲学》(*Variations—La Philosophie de Gilles Deleuze*, Paris：Payot & Rivages, 1993,p.7 - 9)。

1994 年

《英文版序言》,收录于德勒兹的《差异与重复》(*Difference and Repetition*, trans. Paul Patton, New

York: Columbia University Press, 1994, p.xv‑xvii)。

*《康德的物自体》("La chose en soi chez Kant"),发表于《哲学信札》,n°7,p.36—38。

《欲望与快乐》,发表于《文学杂志》1994年10月号,n°325,p.59—65。

1995 年

《内在性:一个生命……》发表于《哲学》杂志的1995年9月号,n°47,p.3—7。

《德勒兹最后文本的摘录》("Extrait du dernier texte écrit par Gilles Deleuze")发表于《电影手册》1995年12月号,n°497,p.28。(摘录于次年发表)

1996 年

《实在与潜在》("L'actuel et le virtuel"),德勒兹与克莱尔·巴尔内合著,收录于《对话集》的第二版(*Dialogues*, Paris: Flammarion, p.177‑185)。

1998 年

《与迪翁尼·马斯科罗通信集》发表于《路线》(*Lignes*)杂志1998年3月号,n°33,p.222—226。

索引

（索引中的页码为原著页码，检索时请查本书边码）

Allen（W.）伍迪·艾伦 203

Alliez（E.）埃里克·阿里耶 176，348，350

Althusser（L.）路易·阿尔都塞 155

Andreotti（J.）安德雷奥蒂 157

Andropov（Y.）安德罗波夫 208

Antelme（R.）罗贝尔·安泰勒姆 305

Antonioni（M.）安东尼奥尼 267，271，330

Arafat（Y.）阿拉法特 181，221，223，224

Aristote 亚里士多德 281

Artaud（A.）阿尔托 19，20，25，26，142，200，346

Aubral（F.）奥布拉尔 128

Baader（A.）巴德尔 135，137

Bach（J-S.）巴赫 301

Bachelard（G.）巴什拉 320

Bacon（F.）弗朗索瓦·培根 167，169，170，171，197

Bakhtine（M.）巴赫金 344

Balthus 巴尔蒂斯 358

Balzac（H.）巴尔扎克 266，344

Bamberger（J.-P.）让-皮耶尔·邦贝热 204，247

Barthes（R.）罗兰·巴特 29，34，40，47，49，53

Bateson（G.）巴特松 24，141，165

Baudelaire（C.）波德莱尔 309

Beckett（S.）贝克特 19，25，134，168，347

Beethoven（L. von）贝多芬 42，273，277

Begin（M.）贝京 147，221

Benda（J.）本达 129

Bene（C）卡尔梅洛·贝内 173，

174

Benoist（J.-M.）拜诺瓦斯特 129

Berg（A.）贝尔格 277

Bergala（A.）阿兰·柏伽拉 263

Bergson（H.）亨利·柏格森 185，276，313，314，315，356，360

Berlinguer（E.）伯林圭尔 157

Bersani（L.）雅克·贝萨尼 29，33，47

Berto（J.）朱丽·贝尔托 195

Bettelheim（B.）布鲁诺·贝特尔海姆 17，83

Binswanger（L.）路德维希·宾斯万格 23，151，315

Blanchot（M.）布朗肖 54，172，198，231，237，248，307，309

Bleuler（E.）布鲁勒 22

Bonitzer（P.）帕斯卡·伯尼茨 263

Borges（J.-L.）博尔赫斯 266

Borgia 波尔吉亚 192

Boucourechliev（A.）鲍科莱契利耶夫 42

Boulez（P.）布列兹 142，145，272，273，274，215，278，279

Boundas 波恩达斯 341

Bousquet（J.）乔·布斯克 363

Brahms（J.）勃拉姆斯 42

Bresson（R.）布列松 203，264，267，269，271，294

Brisset（J.-P.）卜丽塞 65，318

Brunet（J.）雅克琳·布吕奈 152

Brunhoff（S.）布吕诺夫 12

Buffon（G.）布丰 345

Burroughs（W.S.）伯勒斯 20，142，299，323

Bush（G.）乔治·布什 351

Butor（M.）米歇尔·布多 247

Byron（G.）拜伦 174

Canguilhem（G.）康吉莱姆 320

Carroll（L.）刘易斯·卡罗尔 58

Cassen（B.）贝尔纳·卡桑 152

Castaneda（C.）卡斯塔内达 141

Castel（R.）卡斯特尔 78，106，108

Cau（J.）让·考 129

Cavaillès（J.）卡瓦耶斯 247

Céline（L.-F.）赛琳娜 200，347

Cezanne（P.）塞尚 169，172

Char（R.）夏尔 272

Châtelet（F.）夏特雷 138，152，247

Chauvin（R.）肖文 38

Chéreau（P.）夏侯 203

Chevrie（M.）马克·歇伏里 263

Chirac（J.）希拉克 152

Chomsky（N.）乔姆斯基 186，

Churchill（W.）丘吉尔 94
Claudel（P.）克洛岱尔 346
Clausewitz（K. von）克劳塞维茨 12, 116
Clavel（M.）克拉维尔 129
Clement（C.）卡特琳娜·克莱芒 162
Clerambault（G. G.）克雷宏波 14
Cooper（D.）大卫·库博 79
Coppola（F.F.）科波拉 217
Corneille（P.）高乃依 332
Court de Gebelin（A.）葛蓓兰 65
Croissant（K.）克劳斯·克瓦桑 135, 136, 137
Cuny（A.）阿兰·坎尼 303, 304
Cuvier（G.）居维叶 122

Daney（S.）塞尔日·达内 194
Dante 但丁 344
Darlan（F.）达尔朗 94
Darrieux（D.）达黎欧 201
Debray（R.）德布雷 250
Debussy（C.）德彪西 145
Dedekind（R.）戴德金 274
Defert（D.）德菲尔 226, 254, 255, 258, 261, 325
Delaunay（R.）德洛内 367
Delcourt（X.）德勒古尔 128

Deleuze（J.）朱利安·德勒兹 326
Denys 邓尼斯 245
Derrida（R.）德里达 356
Désormière（R.）德索米耶尔 276
De Witt 德维特 176
Diabelli（A.）迪亚贝利 42
Dickens（C.）狄更斯 361
Dillard（J.-L.）迪亚尔 62
Donzelot（J.）董泽洛 104-111
Dostoievski（F.）陀思妥耶夫斯基 195, 295, 296
Doubrovsky（S.）杜博洛夫斯基 29, 35, 36, 37, 46, 52
Dreyer（C.T.）德雷耶 196, 264, 269
Ducrot（O.）丢克洛 64
Duras（M.）杜拉斯 271, 297

Eckhakt 埃克哈特 245
Eichendorff（J. von）艾兴多夫 307
Einstein（A.）爱因斯坦 314, 315
Eisenstein（S.M.）爱森斯坦 39
Eluard（P.）埃勒华 257
Epstein（J.）爱泼斯坦 267
Eribon（D.）埃里蓬 353
Evron（B.）埃夫龙 184

Ewald（F.）爱华德 325

Fabre（S.）萨蒂南·法布尔 201
Fabre d'Olivet（A.）多利弗 65
Fabre-Luce（A.）法布尔-卢斯 129
Faulkner（W.）福克纳 277，347
Faure（E.）埃德加·富尔 152
Fédida（P.）皮耶尔·菲蒂达 150，151
Fichte（J.G.）费希特 361
Fields（W.C.）菲尔兹 19
Finas（L.）鲁塞特·费纳思 113
Fitzgerald（F.S.）菲茨拉尔德 248
Flaubert（G.）福楼拜 345
Ford（J.）福特 267
Foucault（M.）米歇尔·福柯 11，14，35，106，108，111，112，226-240，242，243，249，255-262，266，299，316-318，319，321-325，356
Freud 弗洛伊德 23，60，73，79-82，85-87，89-91，109，110，111，285
Fromanger（G.）弗洛芒热 358

Gadda（C.E.）加达 343
Galeta（R.）罗伯特·伽莱塔 329，331
Galluci 伽鲁齐 155
Gandal（K.）凯特·刚达尔 254
Gandillac（G.）热讷维埃夫·德·孔狄亚克 246
Gandillac（M.）莫里斯·孔狄亚克 244-246
Garrel（P.）加瑞尔 27
Gatti（A.）阿尔芒·伽蒂 247
Genet（G.）热奈 257，358
Genette（G.）热奈特 29，35，36，39，40，41，47，51
Genevois（E.）埃里克·热奈瓦 138
Ginsberg（A.）金斯伯格 168
Giscard d'Estaing（V.）季斯卡·德斯坦 152
Glass（P.）格拉斯 141
Glucksmann（A.）安德烈·格鲁克斯曼 129，212
Gobard（H.）葛巴 61，63，64
Godard（J-L.）戈达尔 133，134，200，202，265，267
Goethe（J.W. von）歌德 122，267
Gramsci（A.）葛兰西 157
Gremillon（J.）格雷米伦 267
Griffith（D.W.）格里菲斯 199
Guattari（F.）加塔利 11，13，15，60，72，77，114，128，

135,138,155,158,163,
215,218,280,283,286,
288,307,348,353,357

Gueroult（M.）圭卢勒 361

Guibert（H.）圭贝尔 167，197

Guillaume（G.）古斯塔夫·纪尧姆 345

Habberjam（B.）阿贝尔扬 251

Habermas（J.）哈贝马斯 354

Habre（H.）哈布雷 213

Haby（R.）哈比 127

Halevi（I.）哈勒维 182

Hardy（O.）奥利弗·哈代 60

Haydn（J.）哈代 42

Hegel（W.F.）黑格尔 175，248，281，290

Heidegger（M.）海德格尔 226，356

Hitchcock（A.）希区柯克 252

Hitler（A.）希特勒 94，137，222，260，300

Hjelmslev（L.）叶尔姆斯列夫 227

Hobbes（T.）霍布斯 175，176

Hochmann（J.）霍克曼 101

Holderlin（F.）荷尔德林 122，309

Hugo（V.）雨果 34

Huillet（D.）于勒 291

Hume（D.）休谟 280，326，327，341，342

Hussein（S.）侯赛因 351

Husserl（E.）胡塞尔 150，327，363

Ingold（R.）鲁道夫·安戈尔德 138

Ionesco（E.）尤内斯库 63

Jabotinsky（V.）弗拉基米尔·贾伯廷斯基 221

Jackson（G.）乔治·杰克逊 257

Jacquot（B.）伯努瓦·雅各 203

Jaeger（M.）马塞尔·雅阁 25

Jakobson（R.）雅各布森 186

Jambet（C.）冉贝 129

James（W.）詹姆斯 360

Jaspers（K.）卡尔·雅思贝尔斯 26

Jihad（A.）阿布·吉哈德 312

Joyce（J.）乔伊斯 200，277

Kafka（F.）卡夫卡 31，62，167，168，186，192，203，301

Kant（I.）康德 230，250，327，329，339，341，350，354，360

Kappler 卡普勒 136

Kazan（E.）卡赞 200

Keaton（B.）巴斯特·基顿 263

Kennedy（J.F.）肯尼迪 207
Kerouac（J.）凯鲁亚克 168
Keynes（J.M.）凯恩斯 110，111
Kierkegaard（S.）克尔凯郭尔 192，264，307
Klee（P.）保罗·克利 302
Klein（M.）梅兰妮·克莱因 23，60，76，80，82，92，98，99，285
Kleist（H. von）克莱斯特 11，100，122
Klossowski（P.）皮耶尔·克洛索夫斯基 165，307
Kohl（H.）科尔 209，212
Kojève（A.）科耶夫 248
Kolb（P.）菲利普·科尔博 34
Koyré（A.）柯瓦雷 320
Kraepelin（E.）埃米尔·克雷丕林 22，26
Kurosawa（A.）黑泽明 195，200，267，295，296

Labov（W.）拉伯夫 186
Lacan（J.）雅克·拉康 23，24，56，57
Laing（R.D.）罗纳德·D.莱恩 26，27
Lanzmann（J.）雅克·朗兹曼 247
Lapoujade（D.）大卫·拉普雅德 360
Lardreau（G.）拉德罗 129
Laurel（S.）劳雷尔 60
Lautman（A.）洛特曼 247
Lautréamont 洛特雷阿蒙 52
Lawrence（D.H.）劳伦斯 120
Léaud（J.P.）雷奥 195
Leclaire（S.）塞尔日·勒克莱尔 18
Leibniz（G.W.F.）莱布尼茨 245，281，338
Lenine 列宁 260
Lernet‐Holenia（A.）勒讷-奥勒尼亚 362
Levi‐Strauss（C.）列维-斯特劳斯 83
Lévy（B.‐H.）列维 128，129
Ligeti（G.）李盖蒂 143
Liszt（F.）李斯特 144
Livrozet（S.）利弗洛泽 258
Lloyd（H.）哈罗德·劳埃德 263
Lorca（F.G.）洛尔卡 347
Losey（J.）洛西 198，200，265，267
Lubitsch（E.）刘别谦 265
Luca（G.）格哈桑·卢卡 65
Lyotard（J.‐F.）利奥塔 56，166

Mac Bride（S.）塞安·麦克布里德 206

Machiavel（N.）马基雅维利 176

Magritte（R.）玛格丽特 318

Maine de Biran 梅恩·德·比朗 361

Maldiney（H.）亨利·马尔蒂内 151

Mallarmé（S.）马拉美 29，272，346

Malraux（A.）马尔罗 301

Mandelstam（O.）曼德尔斯塔姆 346

Manganaro（J.-P.）让-保罗·曼伽纳罗 173

Mankiewicz（J.-L.）曼凯维奇 331

Mannoni（M.）摩德·曼诺尼 24

Marivaux 马里沃 332

Markov（A.A.）马尔可夫 237

Martin（J.-C.）让-克雷·马丁 338

Marx（K.）卡尔·马克思 72，79，176，177，250

Masaniello 马萨尼埃洛 178

Mascolo（D.）迪翁尼·马斯科罗 305，306，309，310

Masoch（S.）马佐赫 120

Mauriac（C.）莫利亚克 251

Mauron（C.）查尔斯·莫伦 33

Melville（H.）哈曼·梅尔维尔 316

Merlin（P.）皮耶尔·梅兰 152

Messiaen（O.）梅西安 278，279

Michaux（H.）亨利·米肖 141，142，264，272

Michel-Ange 米开朗基罗 168

Miller（H.）亨利·米勒 287

Minkowski（E.）尤金·曼可夫斯基 23，315

Minnelli（V.）明内利 296，297

Mitterrand（F.）密特朗 131，205，212，213

Mizoguchi（K.）沟口健二 200，267

Montrelay（M.）蒙特利雷 83

Moro（A.）莫罗 155，156

Musard（N.）努马·缪萨尔 138

Nadeau（M.）莫里斯·拿渡 66

Narboni（J.）让·拿波尼 263，291

Negri（A.）奈格里 155，156，160，175-178

Nerval（G.）奈瓦尔 335

Newton（I.）牛顿 267

Nietzsche（F.）尼采 129，178，187-189，191，192，226，234，236，237，255，280，319-321，323，325，346

Nixon（R.）尼克松 209

Ogier (B.) 布勒·奥基耶 195, 332

Olivenstein (C.) 克劳德·奥利文斯坦 138

Ophüls (M.) 奥菲尔斯 202

Ormesson (J.) 奥默森 136

Owen (D.) 欧文 208

Ozu (Y.) 小津安二郎 267, 270

Padovani (M.) 马赛尔·帕多瓦尼 157

Paini (D.) 帕伊尼 268

Palme (O.) 帕尔默 206

Pankow (G.) 潘可夫 23

Papandreou (G.) 帕潘德里欧 206, 210

Parnet (C.) 克莱尔·巴尔内 204, 284, 286, 359

Pascal (B.) 帕斯卡 211

Pasolini (P.P.) 帕索里尼 344

Passerone (G.) 吉奥乔·帕塞洛尼 288, 343, 344, 345, 346, 347

Peguy (C.) 佩吉 262

Perraut (P.) 皮耶尔·佩罗 331

Pétrarque 彼特拉克 245

Pinelli 皮内里 159

Plperno (F.) 弗朗科·皮佩诺 156

Plato 柏拉图 307

Plotin 普罗提诺 245, 354

Pollock (J.) 波洛克 164, 285

Proektor 普洛埃科托 209

Proust (M.) 马塞尔·普鲁斯特 29-55, 143, 144, 167, 186, 272, 273, 275-280, 283, 307, 343, 346, 358

Rabinow (P.) 保罗·拉比瑙 254

Racine (J.) 拉辛 332, 336

Raulet (G.) 格拉尔·霍勒 321

Ray (N.) 尼古拉斯·雷伊 200

Reagan (R.) 里根 205, 208, 212

Rebérioux (M.) 玛德琳娜·雷碧雄 152

Rebeyrolle (P.) 贺贝罗 318

Rebmann 雷博曼 135

Reich (W.) 赖希 79, 110

Renoir (J.) 雷诺瓦 202

Resnais (A.) 雷乃 202, 267, 271, 331

Revault d'Allones (O.) 奥利维耶·雷沃·达隆尼 247

Ribbentrop (J. von) 里宾特洛普 94

Ricardou (J.) 里卡杜 29

Richard (J.-P.) 理查德 29, 51, 53

Riemann (B.) 黎曼 315

Rivette (J.) 里韦特 202, 203,

267，332-335

Robbe-Grillet（A.）罗伯-格里耶 168，271

Robin（P.）保罗・罗斑 108

Robinet（A.）安德烈・罗比内 132

Roboh（C.）卡罗琳・罗波 203

Roger（A.）阿兰・罗格 66-71

Rohmer（E.）侯麦 264

Rorty（R.）罗蒂 354

Rosier（M.）米歇尔・罗西耶 203

Rossellini（R.）罗西里尼 199，264，329

Rourke（M.）米基・洛克 217

Rousseau（J.J.）卢梭 175，345

Roussel（R.）鲁塞尔 41，227，230，239，317，318

Rousset（J.）卢塞 33

Russell（B.）罗素 274

Sacher-Masoch（L.）萨德-马佐赫 167

Sade（D.A.F.）萨德 52，119

Sanbar（E.）埃里亚斯・桑巴尔 179，181，223

Sanguinetti（A.）安特瓦尼・桑圭内蒂 207，213

Sartre（J.-P.）萨特 212，259，307，360，363

Saunier-Seïté（A.）艾莉斯・索尼耶-塞伊德 152

Saussure（F.）索绪尔 35

Scala（A.）安德烈・斯卡拉 130

Scherer（R.）热内・谢雷 343，351

Schlesinger（A.）施勒辛格 209

Schleyer（H.M.）施莱尔 137

Schmid（D.）丹尼尔・施密特 123，125

Schmidt（A.）施密特 207

Schmitt（B.）贝尔纳・施米特 12

Schreber（D.P.）施雷柏 20，110

Schumann（R.）舒曼 163，174，307

Shakespeare（W.）莎士比亚，223，295

Simon（C.）克劳德・西蒙 168

Socrate 苏格拉底 308

Sollers（P.）索尔莱斯 128，129

Spinoza（B.）斯宾诺莎 157，175，176，177，178，280，304，321，360

Sternberg（J. von）斯滕伯格 264，267

Stockhausen（K.）斯托克豪森 42

Straub（J.M.）斯特劳布 267，291，297，298，301，331

Stravinsky（L.）斯特拉文斯基 275

Swift（J.）斯威夫特 336

Syberberg（H.-J.）西贝尔伯格 297，331

Sylvester（D.）大卫·西尔韦斯特 170，171

Tarkovski（A.）塔可夫斯基 270，330

Tesson（C.）夏尔·特松 263，291

Thom（R.）勒内·托姆 265

Thompson（E.）爱德华·汤普森 206，210，212

Tokei（F.）杜克义 319

Tolstoi（L.）托尔斯泰 246，268，347

Tomlinson（H.）汤姆林森 187，251，313，329

Toubiana（S.）塞尔日·杜比亚纳 263

Tournier（M.）米歇尔·图尼埃 247

Trost（D.）特罗斯特 69，70

Uno（K.）宇野邦一 185，218，220

Van Gogh（V.）凡·高 169

Varese（E.）瓦雷兹 253

Verdiglione（A.）阿尔曼多·弗蒂格里奥尼 11，58，72

Vertov（D.）维尔托夫 199

Virilio（P.）保罗·维利里奥 217

Visconti（L.）维斯康蒂 270，330

Voltaire 伏尔泰 259，336

Wagner（K.）瓦格纳 145，273，276

Weber（M.）马克斯·韦伯 320

Webern（A.）韦伯恩 273，277

Weil（E.）埃里克·薇依 248

Welles（O.）威尔士 196，202，252，267，270，330，331

Whitehead（A.N.）怀特海 284

Wolfson（L.）路易斯·沃尔夫松 18，65

Xenakis（L.）泽纳基斯 133

Zamponi（F.）弗朗西斯·桑博尼 336

Zola（E.）左拉 259

图书在版编目(CIP)数据

两种疯狂体制：文本与访谈：1975—1995 /（法）吉尔·德勒兹著；（法）大卫·拉普雅德编；蓝江译. —南京：南京大学出版社，2023.3
（当代激进思想家译丛 / 张一兵主编）
ISBN 978-7-305-26193-0

Ⅰ.①两… Ⅱ.①吉… ②大… ③蓝… Ⅲ.①德鲁兹(Deleuze，Gilles 1925-1995)—哲学思想—研究 Ⅳ.①B565.59

中国版本图书馆 CIP 数据核字(2022)第 185501 号

Deux Régimes de Fous：Textes et Entretiens 1975-1995
© 2003 by Les Editions de Minuit
Simplified Chinese Edition Copyright © 2023 by NJUP
All rights reserved.

江苏省版权局著作权合同登记　图字：10-2008-246 号

出版发行	南京大学出版社
社　　址	南京市汉口路 22 号　　邮　编 210093
出 版 人	金鑫荣
丛 书 名	当代激进思想家译丛
书　　名	**两种疯狂体制：文本与访谈(1975—1995)**
著　　者	［法］吉尔·德勒兹
编　　者	［法］大卫·拉普雅德
译　　者	蓝　江
责任编辑	王冠蕤
照　　排	南京紫藤制版印务中心
印　　刷	南京爱德印刷有限公司
开　　本	635 mm×965 mm　1/16　印张 26　字数 318 千
版　　次	2023 年 3 月第 1 版　2023 年 3 月第 1 次印刷
ISBN 978-7-305-26193-0	
定　　价	98.00 元

网　　址：http://www.njupco.com
官方微博：http://weibo.com/njupco
官方微信：njupress
销售咨询：(025)83594756

* 版权所有，侵权必究
* 凡购买南大版图书，如有印装质量问题，请与所购
   图书销售部门联系调换